처음 읽는 여성의 역사

처음 읽는 여성의 역사

초판 1쇄 펴낸날 2011년 2월 28일
초판 3쇄 펴낸날 2017년 11월 15일

지은이 정현백 김정안
펴낸이 이건복
펴낸곳 도서출판 동녘

전무 정낙윤
주간 곽종구
책임편집 구형민
편집 최미혜 이환희 사공영 김은우
미술 조정윤
영업 김진규 조현수
관리 서숙희 장하나

인쇄·제본 영신사 라미네이팅 북웨어 종이 한서지업사

등록 제311-1980-01호 1980년 3월 25일
주소 (10881) 경기도 파주시 회동길 77-26
전화 영업 031-955-3000 편집 031-955-3005 전송 031-955-3009
블로그 www.dongnyok.com 전자우편 editor@dongnyok.com

ISBN 978-89-7297-645-5 03900

* 잘못 만들어진 책은 바꿔드립니다.
* 책값은 뒤표지에 쓰여 있습니다.
* 이 도서의 국립중앙도서관 출판시도서목록(CIP)은 서지정보유통지원시스템 홈페이지
  (http://seoji.nl.go.kr)와 국가자료공동목록시스템(http://www.nl.go.kr/kolisnet)에서
  이용하실 수 있습니다.(CIP제어번호: CIP2011001556)

처음 읽는 여성의 역사

| 정현백·김정안 지음 |

고대부터 현대까지, 우리가 몰랐던 인류 절반의 역사

동녘

들어
가는
말

새로운 여성사를 위하여

이 책은 고대에서 현재까지 서양 여성사의 흐름을 개괄적으로 정리하기 위해 기획되었다. 책장을 넘겨보면 여느 서양 여성사를 다룬 책과 다르다는 점을 발견할 수 있을 것이다. 그간 국내에서 서양 여성사 혹은 젠더의 역사에 대한 개설서들이 몇 권 번역되어 나왔다. 이 번역서들은 고대에서 현대까지, 혹은 특정 시대를 중심으로 여성의 삶에 일어난 변화들을 상세하게 나열하는 식으로 서술한다. 그에 비해 이 책은 여성에 관한 시대사를 다루되, 특정한 문제의식을 중심으로 서술한다. 이러한 문제의식의 핵심은 여성의 삶에 일어난 변화를 보다 구조적인 관점에서 추적하면서 그 이행의 과정을 주목하는 것이다.

그간 국내에 소개된 여성사 개설서들을 통해서 여성의 삶에 일어난 다양한 변화들에 쉽게 접할 수 있게 되었으나, 이 세세한 사실들이 어떻게 보다 보편적인 여성사의 흐름으로 연결되는가를 이해하기는 쉽지 않다. 여성사가 1970년대 말부터 1990년대 사이에 큰 호황을 누리고 특히 양적으로 많은 발전을 보였음에도 여전히 역사학의 주변부에 머문 것은 '여성사의 이론화'에 실패한 데서 기인한 것이라는 조앤 스콧 Joan Wallach Scott의 문제 제기는 이 책의 집필 의도와 일맥상통한다.[1]

지난 10여 년 사이 우리 역사학계에서 여성사 연구는 질적·양적으로 괄목할 만한 성과를 보여주었다. 고대에서 현대에 이르기까지 여러 분야를 망라하여 여성사의 여러 주제들을 정교하게 분석한 논고들이 출간되었다. 연구자들도 다양해져서 이제 여성사 글쓰기는 여성들만의 전유물로 머무는 단계를 넘어섰다. 그러나 대학에서의 여성사(혹은 젠더 역사) 강의 교재로 사용하거나 일반 독자들이 교양으로 접하기에는, 위에서 언급한 저작들은 대체로 너무 난해하거나 지나치게 세부적이어서 접근이 쉽지 않다. 앞서 언급한 번역서들 역시 너무 사실만 나열하고 있어서 여성사의 연속적인 흐름을 이해하기에는 한계가 있다. 이런 점들을 감안하여 이 책은 각 시대의 구조적 특성을 전달하는 것에 역점을 두었다.

이 책의 구성은 역사적 시기에 따라 네 편으로 나뉘어 있다. 그중 원시·고대편, 근대편, 현대편은 정현백, 중세편은 김정안이 집필했다. 원시·고대편은 원시사회에서 고대사회로 넘어가는 과정에서 나타난 여성의 삶과 그 변화 과정을 기술하되, 그 중심에 모권제를 둘러싼 논쟁을 배치하는 방식을 선택했다. 이런 문제 제기는 페미니스트 간에 치열했던 논쟁과 그 문제 의식을 반영하는 것이기도 하다. 한때 한국의 여성운동과 페미니즘도 여성 억압의 기원에 관한 논쟁에 열정적으로 참여했는데, 종국적으로 이는 여성운동의 방향성과 전략을 둘러싼 성찰로 이어졌다. 이 글은 원시사회를 모권제보다는 '여성 중점적 사회'였던 것에 초점을 두었고, 또한 고대사회에 이르러 엥겔스의 표현대로 '여성의 세계사적 패배'가 이루어지는 과정을 충실히 보여준다.

중세편에서는 중세 사회의 여성관, 여성의 법적 권리, 여성의 일상적 삶과 역할을 충실히 보여주고자 했다. 여성에 대한 관념이나 법적 권리 등과 관련하여 교회와 세속 권력의 역할을 분석하고, 나아가 귀족 여성, 여성 농민, 수공업과 상업에 종사하는 여성, 매춘 여성에 이르기까지 다양한 여성들의 삶을 그 사회 문화적, 생물학적 구조들과 관련지어 재구성하는 동시에, 여성들이 그 구조들에 어떻게 대응했는지를 제시했다. 길고 긴 천년 동안 여성의 역할과 지위는 계급적 위치에 의해 규정되었다. 정치적 결정권과 법적 강제력 그리고 공적 영역이 대체로 남성들에게만 집중되었던 현실에 대한 분석에서 출발해 성차별이 법, 관습, 권력 기구, 이데올로기와 같은 기제에 의해 유증되어 온 과정과, 일상 속에서 그것을 넘어서려 한 여성들의 역동적인 노력을 밝히려 했다.

  서양 근대는 정치, 경제, 문화뿐 아니라, 인간이 살아가는 일상생활에서부터 개인 상호 관계에 이르기까지 엄청난 변화를 동반한 시대였다. 그래서 근대편에서는 지금까지도 논쟁이 되고 있는 근대성$_{modernity}$이 여성의 삶에 가져온 변화라는 화두를 중심으로 여성이 처했던 현실을 분석하고자 했다. 자본주의가 여성 노동에 가져온 변화, 공·사 영역의 분리, 근대 가족의 탄생, 교육 기회와 정치적 권리의 획득, 그리고 여성의 조직화된 저항과 페미니즘 담론의 등장이 가져다준 총체적인 변화를 서술했다. 근대에 이르러 확연히 부상하는 국민국가의 역할이 서술의 기본 축이 되었다. 이 요소들을 근대를 둘러싼 페미니스트 역사가의 논쟁, 즉 근대가 여성의 삶을 악화시켰는지 아니면 좋은 방향으로 개선시켰는지를 둘러싼 논의와 연계하고자 했다. 이런 큰 문제에 대해서 만족할 만한 해답을 찾기는 쉽지 않지만, 최소한의 근사치에 도달하려고 노력했다.

현대사 속 여성의 모습을 밝히는 작업은 주로 19세기 말, 20세기 초를 기점으로 나타난 여성적 삶의 변화상을 추적하는 일로 구성된다. 조지 이거스Georg G. Iggers가 그의 논문 〈상호문화적, 지구적 관점에서의 사학사〉에서 밝힌 것처럼,² 최근에는 1960년대까지를 근대로, 그 이후를 포스트 근대로 구분하는 경향도 있으나 이 책에서는 상대적으로 고전적인 시대 구분을 원용하여 20세기 전환기를 '현대'로 설정했다. 서양 현대사는 한편으로는 근대성이 보다 넓고 깊숙하게 보통 사람들의 삶에 스며든 시기였으며, 근대성이 공간적으로 확대되는 과정이기도 했다. 그러나 다른 한편으로 서양 현대는 인류 역사에 유례가 없는 큰 격변이 휘몰아친 시기였다. 1차 세계대전과 2차 세계대전으로 대변되는 총력전total war의 등장, 사회주의 혁명과 현실 사회주의 국가의 등장, 파시즘 체제와 홀로코스트 등이 대표적인 예다. 복지국가의 확대도 여성의 삶에 전환점이 되었다. 따라서 현대사 속 여성을 구명하는 작업은 근대성의 심화와 공간적 확장의 기초 위에서, 급변하는 정치나 사회 체제가 여성에게 가져다준 충격적인 경험과 그 추이를 추적하는 과정이었다. 이는 전쟁이나 현실 사회주의 그리고 파시즘 체제하에 살아남아야 했던 여성들에게 고통의 시대였지만, 동시에 1960년대 이후 본격화되는 국가 페미니즘의 역할로 놀랄 만한 여성해방의 성과를 성취한 시대였다. 그럼에도 불구하고 현대 편의 마지막에서 '여성해방은 유예된 꿈'이라는 결론으로 글을 맺음으로써, 젠더 문제는 복잡하게 얽힌 미완의 과제임을 암시하고자 했다.

각 시대 여성의 삶을 구조사적인 접근 방식에 따라 재구성하는 이 책의 서술 방식에 대해, 결국 과거와 같은 거대 서사의 반복에 불과한 것이 아니냐는 의문이 있을 수 있다. '역사 이야기는 허구이고, 그 내용은 발견된 만큼 창안된 것'이라는 주장이 지난 20여 년 간 역사학계에 만연했다. 그래서 '우리는 탈 역사 시대에 살고 있고, 더 이상 거대 담론의 가능성이 없다'는 논조에 한동안 설득당한 것도 사실이다. 그러나 사회적, 정치적 의미에서 젠더는 언어에 의해 구성된다고, 혹은 역사적 실재는 언어를 통해서만 도달할 수 있다고 주장하는 조앤 스콧조차 '사회적, 정치적 구조들은 거부되지 않으며, 오히려 그러한 구조들은 언어적 표출을 통해서 연구되어야 한다'고 강조한 점은 우리에게 시사하는 바가 적지 않다. 구조와 과정을 중시해온 전체사회사 history of society 와 언어적 전환을 통한 신문화사적 접근이라는 두 입장이 병존하거나 상호작용하는 것도 불가능한 일이 아님을 알 수 있다.[3] 오히려 양자는 서로를 보완할 수도 있을 것이다.

여성사의 재구성에서 우리가 필요로 하는 것은 거대 서사의 정교한 재구성이다. 남녀 사이의 다양한 차이, 여성 사이의 차이, 그래서 생겨날 수 있는 서로 다른 정체성 등 결국 여성사는 이런 차이들을 어떻게 역사화할 것이냐 하는 난해한 과제에 도달한다. 여기에서 우리는 다층적인 접근 방식을 고려해야 한다. 특정 여성 집단이 지닌 독특성뿐 아니라 비교 가능한 타 여성 집단과의 공통성을 발견해야 할 것이다. 이를 위해서는 여성들이 처한 현실적인 조건의 차이나 복수적 정체성에 민감하면서도 동시에 여성들 사이의 공통성을 찾아내고, 나아가 역사 속에 존재했던 여

성 사이의 집합적 행위들, 즉 '수평적 연대의 정치'를 복원해내
야 할 것이다. 지금껏 진행된 역사의 세분화나 해체는 많은 경우
비정치적인 전문성에 근거한 것이었고, 이는 현행 역사 연구나
역사 교육에서 '불길한 무책임의 시대'를 낳았다는 비판도 제기
되고 있다. 이러한 우려에서는 여성사 연구도 예외일 수 없다.[4]
새로운 거대 서사의 구성을 위해서는 정교한 역사 연구와 그 전
망에 기초한 새로운 합의의 도출이 필요하다.

 그러나 앞에서 제기한 문제의식과 비전을 현실화하기에는 이
책은 여러모로 부족한 점이 있다. 여성의 삶의 구조와 변화 과정
을 분석하고자 했지만, 그 대상을 비교사적이면서 글로벌하게
다루는 종합적인 연구로서는 일정한 한계가 있다. 이 책에서는
유럽과 미국에서 일어난 여성의 삶의 변화를 다루는 데 집중하
면서, 라틴아메리카나 아프리카의 여성사는 생략했다. 따라서
온전한 서양 여성의 역사라 할 수는 없다. 또한 서구의 여성사는
단일하고, 분명하지 않을 뿐 아니라 지금까지 우리가 상정해온
식으로 서구적이지도 않다는 점을 들 수 있다. 서구 문화는 서구
인들의 상호작용 결과이기도 하지만, 동시에 탐험, 교환, 정복,
착취, 이민 등을 통해서 형성된, 비서구인들과 상호작용한 결과

물이기도 하다. 그래서 서구의 역사에는 근대성에의 적응, 혼합, 혁신, 창안 등이 착종되어 있는데, 이는 여성사에서도 예외일 수 없다. 그러나 이런 문제의식은 이제 겨우 문제 제기의 단계를 벗어나고 있는 만큼, 이 책에서 제대로 반영하기가 쉽지 않았다.[5] 특히 근대로부터 현대에 이르는 시대에서 '근대화'는 가장 문제가 많은 개념이다. 과학이나 기술의 영역에서 근대화는 의심의 여지가 적지만, 사회적·문화적 영역에서는 문제가 복잡하다. 그런 점에서 여성사는 다수의 근대성들을 말해야 하지만, 이 역시 우리에게는 미래의 과제로 남아 있다.

결국 여성의 삶의 궤적을 구조적인 접근을 통해서 재구성하려는 이 책의 시도는 그 자체로 완결판일 수 없다. 여성사 연구가 새로운 보편사를 구성하려는 열망에도 불구하고 혹은 새로운 문제의식을 역사 연구에서 실천하려는 노력에도 불구하고, 이런 비전이 현실적인 연구로 전환된 것은 아니다. 특히 비서구적인 여성사와의 상호작용에 대한 연구는 여전히 초보 단계에 있다. 그런 점에서 이 연구는 기존의 연구에 토대를 두고 있으되, 새로운 역사 연구의 목표와 비전을 지향하는 잠정적인 결과물이라고 말해야 할지도 모른다.

마지막으로 이 책의 출간을 흔쾌히 수락해준 동녘출판사와 구형민 편집자님께 감사의 뜻을 전한다. 또한 40년 간 우정을 쌓아온 두 친구가 함께 연구한 결실이라는 점에서 이 책은 우리에게 남다른 의미를 지닌다는 사실을 밝히고 싶다.

2011년 2월
명륜동 연구실에서
필자를 대표하여
정 현 백

| 차례 |

들어가는 말 새로운 여성사를 위하여 • 4

1장 여성 억압의 기원을 찾아서
― 원시·고대사회의 여성들

모권제 사회가 있었을까? • 18
가족과 여성을 보는 시선 ―기존의 논의와 연구 성과들 • 20
모권제와 관련한 몇 가지 개념 • 38
인류학으로 본 원시사회 • 43
역사서 연구로 본 고대사회 • 62
리키아 • 63 / 이집트 • 67 / 크레타 • 72 / 그리스와 로마 • 76
아마조네스와 판도라의 상자―모권제와 신화 • 88
신화 속에서 나온 고대여성 • 93

2장 성녀에서 마녀까지
― 서양 중세 여성의 재발견

중세 여성들은 어떻게 살았을까? • 98
중세에는 여성을 어떻게 보았을까? • 102
악마에게로 이끄는 이브 • 104 / 성스러운 마리아 • 108 / 귀부인을 향한 헌신 • 110
마녀사냥 • 113 / 캔터베리 이야기 • 116 / 크리스틴 드 피장 • 120
중세 여성들의 지위는 법적으로 어떻게 규정됐을까? • 123
중세 여성들을 만나다 • 134
봉건적 계서제와 여성의 삶 • 134 / 귀부인들 • 136 / 수녀와 여성 신학자들 • 140
농민 여성들 • 146 / 도시 여성들 • 148
자신의 삶을 바꿔나간 중세 여성들 • 157

3장 자본주의와 노동, 그리고 가족 속에서
   　　－ 근대의 여성들

근대란 무엇인가? · 160
악화와 개선 사이에서 － 근대와 여성의 삶 · 164
자본주의와 여성 노동 · 164 / 공·사 영역의 분리, 가족 그리고 여성의 역할 · 172
교육 기회와 정치적 권리 · 181
여성에게 르네상스가 있었는가? － 성sexuality과 여성을 둘러싼 담론 · 184
페미니즘의 등장 － 여성과 저항 · 193
근대와 여성, 그 가능성과 한계 · 200

4장 타자에서 주체로
   　　－ 현대사 속 여성들

격변하는 시대, 여성의 자리 찾기 · 204
전쟁이 여성을 해방시켰을까? · 207
신여성의 출현 － 간전기의 여성들 · 217
현실 사회주의 속 여성들의 삶 · 227
2차 세계대전과 파시즘 속 여성들 · 237
전후 서구 자본주의 사회의 여성 · 249
새 여성운동과 대안 문화 · 261
페레스트로이카에서 도메스트로이카로
   － 현실 사회주의 체제 붕괴와 여성 · 271
지구화는 여성의 삶에 어떤 영향을 줄까? · 278
여성해방을 위한 발걸음 · 285

1장

여성 억압의 기원을 찾아서
– 원시·고대사회의 여성들

HISTORY
OF
WOMEN

모권제 사회가 있었을까?

여성사 서술의 필요성은 지난 수년 간 여성 문제에 대한 인식이 높아지면서 지속적으로 거론되어왔다. 그러나 '필요의 당위성'과 현실적인 '서술 가능성' 사이에는 큰 심연이 가로놓여 있다. 이는 '아래로부터의 역사 history from below'를 부르짖는 전체 사회사가들의 작업 못지않게 험난한 과정이다. 우선 사료의 부족이 가장 치명적일 것이다. 또한 인간이 역사를 기술하기 시작한 지난 6000년 이래로 역사 서술 속에 깊이 뿌리 내려온 여성에 대한 편견의 껍질을 벗기고 그 틀을 새로이 잡아가는 일도 그렇다.

서술 대상이 원시·고대에 국한되면 그 어려움은 더욱더 커진다. 적어도 100~200만 년 전부터 인류는 존재해왔다. 최근 들어 이러한 추정은 더욱 멀리 거슬러 올라갈 수 있게 되었다. 1만 년 전부터 원시적 농경이나 목축이 시작되었다고 한다면, 그것은 인류 역사 전체에서 1퍼센트조차도 되지 않는 기간이다. 인간은 99퍼센트 이상의 역사를 채집·수렵 생활로 지내왔다. 인간의 역사시대를 6000년 가량으로 추정한다면, 우리 역사의 대부분은 베일에 덮여 있는 셈이다.[1] 이처럼 인류가 대부분의 삶과 시간을 보낸 원시시대에 대한 연구는 간신히 찾아낸 소량의 자료들을 토대로 한 인류학자, 민족학자, 고고학자들의 작업을 통해 진행되고 있지만, 이러한 연구 성과들은 '인류사의 시초를 얼마나 총체적으로 대변하고 있는가'라는 의문을 지속적으로 제기하게 한다. 따라서 이 글에서도 방법론적 검토가 계속될 수밖에 없다. 실제로 방법론적 오류는 이 시대의 성격을 규정하는 데 있어 오판을 유도하는 경우가 적지 않았다. 이러한 이유로 다음에 나오는 〈모권제와 관련한 몇 가지 개념〉에서는 나름의 대안적 방법론을 모색해볼 것이다.

위에서 언급한 서술의 어려움에도 불구하고 이 글은 두 가지 과제를 안고 있다. 그 하나는 원시시대와 고대국가의 사회체제와 그 속에서의 여성의 삶을 구조적으로 파악하고, 각 시대의 구조화된 모습이 시간의 흐름 속에서 어떻게 변화되어 갔는가를 밝히는 통사적通史的 접근이다. 또 다른 과제는 페미니스트 사이에서 자못 활기를 띠었던 '모권제 사회'를 둘러싼 논쟁과 관련해서 원시사회 여성의 지위를 분석하는 일이다. 모권 전복의 문제를 파헤치려는 시도는 "이전에는 여성이 지배하는 이런 사회도 있었다"는 여권론자들의 다분히 낭만화된 보상심리에 기인하는 것이기보다는, 남성지배의 사회적 기원을 밝히자는 의도에서 출발한 것이다. 여성과 남성 사이에 존재하는 불균형의 기원과 그 발전의 메커니즘을 이해하지 못하고는, 여성들이 그 불균형을 지양할 수 있는 전략을 찾아내기가 어렵기 때문이다. 물론 이 두 가지 문제를 동시에 추적하기는 매우 어려우며, 다소 혼란을 초래할 우려도 있다. 그러나 원시사회의 구조와 그것의 변화 과정을 추적하지 않고서는 '모권제 사회'에 대한 진실을 해명하기가 어려우므로, 이러한 시도는 불가피하다.

가족과 여성을 보는 시선 – 기존의 논의와 연구 성과들

1980년대에 들어서 여성운동은 괄목할 만한 양적·질적 성장을 이루었다. 아울러 여성학 관련 논고의 발표도 현저히 증가했는

데, 당시 '여성 억압의 기원'이라는 주제로 몇 편의 논문이 나와서 이 문제에 대한 관심과 열기를 잘 반영한 바 있다. 이런 논문들에 대한 구체적인 검토에 들어가기 전에, 먼저 우리는 엥겔스 Friedrich Engels의 《가족, 사유재산 그리고 국가의 기원》을 살펴봐야 한다. 여성 억압의 기원에 대한 논의들이 일단은 그로부터 출발하는 까닭에 우리는 많든 적든 엥겔스에게 일정한 빚을 지고 있다. 그러나 그가 주장하는 명제에 대한 우리 사회의 수용 태도는 자못 극단적이다. 엥겔스를 반대하는 사람들은 그 주장의 모든 타당성을 부정하려 하고, 그의 주장에 찬성하는 사람들은 그들대로 엥겔스의 논리에 매료되어 있어서 비판적 수용을 어렵게 만들고 있다. 따라서 엥겔스를 제대로 정확히 파악하는 일은 '여성 억압의 기원'에 대한 기존의 논의를 이해하고 발전시키기 위해 빼놓을 수 없는 과정이다. 물론 엥겔스의 기본 주장은 결코 그 자신만의 창조물이 아니다. 1861년에 발표된 바호오펜 Johan Jakob Bachofen, 1815~1887의 《모권론 Das Mutterrecht》과 1877년에 나온 모건 Lewis Henry Morgan, 1818~1881의 《고대사회 Ancient Society》는 엥겔스의 테제에 토대가 되는 중요한 지주이다. 바호오펜은 신화를 인간의 가장 진실되고 보편적인 역사에 대한 기억으로 간주했다. 그는 신화로부터 다음과 같은 논지를 이끌어냈다. 인류 역사 초기부터 여성은 신체적으로 연약했으나, 의식이나 종교 행위를 통해서 상당한 권력을 행사했다. 그러나 남자들의 유혹 행위로 인해 여자들이 괴로움을 당하자 아마조네스들이 출현했고, 이들이 정복한 지역에는 모권제 사회가 등장하게 되었다. 그러나 그 후 이러한 무장 여성들이 차차로 정복당하면서, 다시 부권제 사회가 회복되었다. 바흐오펜은 인간의 삶이 물질과 정신의 상호작용으로 이루어진다고 보았다. 그에 따르면, 이집트뿐만 아니라 전체 고대사회에서 여성적 — 물질적인 것과 남성적 — 정신적인 것의 대비를 발견할 수 있다고 한다. 결국 그는 인간의 역사는 자연스럽게 물질에서 위대한 정신으로 발전해나간다는 주장을 통해 남성지배를 정당화하고 있다.[2] 이에 비해 모건은 현존하는 이로쿼이족을 통해서, 그 친족체계가 양계兩系가 아닌 단계單系 혈통을 따라 이루어질 뿐 아니라 이러한 친족제도가 정치 질서와도 일치함을 발견했다. 씨족Gens으로 이루어진 이러한 친족제도는 어떤 중앙 조직도 없이 단지 그들의 대변자를 가지고 있을 뿐이며, 기본적으로 씨족 내에서는 족외혼, 부족Stamm 내에서는 족내혼이 이루어진 질서 잡힌 무정부 사회라는 것이다. 그는 이 사회가 자유·평등·동포애로 이루어졌음에 열광하며, 이를 당시 미국의 민주주의가 걸어가야 할 길로서 의도적으로 강조하고 있다. 모건은 그의 글에서 모계사회를 인정하면서, 이것이 로마의 부계사회보다는 역사적으로 먼저 일어났다고 본다. 그랬던 것이 가축과 사유재산이 늘면서 부계사회로 서서히 발전해갔다고 생각했다. 모건의 서술은 모계제, 전체적인 평등, 민주주의에 대해 언급하고 있으나, 모권제 사회에 대해서는 그다지 이야기하고 있지 않다. 단 결론 부분에서 짧게나마 초기에는 모권제가 존재했음을 언급한다. 이를 종합해볼 때 우리는 모건이 모권제 사회를 시종일관하여 논리정연하게 주장하고 있지는 않았음을 알 수 있다.³ 엥겔스는 그의 책에서 모건의 이러한 논리적 틀을 대부분 수용했다. 단지 그는 모건의 글에서 전체적인 전개에 방해가 되는 세부적인 측면들을 제거하고, 그 대신 가족 형태 변천사의 본질적인 부분을 모건이 관심을 가지지 않았던 여성문제와 연결시켰다. 그러나 궁극적으로 엥겔스의 관심은 국가의 기원을 밝히는 데 있었다. 국가는 바로 인간 이기주의, 나아가서는 남성의 이기주의와 통하는 것으로서 계급제도와 밀착된 것이다. 어쨌든 '모권제 설說'에 관한 이 삼자의 단합은 아이러니컬하다. 그것은 골수 보수주의자인 귀족 바호오펜, 부르주아적 자유주의자 모건, 그리고 전투적인 사회주의자 엥겔스의 결합이었던 것이다.⁴ 이제 《가족, 사유재산 그리고 국가의 기원》에 대한 검토로 넘어가보자.

  엥겔스는 그의 책 서문에서 다음과 같은 기본 시각을 그 전제로 하고 있다.

유물론적 관점에 따르면 역사에 있어서 궁극적으로 결정적인 요소는 당면한 삶의 생산과 재생산이다. 이것은 다시 이중적 의미를 지니는데, 하나는 생존 수단 즉 의식주와 그 생산에 필요한 도구의 생산이고, 다른 하나는 인간 자신의 생산 즉 종족의 번식이다. 특정 역사 시기와 특정 국가의 사람들이 살고 있는 사회제도는 한편으로는 노동의 발전 정도, 다른 한편으로는 가족의 발전 정도에 따라 결정된다.[5]

이러한 문제 제기와 함께 그는 모건의 분류법을 적용하면서 인류 역사를 야만, 미개, 문명의 3단계로 구분하고, 이어서 각 단계를 생필품 생산의 발전 정도에 따라 다시 하단·중단·상단으로 나누고 있다. 야만시대는 수렵과 채집을 특징으로 하나, 그 말기 즉 야만 상단에 이르면 마제석기를 사용하면서 어느 정도 정착 생활이 시작되었고 생필품 생산이 미약하나마 이루어졌다. 미개 시대는 가축사육과 식물재배가 특징인데, 그 상단에 이르면 철광석의 제련, 알파벳의 발명 등이 이루어지면서 서서히 문명 단계로 넘어간다.[6] 우리가 흔히 거론하는 원시 공산제란 야만 하단부터 미개 중단에 이르기까지의 시기이며, 여기에서는 단순 협업적 공동생산에 기초한 공동체적 소유가 사회관계의 근간을 이루었다. 생산력이 극히 낮았던 까닭에 경제적 잉여와 그에 수반되는 사적 소유도 없었고, 그런 만큼 잉여생산물을 사적으로 축적하기 위해 타인의 노동을 착취하는 계급관계나 보다 더 조직화된 권력으로서의 국가도 존재하지 않았다.

다음으로 엥겔스는 생산력의 발전 정도에 따른 가족 형태의 변화 과정을 '혈연가족－푸날루아혼－대우혼－일부일처제'의 4단계로 나누고 있다. 그는 모건의 주장을 받아들여서 난혼시대가 이 4단계 이전에 존재했음을 가정하고 있으나, 설사 이 시기가 실제로 존재했다 하더라도 직접 그것을 입증하기를 기대하기는 어려웠으므로, 이를 가족의 4단계 발전 과정에서는 제외시킨 듯하다.[7] 따라서 가족의 최초 형태인 혈연가족은 이전의 무제한적인 성교에서 벗어나 혼인 대상을 세대별로 구획하여 세대 간 혼인을 금하는 것이 특징이다. 다시 말해 부모 세대와 자식 세대 간에는 성교가 금지되었으나, 동일한 세대 내에서는 모두가 서로의 남편이자 아내였던 것이다.[8] 2단계인 푸날루아 가족은 처음에는 한 배에서 나온 형제·자매의 성교를 배제한 데서 시작하여, 이러한 개별적 경우에서부터 보편적인 규칙으로 점차 확대되면서 결국에는 방계의 형제·자매(사촌·육촌·팔촌 등)의 결혼을 금지하는 것으로 귀착되었다. 하와이의 관습에 따르면 친자매이건 사촌이건 여러 명의 여자형제들이 (자신의 남자형제들을 제외한) 그들의 공통의 남편들의 공통의 부인이 된다. 이 남편들은 이제 스스로를 '형제들'이라 부르지 않고, 푸날루아(Punalua, 친한 동료 파트너)라고 부른다. 남자형제들도 마찬가지로 공통의 부인들을 두고, 그 부인들을 푸날루아라고 부른다. 이 가족제도는 자식들을 두 집단으로 갈라놓았는데, 즉 어머니의 여자형제의 자식들과는 같은 형제·자매이지만, 어머니의 남자형제의 자식들과는 남남이 되었다. 바로 이러한 푸날루아혼으로부터 씨족이 생겨난 것으로 보인다. 우리는 흔히 푸날루아혼까지를 집단혼 Gruppenehe이라고 지칭하는데, 이것이 성행하던 시기에 자손은 모계만이 확인 가능했으므로 어머니 쪽으로 계보가 짜여졌다.[9] 어머니를 통한 자손 인지認知와 그 결과로 생긴 상속관계를 표시하기 위해 바흐오펜은 '모권母權, Mutterrecht'이라는 표현을 썼다. 그러나 엥겔스는 '권權, Recht'이라는 용어를 엄밀한 의미에서는 사용할 수 없다고 생각하지만 편의상 이를 사용한다고 밝히고 있다.[10] 이런 집단혼 단계에서는 가계 자체가 오늘날 우리에게 익숙한 양계 친족체계Kognatische Verwandtschaftssystem가 아닌 단계 친족체계Agnatische Verwandtschaftssystem에 기반을 두고 있었다. 즉 혈통의 계승에서 아버지 쪽의 가계가 배제되었던 것이다. 이러한 푸날루아 가족은 공산제적 공동체의 정착을 전제로 할 뿐 아니라, 여기에서는 근친상간을 막으려는 충동이 본능적으로 실행되었다는 점을 엥겔스는 특별히 강조한다.

집단혼 시기에도, 여러 명의 남편과 아내들 사이에서 특별히 중요하다고 생각되는 배우자가 있었다. 이런 관습적인 짝짓기는 씨족의 성장과 형제·자매 간의 결혼 금지로 더욱 고착화되었다. 이는 근친상간의 폐해가 인식되면서 성교의 금지가 점점 복잡해짐에 따라 집단혼이 불가능해졌음을 의미하며, 점차적으로 3단계인 대우혼對偶婚, Paarungsehe에 의해 대체되었다. 그 결과 원시시대의 가족사는 결혼관계를 맺을 수 있는 범위를 점진적으로 좁혀가는 것으로 구성되었고, 그리하여 마침내는 여전히 느슨하게 묶여 있는 한 쌍만을 남겨 놓게 되었다.

엥겔스에 따르면 이전의 집단혼 전통은 원시공산제가 해체되기 시작하고 인구증가 및 경제력 발전 등의 변화가 일어나면서 그 원래적인 순수성을 잃어갔다. 특히 이 시기를 전후하여 여자의 수가 줄어들면서 약탈혼이나 매매혼이 빈번해졌고, 이러한 과정에서 개별적인 성애性愛에 기초한 결합이란 기대하기 어려워졌다. 그럴수록 집단혼은 여성에게 억압적이고 참을 수 없는 것으로 여겨졌으며, 그녀들은 구원의 방편으로 한 남자에게 일정 기간 혹은 영구적으로 소속되기를 희망했다. 남성들은 집단혼의 즐거움을 포기하지 않으려 했다. 따라서 대우혼으로의 이행은 여성을 통해 이루어졌다. 엥겔스는 대우혼 단계를 미개시대의 특징적인 가족형태로 파악하면서, 이를 집단혼을 기초로 하는 야만시대에서 일부일처제에 기반을 둔 문명시대로 넘어가는 과도기로 보았다. 즉 대우혼의 시작은 야만과 미개시대를 구획 짓는 경계가 되었다.[11]

이 단계에서 결혼관계는 양측의 제의에 의해 쉽사리 해체될 수 있었고, 헤어진 뒤 자녀는 어머니 쪽에 남았다. 그러나 남성에게는 경제적인 이유로, 매우 희귀하긴 했지만 다처多妻와 혼외정사가 허용되었다. 반면 여성에게는 그런 것이 금지되었고 간통은 처벌되었다. 그럼에도 불구하고 대우혼 가족은 아직 그 자체로 독립 가구를 구성하기에는 취약했고, 그래서 공산제적 공동가구를 해체하지는 못했다. 아직은 모계 혈통만이 확인 가능했고, 또 남자들은 여러 씨족에서 온 데 반해 여자들은 여전히 한 씨족 출신이었으므로 그녀들의 우월한 지위는 흔들리지 않았다. 마찬가지로 이 사회에서는 여전히 여성들의 노동 부담이 컸으므로 실질적으로 더 존경을 받았다.[12]

그러면 여성 억압이나 여성노동의 차별적 분업은 어떤 과정을 통해서 이루어졌는가? 엥겔스는 그 사회적 동인動因을 최초의 사회적 분업인 목축이 시작되면서 생산력이 비약적으로 발전하고 그 결과로 재산 축적이 이루어지는 데서 찾았다. 가축은 인간보다 훨씬 빠른 비율로 번식했기 때문에, 가축을 돌보는 데 더 많은 인력이 필요했다. 이를 위해 그 전에는 부족의 일원으로 받아들여지거나 혹은 죽임을 당했던 포로들의 노동력이 그 가치를 인정받게 되면서, 미개 상단 이후 노예가 등장하게 되었다. 이 당시는 가족 내의 분업에 의하여 여성은 가재도구를 보유했고, 남성은 생계의 새로운 원천인 가축과 새로운 노동 수단인 노예를 소유했다. 남성이 재산의 실제적인 주인이라 해도 이 당시는 모계제 씨족 공동체 사회였으므로 그 자녀들은 아버지로부터 상속을 받을 수가 없었고, 오히려 그의 재산은 씨족의 소유로서 실질적으로는 그의 자매의 후계자에게 귀속되었다. 그러나 부가 증대하면 증대할수록 가족 내에서 남성의 위치는 공고해졌고, 그래서 남성 자신은 적자嫡子에게 유리한 쪽으로, 전통적인 상속 체계를 무너뜨리게 되었다. 여기에서 "여성의 세계사적 패배"를 의미하는 모권의 전복이 이루어지게 되었는데, 이는 가족 중의 누구도 다치지 않고 이루어진, 마르크스의 표현을 빌면 "가장 자연스러운 이행"이었다. 이 때부터 남자의 혈통에 따라 자손이 인지認知되고, 부권법에 따라 상속이 이루어졌다. 이제 여성의 지위는 하락하여 예속 상태에 처하게 되는 동시에, 엄격하게 정조를 요구받았다. 엥겔스에 의하면 여성은 이제 남성적인 욕구의 노예이자 자녀 생산의 단순한 도구로 전락하게 되었다.[13]

결혼의 유대가 매우 강하다는 점에서 대우혼과 구별되는 이러한 단혼제單婚制는 개별적인 성애를 토대로 형성된 것이 아닌, 단지 편의상의 부부를 만들어냈다. 이는 자연적인 조건이 아닌 경제적 조건에 기반을 둔 최초의 가족 형태로서, 여기에서 결혼이란 남성우위와 적자 상속이라는 유일한 목적을 위한, 신·국가·조상에 대한 의무이자 하나의 부담일 뿐이었다. 그래서 엥겔스는 인류 역사 속에 등장하는 최초의 분업이 자손의 번식을 위한 남녀 간의 분업이었다면, 최초의 적대 관계는 단혼제 내에서의 남녀 간의 대립이었다고 보았다. 단혼제는 필연적으로 매춘이나 간통을 수반할 수밖에 없었고, 노예들의 강요된 매춘이나 자유인 여성들의 직업적 매춘을 통해서 남편과 아내 사이, 그리고 단혼제와 매춘 사이에 적대적인 관계가 성립되었다는 것이다. 마찬가지로 단혼제의 내부적 모순에서 파생하는 간통은 아내의 정부와 그 남편 사이의 적대 관계를 창출했다.[14] 이런 형태의 가족을 엥겔스는 그리스 영웅시대에서부터 발견하고 있다.[15]

지금까지 《가족, 사유재산 그리고 국가의 기원》의 내용을 많이 소개했다. 그 이유는 우선 우리 사회에서 이 주장을 수용하는 층의 저변이 상당히 넓고, 그런 만큼 그 수용도 상당히 조야하고 도식적인 형태로 이루어지고 있다는 점, 최근에 이르러서는 엥겔스의 주장을 비판적으로 수용하는 글도 나타나고 있으나 그 비판 역시 지엽적인 문제를 건드리거나 그 논리의 결함을 지적하는 과정에서 다시 또 하나의 당혹스런 논리를 만들어내고 있다는 점, 그리고 엥겔스의 주장을 전적으로 배척하는 학자들 중에서 그를 잘못 이해하고 있는 경우도 비일비재하다는 점을 구체적으로 지적하기 위해서였다. 그러나 앞서 열거한 점들 못지않게 더 중요한 이유는 바로 엥겔스의 논지가 가지고 있는 몇 가지 문제점들이 지적되고 보완되어야 한다는 데 있다. 이제 우리 주변에서 발표되었던 몇 편의 글을 점검해보자.

'모권제 사회의 존재'나 '여성 억압과 생산력의 변화' 사이의 관련성에 대한 소개는 1985년 12월에 나온 《여성》 1집 논단 〈여성운동의 방향정립을 위한 이론적 고찰〉을 통해서 처음으로 부분적으로 이루어졌다.[16] 다음으로는 고려대학교 여학생지 《석순》 2호에 실린 〈여성의 역사〉라는 특집에서 이전보다 조금 상세하게 이 주제를 취급하였다. 이 두 글은 엥겔스 등의 논의를 요약해서 간명하게 설명해주는 계몽적 성격을 벗어나지 못했으나, 당시 페미니스트 사이에서의 파급력은 결코 과소평가할 수 없는 것이었다.

모권 전복의 문제를 보다 본격적으로 다룬 글은 1987년 봄에 발표된 박정열의 〈여성모순의 본질에 관한 해부〉이다.[17] 이 글의 필자는 엥겔스의 주장을 약술한 후에 '여성모순의 기원을 해석하는 엥겔스 시각'의 몇 가지 문제점을 지적하고 있다.

우선 박정열은 엥겔스가 가족 형태의 이행 원동력을 크게 두 가지, 즉 근친상간의 폐해를 인식하고 혼인의 범위를 좁혀가는 자연도태의 원리와 사회적 추동력으로 보고 있음을 지적하고 있다. 박정열은 세대 간 혼인을 금지했던 혈연가족과, 형제·자매·인척까지와도 혼인을 금지했던 푸날루아혼까지는 명백히 이러한 자연도태의 법칙이 적용되었던 시기로 인식하여, 엥겔스와 견해를 같이 한다. 즉 푸날루아혼까지의 가족 형태 이행 내용은 명확히 근친상간이 금지되고 혼인 가능한 대상이 축소되어간 것으로 보았다. 그러나 푸날루아혼에서 대우혼으로의 이행 원동력을 규정하는 데서는 의견의 차이를 보인다. 엥겔스는 대우혼까지의 이행 동력을 자연도태로, 대우혼에서 일부일처제로의 이행 원동력은 경제적 원인 즉 생산력의 발달에 따른 사유재산의 성립에 두고 있는 데 비해, 박정열은 대우혼으로의 이행이 자연도태가 아닌 경제상의 이유 때문이라고 파악한다. 그는 대우혼으로 이행한 원인이 남성과 여성의 상호 요구에 있었으며, 거기서 주도적인 역할을 했던 것은 오히려 남성이었다고 주장하고 있다. 상술하면 생산력이 비약적으로 향상되었던 당시의 상황에서 여성은 열등한 생산자로서 자신의 생존을 위해 한 남자와의 강한 결합을 요구했고, 또한 남성은 자신에게 불리한 상속제도를 타파하기 위한 욕망을 느끼게 되었는 바, 이 양자의 요구가 잘 맞

아떨어진 것이 대우혼이었다는 것이다.[18]

조옥라의 논문 〈여성해방에 대한 인류학적 접근〉 역시 여성 억압에 대한 기존의 학문적 논의로서 빼놓을 수 없는 글이다.[19] 물론 이 글은 '여성 억압의 기원'이나 '모권제 사회'를 본격적으로 다루고 있는 글은 아니어서 평가하기에 다소 어려움이 있다. 그러나 본격적인 분석은 아닐지라도 조옥라는 이미 산발적으로 이 주제를 다룬 바 있으며,[20] 여성문제에 관심을 갖는 이들에게는 일정한 파급력을 가지고 있는 것으로 보인다.

조옥라의 글은, 1960년대 여성해방 운동이 구미 국가들에서 활성화됨과 더불어 각 사회에서 여성의 지위에 대한 분석의 필요성이 높아지면서, 이에 부응해 1970년대 이후 여성해방적 관점에서 원시사회를 연구한 결과 나타난 인류학의 성과들을 정리·소개하고 있다. 우선 조옥라는 "이제까지의 연구 결과를 볼 때 여성의 지위가 남성과 완전히 같거나 남성보다 우월한 사회는 없으나, 남녀 간의 불평등 정도는 사회마다 매우 다양하다"[21]고 주장하면서, 현존하는 원시사회의 분석을 통해서 모권제 사회는 존재하지 않는 것으로 결론짓는 인류학자들의 주장을 그대로 수용하고 있는 듯하다.[22] 일단 이러한 전제 위에서 이 글은 여성의 낮은 지위를 만드는 보편적이고 결정적인 변수들을 파악하는 데 관심을 집중하고 있다. 물론 여기에서는 불평등의 기원을 설명하는 데 있어 어느 하나의 변수만으로는 충분히 설명될 수 없음을 누누이 강조하고 있다. 각 사회마다 다양한 변수들이 상호 연계되거나 혹은 독자적으로 기능하면서 여성의 존재 형태를 각기 규정한다는 것이다. 조옥라는 이러한 변수들로 "생산방식, 가치재價値財 통제, 공식 대표성, 양육방식" 그리고 "성에 관한 이데올로기" 등을 든다.23 생계를 유지하는 방식과 그에 따른 여성의 생산 활동 참여 정도가 중요한 요소로 지적되고 있기는 하나, 이는 "여성의 지위에 필요조건이지 필수조건"은 아니라는 입장을 견지하고 있다.24 주된 생산이 여성에 의해서 이루어짐으로써 결정적인 경제적 기여를 한다 할지라도, 이에 대한 사회의 평가는 엄밀한 의미에서 실질적인 경제적 평가이기보다는 해당 사회가 부여하는 '사회적 명성'과 어떻게 연결되느냐에 달려 있기 때문이다. 결국 이러한 문제 제기는 여성들이 실제적으로 경제적 기여를 했음에도 불구하고 정치력을 확보할 수 없었기 때문에 남성에게 종속되었다는 해석으로 연결된다. 그렇다면 미개사회에서 "인적 자원과 물적 자원에 관한 통제력"을 의미하는 정치력은 어떻게 시작되었는가. 이 질문에 대해서 조옥라는 다음과 같이 답변하고 있다. 이는 일반적으로 교환가치를 지닌 가치재의 통제를 위한 경쟁 과정에서 나타나는데, 이러한 과정을 별로 중시하지 않는 여성의 사회화가 바로 이러한 가치재 획득에서 여성을 탈락시키는 주된 원인이 되었다는 것이다. 이와 더불어 공식 세계와의 접촉이 남성에 의해서만 중개되게 되면서 여성의 종속성이 심화되었다.[25] 이러한 논의와 관련하여 조옥라는 메이야수Claude Meillassoux의 가족제 생산 양식 개념을 선호하고 있다. 즉 친족집단 내의 연장자들은 잉여 노동력을 통해서만 획득 가능한 가치재를 통제하게 되는데, 그 결과 혼수재를 통제하는 연장자의 도움을 받아서 타 부족과 결혼할 수 있는 부족 내 남녀들은 연장자에게 복종하며 가치를 재생산한다. 부족 내 인력 배분을 둘러싼 이러한 메커니즘과 관련된 연장자의 권위는 남성의 경우 나이가 많아지면 자동적으로 계승되는 것이지만, 여성에게 있어서는 종속으로부터 벗어날 수 있는 기회가 구조적으로 차단되는 것이다.[26] 여기에서 암묵적으로 제기되고 있는 주장은 결국 '여성에 대한 정치적 통제 수단은 이미 사유재산이나 계급 발생 이전부터 존재하지 않았느냐'는 것이다. 그러나 메이야수의 주장 자체가 잉여 생산물의 발생을 전제했다는 점을 감안한다면, 조옥라의 암묵적인 주장은 그리 큰 의미를 갖지 못한다.

그 외에도 조옥라는 여성 불평등의 심화 현상을 설명하는 몇 가지 다른 변수들, 즉 결혼 후 거주 방식의 문제나 사유재산의 확대 등을 지적하면서, 가부장제의 확립을 가능케 하는 결정적인 요소로 국가의 성립을 강조해서 설명하고 있다. 환언하면 이는 소수에게 경제와 정치력이 집중되어가는 과정에서 여성들의 낮은 지위가 더욱 심화·고착화되었다는 것이다.[27]

  총괄적으로 볼 때 조옥라의 글이 방법론상으로 부딪히는 한계점은 현행 영미 계통 인류학 연구방법의 문제점을 무비판적으로 수용하고 있다는 점이다. 바호오펜이 그리스 역사와 고대의 신화를 통해서 모권제를 최초로 설명하고자 했다면, 모건은 뉴욕주에 거주하는 이로쿼이족의 사례를 통해 이를 더욱 발전시켰다. 그리하여 모건에 와서는 대大 화합, 즉 상호 간의 보완이 이루어지게 된다. 이를 통해 역사학이나 신화 그리고 민족학Ethnologic이 모권제를 규명하는 3대 기둥으로 인식되었다. 그러나 모건의 원시사회 논의는 당시의 학문적 풍토 속에서 즉시 거부되었다. 기본적으로는, 몇 개의 현행 모계제 사회를 연구한 결과 그 사회들이 남성에 의해 주도되고 있었기 때문이다. 또한 민족학자들은 민족학적 관찰과 역사학적인 방법의 결합을 비과학적인 것으로 간주했다. 민족학은 급속히 비역사화하게 되었다. 마르크스와 엥겔스가 모건의 사상을 그대로 수용한 점도 민족학자들의 거부감을 더욱 부채질했다. 물론 모건은, 혈연 내에서의 족외혼과 부족 내에서의 족내혼 관습, 중앙화된 지배나 기구의 결여, 친족제도와 사회제도 사이의 유사성 등을 밝힌 공로로 인해, 영국 사회인류학계에 의해 복권되었으며, 심지어는 인류학의 원조로까지

격상되었다. 그러나 이 때에 이르면 모건의 이론에서 역사적 시각은 삭제되었다. 모계와 부계 사회의 전후 연결 관계는 부정되었고, 양자는 서로 공존한 것으로 파악되었다. 기본적으로 동일한 구조의 사회들을 상정하는 사회인류학의 구조기능주의는 비역사적이거나 반反역사적인 것이다. 이와 더불어서 인류학은 원시사회의 장기적인 역사적 발전 과정을 수용할 수가 없었다. 더구나 민족학이 제국주의 국가들의 식민지화 과정에서 제3세계에 대한 지배와 착취의 보조 학문으로 기능하면서 역사성은 더욱더 뒷전으로 밀려났다.[28] 어쨌거나 조옥라의 글은 이런 학문적 전통을 추수하지는 않는다 할지라도 그것에서 크게 벗어나지 못하고 있다. 역사적 시각이 결여된 '성차별의 기원'에 대한 논의가 과연 정당한 것일까? 특히 학제적學際的, interdisciplinary 연구나 비교사적 고찰을 통한 유형화나 종합화가 학문의 보다 타당한 방법론으로 제기되고 있는 이 시점에서 '분절화된 연구는 시대 역행적이지 않은가?' 하는 물음이 던져져야 한다. 다시 말해 우리는 성차별의 기원을 설명하는 여러 요인들의 병렬적인 나열에서 벗어나, 그것들 사이의 역동적인 관련성을 포괄하는 총체성을 지향해야 할 것이다.

모권제와 관련한 몇 가지 개념

원시사회에서의 여성의 지위나 모권제에 대한 논의는 예나 지금이나 진지한 학문적 연구의 주제라기보다는 교육상의 문제나 혹은 감정적인 이해의 차원으로 받아들여지고 있다. 그런 까닭에 기존의 인식 방법과는 다른 각도에서 이 문제를 새롭게 접근할 필요가 있다. 첫째로는 우리가 가지고 있는 기존 관점에 대한 끊임없는 비판적 성찰이 요청된다. 이러한 과정이 제대로 이루어지지 못한 경우로 지적될 수 있는 것이, 우리시대의 고정된 시각으로 원시나 고대사회를 판단하는 자세이다. 현대 사회의 권력이나 정치력을 평가하는 판단 기준으로, 혹은 가부장제적 시각으로 모권제 사회를 찾아내려고 하는 태도들이 좋은 예이다. 둘째로 요청되는 것은 학제적 연구이다. 구체적으로 이는 고고학, 역사학, 민족학 그리고 인류학적 방법의 결합을 요구한다.[29] 특히 부분적으로 여기저기 산재해 있는 원시·고대사회의 자료들을 종합하기 위해서는 전통적으로 엄격히 지켜져온 개개 학문들의 경계를 뛰어넘는 작업이 필요하다. 그래서 이 글에서는 현존하는 원시부족에 대한 인류학적 조사를 통해서 원시사회를, 남아 있는 역사서와 고고학적 발견물과 전해 내려오는 신화의 분석을 매개로 해서 고대사회를 분석하고자 한다. 이러한 세 가지 과정을 거쳐서 우리는 여성의 지위나 모권제와 관련된 다양한 증빙자료들을 발굴해낼 수 있을 것이다. 다음으로는 이러한 세부적인 것들로부터 여성의 삶을 설명하는 구조적인 변수들, 나아가서는 그 변수들의 상호관련성을 추출해내야 하며, 이는 궁극적으로 그 내적 구조의 총체적인 재구성에 도달할 수 있어야 한다.

 이런 방법론은 엥겔스적인 논리에만, 혹은 인류학적 연구 결과에만 매달려 있었던 독자들에게는 생소한 것일지도 모른다. 엥겔스의 방법론은 1884년 당시로서는 기존의 방법론을 최대한으로 종합한 것이었다. 그러나 그것은 역시 그 시대의 산물이다. 우리의 과제는 과거의 연구들과 지난 한 세기 간의 새로운 성과를 종합하는 것이다. 또 한 가지 환기해야 할 것은 역사발전 단계를 전일적全—的으로 파악하기 좋아하는 우리의 습성이다. 수렵·채집 경제·원시농경사회·지배구조를 가진 고도 농경사회라는 발전 과정을 예로 들어 설명해보자. 각각의 단계는 세계적으로 같은 시대에 공존하는 것만도 아니고, 또 그것에 따라 개개 사회가 꼭 계기적으로 발전하는 것도 아니다. 우리는 같은 시대라도 어느 지역은 제1단계에 있었으나 다른 지역은 제2단계에 있었던 경우를 발견할 수 있고, 세계의 대부분이 산업화된 오늘날에도 제2단계에 머물러 있는 사회가 남아 있음을 볼 수 있다.

또한 많은 혼합 형태나 과도기적인 형태를 발견하기도 한다. 따라서 상기한 발전단계설을 주장할 경우, 우리는 그것을 이러한 비동시성이나 과도기적 특징에도 불구하고, 원시·고대사회의 발전단계를 세계사적으로 볼 때 상기한 3단계로 종합·정리할 수 있다는 차원에서 사용해야 할 듯하다.[30] 따라서 다음에 나오는 〈인류학으로 본 원시사회〉에서 시도될 원시사회에 대한 분석은 상기한 3단계를 그대로 사용하면서 진행될 것이다.

여기에서 마지막으로 다루어야 할 것은 모권제를 둘러싸고 통용되는 개념을 정리하는 일이다. '모권제 사회의 존재' 여부에 관한 논쟁은 상당히 첨예하게 진행되면서 몇 가지 입장이 팽팽하게 맞서고 있다. 그것은 모권제 사회가 존재했다는 강경한 여권론자의 입장, 모권제는 결코 존재하지 않았다는 주장, 그리고 모권제 사회를 분석하기 위한 자료가 너무 빈약하고 그 논쟁의 복잡 미묘함 때문에 아예 물러선 채 '모권제 사회의 존립'에 대한 논의 자체를 사변적이고 무의미한 것으로 간주하는 태도로 정리될 수 있다. 그러나 이러한 각 주장들이 빚어내는 혼란의 상당 부분은 '모권제'의 개념 규정이 다른 데서 기인한다.[31] 따라서 이 글에서는 모권제에 관련된 몇 가지 개념의 정확한 정의를 시도하고자 한다.

바흐오펜이 사용하기 시작한 모권 혹은 여인지배女人支配,

Gynaikokratie는 가족 내에서 여성의 우월함 그리고 모계에 따른 혈통의 우월성을 의미하는 것이지만, 보다 근본적으로는 사회 내에서 남성에 대한 여성의 지배 즉 여성의 정치적 우월성을 의미하는 것이다. 엥겔스도 이를 따라 모권이라는 용어를 쓰고 있으나, 여기에서 이야기하는 '권權'은 현대적인 권력 개념과는 다른 것으로 단지 편의상 이를 사용하는 것일 뿐이라고 유보 조항을 달았다.[32] 바로 이러한 언급이 '모권제'에 대한 그의 입장을 모호하게 만들고 있다. 1880년대에 들어와서는 가족과 사회 내에서의 남성 지배를 의미하는 가부장제Patriarchat에 반反하는 개념으로 가모장제家母長制, Matriarchat가 쓰이게 되었는데, 이 개념은 그 후 가장 일반적으로 통용되었다. 이러한 역사적 단계를 거쳐 현재 '모권'이라는 용어는 대체로 각기 다른 세 가지 의미를 함축하게 되었다. 첫째는, 아직도 바흐오펜적인 의미에서의 여인지배 혹은 가모장제와 동의어에 해당되는 개념이다. 둘째로는 모계제적인 의미에서 단지 어머니 쪽에 의해서 혈통이 계승되는 친족제도를 단순히 나타내는 경우이다. 셋째는 고고학이나 고대사에서 자주 사용하는 혼합 개념으로서, "모계제 사회가 반드시 여성의 지배를 의미하는 것은 아니다"라는 것이 알려진 이후에 많이 통용되었다. 여기에서는 모권제가 모계제에 사회 내에서 '여성의 보다 유리한 지위'라는 점이 첨가되어 설명된다. 이 글에서는

'모권제'를 위해서 첫 번째 개념을 쓰고자 하는데, 그 이유는 첫째의 경우가 모권제 개념으로 가장 상식적으로 통용되고 있으며, 둘째, 셋째를 위해서는 아래에서 다른 용어를 사용할 것이기 때문이다.[33]

그 외에도 우리는 부계 혈통에 반대되는 모계제 사회, 새로이 이루어진 가정이 어머니 쪽의 씨족 공동체에 거주하는 모처제母處制를 언급할 수 있다. 한 부족 내에서 모계제와 부계제가 병존하는 경우도 있고, 또 부계제 사회에서 모처제가 나타나는 경우도 있어서, 모계제 사회와 모처제를 단순하게 일치시킬 수만은 없지만, 대체로 이 양자는 한 공동체 내에서 여성의 지위를 우월하게 하는 중요한 요인들 중 하나라는 점에서 일단 주목할 필요가 있다. 이와 관련해 마지막으로 언급해야 할 것은 모성중점적母性重點的, matrifokale 혹은 모성적母性的, matristische 사회라는 용어이다. 이것은 여성이 가족 내에서, 그리고 경우에 따라서는 사회 내에서 어느 정도 우월한 지위를 누리는 경우에 사용될 수 있다. 많은 사람들이 그 사이에 '인류 역사의 초기에 모권제 사회는 존재하지 않았다'고 믿게 되었다. 아울러 페미니스트들 사이에서는 '권력과 무력이 여성의 손에 놓여 있는 것이 남성의 손에 있는 것보다 더 바람직한 일인가'에 대한 회의가 일어났다. 이 과정에서 모성중점적 혹은 모성적 사회라는 용어가 성립되었다.

여기에서는 일단 모계제와 모처제가 가장 중요한 성립 요건이 되며, 이를 통해 여성의 지위가 상당히 좋을 수 있었다는 것이다. 여기에서 우리는 이 사회 남성들이 가부장제 사회에서의 여성처럼 억압을 당하지는 않았다는 사실에 유의해야 할 것이다.[34] 이제 이러한 개념 규정에 기초하여, 현존하는 원시부족 내에서의 여성의 지위를 검토해보도록 하자.

인류학으로 본 원시사회

현존하는 원시 부족에 대한 연구는 인류학자들에 의해 꾸준히 이루어져왔다. 그러나 이러한 연구들이 갖는 결함은 '몇몇의 부족을 관찰하여 추출해낸 결과가 얼마나 전체 원시사회의 진면목을 대표할 수 있는가'에 대한 정확한 대답을 제시해주지 못한다는 데 있다. 개별적인 연구가 각기 자신들의 분석을 토대로 각양각색의 결론만을 도출해내는 한 원시사회의 성격을 총체적으로 파악하는 일은 언제까지나 답보 상태에 머물러 있을 수밖에 없다. 원시·고대시대나 현재의 원시적 사회나 다 나름대로 그 역사 발전의 독자성을 가지고 있다. 특히 각각의 사회는 그 어느 것을 선진적 혹은 후진적이라고 평가해서는 안 될 그들만의 고유한 문화를 가지고 있다. 그러나 다른 한편으로 우리는 비교학적인 방법을 통해서 이 부족들이 가지고 있는 최소한의 공통점을 추출해낼 수 있다. 최소한의 공통분모는 이들이 어떤 형태로 스스로의 생존을 영위했는가에서 찾을 수 있다. 원시사회를 3단계, 즉 수렵·채집사회, 서로 분절화되어 있는 농경사회, 이로부터 생기는 우두머리와 지배 세력을 가진 농경사회로 나눈다면, 이러한 분류를 부당하다고 항의할 사람은 없을 것이다. 오늘날 남아 있는 수렵·채집사회는 대략 100여 개가 넘는 것으로 추정되고 있고, 그들은 주로 아프리카, 아시아, 남태평양, 오스트레일리아, 남·북미에 산재해 있는 것으로 알려져 있다.[35] 이들 중의 일부는 이미 산업화된 주변 사회의 영향을 부분적으로 받았겠으나, 그럼에도 이들의 생존 형태는 아직도 수렵·채집사회의 틀을 벗어나지 않고 있다. 이제 이 사회에서 여성의 지위가 어떠했는지를 검토하기 전에 우리가 가지고 있는 몇 가지 편견을 지적해야 할 듯하다. 지금까지 우리는 포유동물 사냥을 인류의 초기 생활에서 가장 중요한 특징으로 파악하고 있었다. 그러나 고기는 수렵사회의 경우에조차도 그들 음식의 20~40퍼센트 정도를 차지했을 뿐이고, 나머지는 콩·이파리·뿌리·호두·버섯과 같은 식물로 충당했다. 이는 현존 원시 부족에서뿐만 아니라 석기시대에도 그러했던 것 같다.[36] 그 다음으로 우리는 이들이 늘

기아나 죽음의 공포에 시달렸고 항시 필사적으로 먹을 것을 찾아야 했으며, 그래서 자체의 문화를 창조할 여유가 없었다고 평가해왔다. 생계 유지를 위해 사냥꾼들은 농부나 목축민족보다 훨씬 고되게 일해야만 했다고 간주해왔다. 그러나 수렵·채집사회에 대한 조사는 그와 반대되는 결과를 보여준다. 총괄해서 계산해보면 이들의 노동 시간은 식사 준비까지를 포함하여 하루 2~4시간 정도였다고 한다. 또한 그리 많은 생활의 욕구를 가지고 있지 않았기 때문에 수렵인들은 늘 일정한 여분을 가지고 살았다. 마셜 샐린스 Marshall Sahlis 는 이를 "최초의 풍요한 사회"로 지칭하기까지 한다.[37] 그러나 이러한 풍요는 저장을 불필요한 것으로 생각하게 했다. 그들은 미래의 생존을 생각하거나, 계획하거나, 예비하지 않았다. 이러한 경제 형태는 늘 떠돌이 생활을 해야 한다는 단점을 가지고 있었다. 재산은 수렵인들, 그중에서도 이동할 때마다 가족들의 소유물을 운반하는 부인네들에게는 부담스러운 물건이었다. 남자들은 대개 무기만을 운반했기 때문이다. 이동이 시작되면 수렵인들은 걸을 수 없는 노인이나 병자를 죽이거나 혹은 죽도록 방치했다. 집단을 줄이기 위한 영아 살해도 종종 이루어졌다. 물론 이들에게도 가끔씩 기아가 뒤따랐지만 이것은 스쳐지나가는 현상이었다. 오늘날 기아가 지구상에 사는 사람들의 삼분의 일 이상이 직면하게 되는 일종의 제도화된 메커니즘이라는 점을 생각하면 문화의 발달과 더불어 오히려 굶주림은 증대해왔다고도 볼 수 있다. 이런 측면을 감안한다면 수렵인들은 결코 가난했던 것이 아니다. 그들은 20~100명씩 군거생활을 했고, 사회생활은 평등했으며 집단의 제반 일들은 구성원이 공동으로 의결해서 처리했다. 종종 보다 큰 권위를 가진 대변자가 집단 안에 있었는데, 이 역할은 대부분 유능한 사냥꾼이 담당했다. 그러나 경우에 따라서는 나이든 여자도 강한 발언권을 가질 수 있었다. 이 사회에서의 유일한 남녀 분업은 남자는 사냥을, 여자는 식물 채집, 요리, 육아를 담당한다는 데 있었다. 고프Kathleen Gough는 현존 수렵·채집사회를 175개로 추산하고, 그 97퍼센트에서 사냥은 남자의 일로 한정되었다고 주장한다.[38]

수렵·채집사회의 가족 구성은 절반 이상이 남편, 아내, 자녀들로 이루어진 소규모 핵가족이었다. 물론 수렵인들에게서 일부다처제의 비율이 약간 높게 나타나기는 한다. 그러나 확실한 것은 수렵사회가 그 어느 사회보다도 작은 단위의 가족 구조를 가지고 있다는 것이다. 이는 곧 수렵인들의 경제생활이 개별적 남녀 사이에서의 분업을 기초로 한 파트너십으로 이루어진 것임을 뜻한다. 이러한 성별 분업과 그로 인한 약간의 불평등은 남성에 의해 만들어진 문화적 부과물이 아니라 그들 생존의 문제와 직결되어 있는 것이다. 대규모의 가계 운영은 농경이 발달되어서야 비로소 일반적인 것으로 드러났다. 수렵사회의 이러한 소규모 가족은 지역적인 공동체와 더불어, 국가가 발생하기 이전까지는 모든 사회의 기초가 되었다. 여기서 주목해야 할 것은 이러한 가족 형태가 모건이나 엥겔스가 상정했던 것과는 달리 초기 상태의 혼음이나 집단혼이 나타나지 않고, 공동체의 성격 규제에 기초해서가 아니라, 가족 단위로 생활을 영위했다는 것이다. 특히 고프는 가족의 기원을 기존의 추정보다 훨씬 오래된 것으로 잡고 있어서, 대략 5만 년에서 50만 년 사이로 진단하고 있다. 몇 만 년이 지나는 동안 인간의 머리는 커진 반면 골반은 작아지면서 아이는 오랫동안 어머니 자궁 안에 머물 수가 없게 되었으며, 따라서 출생 후에 오랜 기간 동안 어머니의 양육을 필요로 하게 되었다. 이러한 오랜 육아 기간은 한편으로는 인간의 문화나 문명, 혹은 지능이 발전하게 된 기원이자 조건이 되었으나, 다른 한편으로는 성별 분업의 계기가 되었다. 농경사회에서는 그들의 생존을 위해서 충분한 수의 아이를 필요로 했다. 그러나 수렵사회에서는 어린이나 음식이 넘쳤기 때문에 종종 영아 살해가 이루어졌다. 가족은 후기에서처럼 '어린이 생산'이라는 사회적 목적을 가지지 않았고, 이런 점에서 가족의 형성은 어린이 생산의 역사적 결과일 뿐이었다.[39]

 수렵·채집사회에서는 여성의 성적 자유가 비교적 컸고, 성적인 금기도 별로 많지 않았다. 아내와 남편은 상당히 자유로운 형태로 결합했고, 자녀가 없는 경우 부부관계는 쉽게 해체될 수 있었다. 여기서 우리가 유추할 수 있는 것은, 결혼이나 성적 제한은 일차적으로 수렵인들 사이에 당면한 경제적 혹은 여타 생존의 욕구에 부응하기 위해 만들어진 현실적인 조치라는 것이다. 이런 사회에서 남녀 간의 짝짓기는 남녀 간의 분업, 협업, 육아 등을 해결하기 위한 최적의 현실적인 방법이기 때문이다. 이와 더불어 공동으로 노획한 까닭에 공동으로 분배되는 사냥물은 가족이라는 단위에서 개별적으로 소비되었다. 이런 직접적인 가족을 넘어서서 대가족이나 씨족이라는, 전자보다는 덜 집약적이지만 중요한, 일종의 협동 작업을 수행하는 조직 단위가 있었다. 그러나 가족을 넘어선 이러한 상호 호혜성은 수렵인의 경우 그들의 환경이 극단적일 경우에만 강력하게 나타났다.

수렵사회에서도 여성은, 남성에 대한 종속 정도에 차이가 있고 또 항시 열등했던 것만은 아니지만, 부차적인 성임에는 틀림없었다.[40] 이러한 약간의 불평등은 임신과 육아로 인한 사회적 장애와 부담 때문이었다. 물론 수렵·채집사회에서는 전반적으로 모두가 조금씩 일했으므로 이런 차이가 큰 후유증을 가져오지는 않았다. 그러나 각각의 사회에 따라 이러한 사정은 조금씩 달랐다. 여성이 가장 열악한 지위에 있었던 것은 에스키모 사회였으며, 밀림의 수렵사회에서는 상황이 훨씬 호전되어 있었다. 밀림에서 여성이 보다 나은 지위를 가질 수 있었던 것은 여성들이 식량 마련에 중요한 역할을 했던 것과 관련이 있다. 즉 음식물의 채집이 중요한 사회일수록 여성의 독립성이나 영향력은 더 강했다. 환경이 극단적인 곳에서는 그 반대의 현상이 나타났다. 여기에서 우리는 생물학적 차이로 인한 성별 분업이 얼마나 그 사회의 기본적인 생존 조건과 직결되어 있는가를 알 수 있다.[41] 수렵은 채집에 비해 더 많은 공동의 작업과 노동조직을 요구하게 되는데, 이러한 노동방식은 더 나아가 남성의 지위를 강화시키는 역할을 했다. 급기야 이들의 협업은 방어나 사냥, 정치적 지도력에 있어서만이 아니라 의료, 주술 그리고 노획물의 증가를 기원하는 각종 의식에까지 확장되었다. 이런 현상들은 비교적 수렵사회의 후기에 나타났고, 오히려 초기 수렵인들에서는 부처제父處制보다는 모처제가 더 일반적이었던 것으로 보인다. 따라서 여성이 남성의 집으로 옮겨가게 되는 것은 비교적 남성의 집단노동이 중요해지게 된 후기의 양상이었으리라 추측된다.[42]

그 외에도 수렵사회에서 남성이 여성보다 주요한 권리를 행사했던 이유로 남성들이 무기를 독점하고 있었던 것을 들 수 있다. 물론 그 무기가 여성에 대항하는 데 쓰이지는 않았지만, 이는 남성의 육체적 힘을 증가시키는 데 기여함으로써 권력의 통솔을 가능하게 했다. 그 결과 영아 살해를 관장할 수 있었던 것도 남성이었고, 따라서 여아 살해가 더 빈번했다.[43]

전체적으로 평가할 때, 이런 사회를 남녀 사이에 일종의 계급적 분화가 이루어진 사회라고 볼 수는 없다. 여성이 일정한 채집 지역을, 남성이 일정한 수렵 지역을 독점한다 할지라도 모든 토지나 자원은 공동체의 소유가 되었다. 남녀 사이에 등급의 차이, 역할의 차이, 권위에 따른 존중도의 차이는 있었지만, 기본적으로 수렵사회는 착취나 지배보다 상호 호혜성에 기반을 둔 사회였다.

전반적으로 여성의 상황은 정착 생활, 즉 농경이나 가축 사육과 더불어 열악해졌다.[44] 그러나 원예농경이나 호미 경작을 위주로 하는 초기 농경사회는 씨족으로 조직되어 있었고, 혈연제도가 그 중요한 사회 조직이 되는, 비교적 평등한 사회였다. 물론 혈통의 최 연장자, 대표자, 각 촌락의 연장자, 샤먼, 그리고 사제가 있었지만, 그들은 근본적으로 어떤 제도화된 권력도 가지고 있지 않았다. 최 연장자나 촌락 대표자도 어떤 명령을 내리지 못했고, 갈등의 해결은 모든 참석자의 동의에 따랐다. 또 이들 씨족 집단들은 어떤 중앙 조직도 없이 각기 분절화된 공동체로서 평등하게 존재했고, 이 분절화된 공동체 사이에서의 족외혼 그리고 전체 부족 내에서는 족내혼이 이루어졌다. 토지는 늘 충분했으므로 토지가 그리 큰 역할을 하지 못했고, 생산수단으로 이르는 통로를 열지도 못했다. 여기서 소유는 씨족의 공유재산이라는 개념으로 이해되었다. 오히려 중요한 소유 문제는 많은 부계사회에 있었던 신부대新婦代, bridewealth였다. 신부대는 일반적으로 매우 높았던 까닭에, 젊은 남자는 친족 집단의 단결을 통해서만 이를 지불할 수 있었다. 또 신부대를 받은 집단은 그 혈통 내에서 이를 함께 분배했다. 물론 이러한 신부대는 여성에 대한 지불이 아니라, 그 가족이 겪게 될 노동력의 손실과 미래에 태어날 어린이의 손실에 대한 대가성 차원이었다. 초기 농경사회 가족에서 부부 사이의 결속은 수렵·채집사회의 그것보다 강했다. 가족에 대한 사회적 압력도 강했다. 신부대가 지불되는 경우, 여성은 적어도 아이를 낳을 때까지는 남자 집에 머물러야만 했다. 또 부모와 자식 간의 감정적인 결속도 매우 강했다.[45]

그러나 상기한 상황들을 손쉽게 일반화할 수는 없다. 상황은 각 사회마다 각기 다르기 때문이다. 여성의 상황이 나쁜 모계제 사회가 있는가 하면 여성이 비교적 보다 나은 생활을 하는 부계제 사회도 있다. 물론 그 반대도 있다. 또 호미 경작이냐 쟁기 경작이냐에 따라 혹은 곡물 경작이냐 근경류根莖類 경작이냐에 따라 여성의 지위는 다르게 나타났다. 이런 차이들에도 불구하고 우리가 개괄적으로 이야기할 수 있는 것은 수렵사회보다는 정착

사회로 오면서, 특히 '우두머리'가 나타나면서 여성의 지위가 훨씬 나빠졌다는 것이다. 이에 대해서는 간단히 설명할 수 있다. 그녀들이 미래의 생산자들을 낳았기 때문에 엄격하게 통제되어야 했다. 또한 모계제 사회건 부계제 사회건 하나의 일반화된 중요한 규칙은 누구나 충분한 노동력을 보장해야 한다는 것이다.

이런 점들을 종합해볼 때, 혼음으로 아이의 부친을 밝힐 수 없었기 때문에 모계제가 생성되었다고 파악한 바흐오펜, 모건, 엥겔스 등의 견해는 생물학적 기원과 사회적 생산력을 혼동한 데서 출발한 오류였다고 할 수 있다. 모계제건 부계제건 결국은 초기 사회 구성원들이 그들에게 주어진 환경에 대해 나름의 해결 방식을 모색한 결과였던 것이다. 이와 관련하여 환기되어야 할 점은 여성학 연구자들이 신부대를 단지 여성 억압의 메커니즘으로만 이해하고, 계급 억압보다 여성 억압이 먼저 나타났다고 주장하는 현상이다. 그러나 신부대가 존재했음에도 여성의 지위는 열악하지 않았던 모계제 사회도 꽤 있었던 만큼, 그런 단순한 논리는 타당성이 약하다.[46]

지금까지 우리는 여성의 지위를 규정하는 데 있어서 각 사회의 자연적 조건과 그에 기초한 여성의 생산노동이 얼마나 중요한 역할을 했던가를 검토해보았다. 그러나 생산이 갖는 의미만으로 여성의 지위를 설명할 수는 없다. 만일 그것만으로 설명해

호피족 여성. 호피족은 미국 애리조나주(州)북동부에 사는 푸에블로인디언의 일족이다. 1960년대 당시 인구는 약 4,000명이었다. 밀집된 마을에 살며, 모계(母系)로 씨족을 구성하며 생활했다.

낼 수 있다고 한다면, 19세기의 노동자나 농민의 생활 그리고 사회적 지위는 훨씬 나아져야만 했을 것이다. 따라서 우리는 여성의 지위를 결정짓는 다른 요소들을 찾아내야만 하는데, 그를 위해서는 정착생활을 하면서도 여성의 지위가 월등하게 높은 사회를 추적해보아야 할 것이다. 비근한 예로 푸에블로 Pueblos의 서쪽에 거주하는 호피 Hopi 족을 들 수 있겠다. 비가 적은 까닭에 도랑을 통해 관개를 하는 이 부족은 주로 옥수수 재배와 집토끼 사육으로 생계를 유지했다. 300여 명 정도가 함께 거주하면서, 함께 생산하고 함께 소비했으며, 모계제와 모처제의 형태로 생활했다.

이 사회에서 남성은 소외되어 있었으며, 부부관계는 쉽게 해체될 수 있었고, 남편은 아내의 가족을 위해서 노동해야만 했다. 농경은 남편의 의무였고, 그들의 노동력은 종종 아내의 가족에 의해 비판되었으며, 이혼율은 약 34퍼센트 정도였다. 정치적 대표자는 항시 최고 연장자로 결정되었고, 대부분의 경우 대표자가 오래 살지 못했으므로, 대표자 직책이 지속적으로 교체되어 큰 영향력은 없었다.[47] 전반적으로 거주지 내에서 남성의 정치적 영향력은 여성보다 더 강했다. 정치적 조직이 종교적 의식으로 확장되어, 그 의식은 주로 남성이 전담했다.

촌락 단위로 확대된 가족의 가계 운영에 있어서 여성의 지위는 훨씬 높았다. 미국의 많은 인류학자들이 모처제는 농업이 여성의 노동에 의존한 데서 기인한다고 주장했는데, 이는 여성들의 집단노동에 의해 농사일이 이루어지는 곳에서 더 잘 나타난다는 점을 추가할 수 있다. 특히 호피족의 경우에는 옥수수를 경작하는 데 필요한 여성들의 집단 작업이 그녀들의 지위를 결정적으로 강화시켰다. 결국 정치력에서는 남성이 우월했고 생산노동과 가계 운영에서는 여성이 우월했다는 점을 감안하면 호피족 사회는 상당히 평등했다고 볼 수 있다. 결국 여성의 강한 지위는 그 사회가 하등의 폭력이 없는 데서 기인하는 것이었는데, 이런 사회에서는 성적인 자유도 상당히 컸다. 그런 사회의 예로

이로쿼이족의 전통 가옥. 이로쿼이족은 북아메리카 동부 삼림지대에 거주하는 아메리카 인디언이다. 씨족 내의 일을 지휘하는 사람은 나이 든 여성인데, 한 개 또는 몇 개의 확대가족이 목조로 된 길다란 집에 살며 모처혼제(母處婚制), 모계외혼(母系外婚), 토템씨족제가 행해지고 있다.

는 호피족 외에도 벨루Belu, 인도네시아의 미낭카바우Minangkabau, 브라질의 팀비라Timbira족 등을 더 들 수 있다.[48]

이로쿼이Iroquoi족의 경우에는 호피족보다도 여성의 지위가 더 높았다. 이로쿼이족 사회에서도 호피족과 같은 모계제, 모처제, 집단 노동이 이뤄졌다. 그리고 또 하나의 특징으로 그들의 독특한 가옥 구조를 들 수 있다. 이로쿼이족들은 그들 부족의 안식처인 긴長 가옥 안에서 함께 살았다. 이 긴 가옥에서 여성들은 자연히 가사를 공동으로 부담했다. 이 사회에서는 혈연집단 내 남성 세계와 여성 세계의 명백한 분리가 이루어져서, 비교적 평화적인 직책들은 여성이, 사냥, 무역, 협상, 전투 등의 직책들은 남성이 담당했다. 물론 각 작업 집단들은 그 대표자를 선출했다. 이 사회에서는 모계의 대표자나 연장자가 가장 높은 권위를 누렸고, 경제·사회생활을 관장했다. 여성들은 정치생활에서도 놀라울 정도의 영향력을 행사했다. 여성들이 부족회의에 직접 대표로 참여했는지는 확실치 않다. 부족회의는 50명의 혈연집단의 대표자로 이루어졌는데, 바로 이 대표자들은 모계혈통의 여자에 의해 선출되었다. 그런 점에서 여성들의 정치에 대한 간접적인 영향력은 결코 무시될 수 없는 수준이었다.[49] 그러나 여기에서 흔히 '여성의 지배'로 이해되는 모권제가 거론되어서는 안 된다. 오히려 이 사회는 남녀가 동등하다기보다 여성이 조금 우월한 '여성중점적 사회'였다고 보아야 한다.[50] 우리는 흔히 부권제 사회에서의 '남성들의 우월'은 여성의 희생이나 억압에 기초해 이루어진다는 고정관념을 가지고 원시사회를 바라보는 데서 오류를 범한다. 바흐오펜은 '여성의 패배'를 정당화하기 위해서 그 이전 사회를 극단적인 모권제 사회로 보는 오류를 범했고, 오늘날의 인류학자들은 쿵 부쉬맨 사회에서조차도 남성이 정치력을 장악했기 때문에 여성은 열등했다는 식으로 속단하고 있다.

앞서 살펴본 두 사회에서의 여성의 우월성은 주로 생산 활동 영역에서의 중심적 역할, 여성의 집단 노동, 모계제, 모처제라는 요인들에 기인했다. 이로쿼이족의 경우를 통해 더 언급되어야 할 것은 여성이 누리고 있었던 생산물의 배분권과 가족 구조이다. 주디스 브라운Judith Brown은 생산 활동 그 자체가 아니라, 그 결과의 처분권이 이로쿼이족 사회를 여성중점적으로 발전시킨 중요 요인이라고까지 보았다.[51] 소가족을 단위로 분업과 소비가 이루어진 경우에 여성의 지위가 훨씬 열악해진다는 사실도 이로쿼이족을 통해서 입증되었다. 즉 긴 가옥에서 공동 노동을 하는 여성집단과 사냥과 전쟁 등의 공동 작업을 하는 남성집단 사이에서는 여성의 남성에 대한 종속이 훨씬 약했다는 것이다. 여기에서는 '임신과 육아'라는 여성이 가지는 생리적 제약도 집단적으로 상당 부분 해결될 수 있었다. 이를 통해 우리는 '가족에 대한 결속력이 강할수록 여성의 지위는 열악해진다'는 결론을 잠정적으로 도출해낼 수 있다. 마지막으로 지적되어야 할 것은 이로쿼이족의 경우, 전쟁이 없을 때 여성의 지위가 훨씬 열악해지는 경향을 보여주었다는 점이다. 즉 남성이 항상 집단 내에 머물게 된 후에는 여성만의 공동 노동이 사라지고 이전에 누렸던 성적 자유가 분쟁의 요인으로 등장하게 되면서, 여성의 지위도 차츰 약화되어갔다고 볼 수 있다.

지금까지 호피나 이로쿼이 같은 개별 사회들을 통해 정착생활에도 불구하고 여성의 지위가 평등하거나 우월했던 사회를 살펴보았다. 그러나 이런 사회가 '얼마나 대표성을 가지고 있는가'라는 질문에 대해서는 시원한 답변을 제시할 수가 없다. 마지막으로 시도해볼 수 있는 일은 현존하는 모계제 사회를 총체적으로 분석해보는 것이다. 머독 George Peter Murdock 의 《민족 지도》에 따르면 약 862개의 원시사회가 있다.[52] 그중에서 남·북미, 아시아, 아프리카 그리고 남태평양에 산재해 있는 모계제 사회는 약 100개 정도이다. 이것들은 앞에서 언급한 분류 방식에 의하자면, 제2단계에 속하는, 즉 원예농경의 형태를 가진 호미 경작 사회이다. 그에 비해 부계제는 대부분 잉여물이 생기는 농경이나 가축 사육 사회이다. 대부분의 모계제나 원예농경 사회에서는 모처제의 비율이 높았다. 모계제 중에서도 여성의 집단 노동이 중요한 의미를 갖는 사회에서는 집단 노동의 한 구성원이 빠져나가는 것이 곤란했던 까닭에 대체로 모처제가 형성되었다.[53] 특히 여성들이 개별 가족의 단위를 벗어나서 집단 노동을 하는 사회에서 여성의 지위가 상대적으로 높았다. 여기서 또 한 가지 주목해야 할 것은 모계제 사회 중에서 종종 구처제 男處制. Avunkulokalität 가 나타난다는 점이다. 이는 결혼 후에 외숙부의 집에서 거주하는 형태로서, 모계제에서 부계제로 발전해가는 과정에서 과도기적으로 나타나는 현상으로 판단될 수 있기 때문에, 모계제 사회의 초기에 대체로 나타났던 모처제와 여성중점적 사회가 생산조건의 변화에 따라 서서히 부처제로 옮아가는 긴 역사적 과정을 증명해주는 실례가 될 수 있다. 이러한 장기적인 변화 과정은 다음에 나오는 역사서를 통한 분석에서 다시 한 번 증명될 것이다.

결론적으로 우리는 현존하는 초기 농경·정착 생활을 통해서 몇 가지 이론적인 틀을 만들어낼 수 있다. 첫째, 여성이 평등하거나 혹은 남성보다 약간 우세한 여성중점적 사회는 초기 수렵사회에서보다 오히려 초기 정착사회에서 상당히 발견될 수 있었다는 것이다. 물론 이런 여성의 지위는 생산노동에서의 중심적 지위,[54] 노동 방식, 모계제, 모처제, 생산물의 처분권, 가족 구조 등에 의해 결정되었던 것이다. 둘째, 이러한 사회는 전반적으로 일반화되어 있었던 것도, 반드시 전역으로 확장되는 것도 아니었다. 셋째, 여성중점적 사회라는 것은 흔히 이야기하는 '여성의 지배'가 아니라, 모두가 평등한 사회를 의미하는 것이다. 단지 약간 예외적인 경우가 이로쿼이 사회였다.

이제 우리가 이 글을 매듭짓기 위해서 고심해야 할 것은 위의 결론과 엥겔스의 주장과의 편차이다. 그가 가족의 발전을 혈연가족-푸날루아혼-대우혼-일부일처제의 단계로 설정한 것은 잘 맞지 않기 때문이다. 이는 엥겔스가 현존하는 원시사회가 아니라 남아 있는 친족제도들을 통해서 추적해 올라갔던 만큼, 계기적이고 도식적으로 설명할 수밖에 없는 방법론적 한계를 가졌던 데서 기인한 것 같다. 구 소련의 인류학자들도 이러한 가족의 단계별 발전은 설득력이 약함을 인정한 바 있다. 현존하는 원시사회나 남아 있는 집단혼의 다양한 유습들을 종합하여 혼음과 일부일처제 사이에 느슨한 형태의 집단혼이 다양한 형태로 존재했을 것으로 상정하는 것이 보다 바람직할 것이다.[55]

가족 형태와 관련하여 또 한 가지 지적되어야 할 문제점은 엥겔스의 가족제도 변화의 동인에 대한 설명이다. 혈연 가족에서 대우혼 가족까지의 이행을 자연도태라는 생물학적 원인에 의해, 그리고 대우혼에서 일부일처제로의 전환을 계급·사유재산의 발생이라는 요소에 의해 설명하는 것은 전반적으로 생물학적 원인과 사회적 동력을 혼동한 데서 기인한 것이다. 그는 이 지점에서, 《가족, 사유재산 그리고 국가의 기원》의 서문에서 "가족의 발전정도는 노동의 발전정도에 상응한다"고 주장한 것과는 상반되는 주장을 하고 있는 셈이다. 인간은 역사 초기부터 자연 환경과 싸우면서 자신의 생존을 위한 노동을 해왔는데, 매 단계마다 가족형태나 친족제도, 여성의 지위 등이 이러한 생존의 조건들에 의해 일차적으로 규정되어온 것이다. 이에 대한 예증은 이 글에서 충분히 다루어왔다고 생각한다. 엥겔스의 결점은 일부일처제의 등장과 여성의 몰락을 설명하는 데서도 나타난다. 그는 격한 어조로 "여성의 세계사적 패배"는 사유재산과 계급의 발생에 기인하는 것이라고 단순화시켜버린다. 그러나 현존하는 원시사회들을 통해서 살펴본 것처럼 여성의 지위를 설명하는 결정 요인은 매우 다양한 것이다.

그럼에도 불구하고 《가족, 사유재산 그리고 국가의 기원》이 제기한 여성문제를 보는 틀의 중요성이 결코 과소평가될 수는 없다. 특히 제3단계, 즉 중앙화된 권력 조직이나 우두머리가 생기는 보다 발전된 농경사회에 이르면 여성의 지위가 결정적으로 약화되게 되는데, 이를 설명하는 방식으로 개인과 가족의 재산 증가, 수공업과 목축의 발전, 재산 상속의 욕구, 그리고 관개시설의 필요에 따른 국가의 발생을 지적하고 있는 점은 타당하다. 더 나아가 그것은 여성의 억압을 가장 포괄적으로 해명하는 방식이기도 하다.

결국 엥겔스의 논리가 가지는 한계는 100년 전이라는 시대적 제한에 묶여 있는 데서 기인하는 것이다. 따라서 이제 우리에게는 그 후의 연구 성과들을 토대로 여성 억압의 기원을 설명하는 보다 정교한 틀이 요구된다. 현존하는 원시사회는 그 주변의 문명화된 사회들의 영향을 받았을 가능성이 높기 때문에 이것을 분석하는 것만으로는 '모권제' 논의에 대한 충분한 해답을 찾을 수가 없다. 이 주제를 보다 심도 있게 다루기 위해서는 역사서에

나타난 '모권제' 사회에 대한 언급을 검토하는 작업으로 넘어가
야 할 듯하다.

역사서 연구로 본 고대사회

바흐오펜의 《모권론》은 초기 문명시대 여성의 삶에 대한 역사적
인 기술들을 총망라하여 채집, 정리한 저작이다. 이 책에는 리키
아, 이집트, 그리고 그레타가 가장 중요한 나라로 등장하고 있다.
이집트에 대해서는 이시스 Isis와 오시리스 Osiris 신화에서 영감을
얻었고, 헤로도토스 Herodotus와 디오도르 Diodor의 여행 기록에서
도 도움을 받았다. 리키아의 경우에는, 적어도 그가 생각하기에
는 확실한 증빙자료들이 제공될 수 있었다. 그리고 리키아로부
터 역으로 그 모국인 크레타의 경우를 추적해갈 수 있었다. 바흐
오펜은 아테네, 렘노스 Lemnos, 인디아 그리고 다른 그리스 지역
들도 다루고 있으나, 우리는 앞서 언급한 세 나라보다 모권제를
논의할 만한 자료가 적은 여타 나라들에 대해서는 생략해야 할
듯하다.[56] 역사학적 접근의 종결 부분에서는 여성이 열악한 상태
에 놓여 있었던 그리스와 로마 시대를 취급하면서, 가부장제의
강화가 여성의 예속을 심화시켜간 과정을 고찰하게 될 것이다.

물론 문헌을 통한 연구라고는 하지만, 많은 역사서가 글쓴이의 편견에서 벗어나지 못하기 때문에 여성의 현실과 남성의 상상력 사이를 가늠하기는 쉽지 않다. 이런 어려움에도 불구하고 이 글에서는 문헌적 접근을 통하여 고대사회 여성의 모습을 최대한 재구성해보고자 한다.

리키아

바흐오펜의 리키아에 대한 역사적 분석은 세 명의 그리스 역사가와 한 명의 철학자의 서술을 토대로 하고 있다. 기원전 5세기의 헤로도토스, 기원전 4세기의 헤라클레이데스 폰티코스 Herakleides Pontikos, 기원전 3세기의 님피스 Nymphis, 그리고 기원전 1세기 다마스커스의 니콜라오스 Nikolaos 는 각기 리키아인에 대한 역사학적인 정보를 제공해준다.

헤로도토스는 리키아인들이 어머니에 따라 호칭되어졌고, 시민권도 어머니를 통해서 획득되었다고 서술하고 있다.[57] 그러나 헤로도토스가 서술한 것은 사실상 모계제이다. 모계에 의해 지칭되지만, 결코 어머니의 사회적 지위가 가부장제 사회에서의 남성의 그것에 상응하지 않는 많은 사회를 발견할 수 있는 까닭에, 이러한 주장으로 모권제 사회를 규정할 수는 없다. 님피스의 서술도 어머니에 따라 지칭되는 것과 이러한 관습의 신화적 배경을 언급하는 것 이외에는 별다른 내용을 포함하고 있지 않다. 이에 비해 다마스커스의 니콜라오스는 다음과 같이 기술하고 있다.

> 그들은 남성보다 여성을 더 존중했고, 그들의 어머니에 따라 지칭되었고, 그리고 상속재산은 아들들에게가 아니라 딸들에게 주어졌다.[58]

이 인용문에 나타난 여성에 대한 숭모심이라는 것은 그리 많은 것을 말해주지는 않는다. 과거나 지금이나 여성에 대한 가시적인 존중은 그녀들에 대한 억압의 간접적인 증거일 경우가 적지 않았기 때문이다. 그러나 비록 우리가 거기에서 모권제 사회를 추론하지는 못한다 하더라도 상속권이 시사하는 바는 크다. 확실한 것은, 이러한 사회에서는 단순히 모계사회인 경우보다 여성의 지위가 훨씬 높았으리라는 것이다. 아마도 이는 종종 리키아의 비문들에서 나타나는 것처럼 모처제와 밀접한 연관을 가질 것이다. 만약 여성이 그들의 남편들과 함께 자신의 씨족에 머물고, 그녀들의 남자 형제가 그들과 결혼한 여자의 씨족 집단으로 가야만 했다면, 딸들을 통해 재산 상속이 이루어질 수밖에 없다. 이와 같이 모계제와 모처제가 결합되는 경우에 여성의 지위는 훨씬 높았지만, 이것이 여성이 지배하는 사회가 존재했다는 근거는 되지 못한다.

그러나 1세기 후에 씌어진 헤라클레이데스 폰티코스의 기술은 위의 언급들과는 차이가 있다.

리키아인들은 강도질과 해적질로 살고 있다. 그들은 성문법이 아닌, 기록되지 않은 관습들만을 가지고 있다. 예전부터 그들은 여인들에 의해 지배되었다.[59]

여기에서는 그리스 문헌들에서 종종 나오는 여인지배$_{Gynaikokratie}$라는 말이 나타난다. 이는 아리스토텔레스나 플루타크뿐만 아니라 고전·고대사회에서 많이 통용된 '계집들의 지배$_{Weiber-herrschaft}$'라는 개념, 즉 여인지배를 경멸하려는 의도에서 나온 것이다. 이러한 계집들의 지배는 방종이나 사치가 극에 달하거나, 전투적인 부족에서 남자들이 자주 집을 비울 때 생성된다고 보았다. 이러한 주장의 배후에는 지나친 방종이나 사치는 '계집들의 지배'를 가져오고, 남성들을 연약하게 만들고, 여인들을 방자하게 만드는 길로 이끈다는 경고가 들어 있다. 아리스토텔레스와 동시대의 사람이자 플라톤의 제자였던 헤라클레이데스는 아마도 이런 동시대적 관념에 묶여 있었고, 아리스토텔레스와 같은 의미로 이 용어를 사용했던 것 같다. 그의 관점이라는 것은 결국 다음과 같은 것이다. 리키아인은 해적이며, 항상 집을 떠나 살고, 게다가 그들은 모계를 따라 지칭되었다. 여기에서 우리가 또 한 가지 주목해야 할 점은 앞선 세 역사가는 전혀 '여인지배'에 대해 언급하지 않았다는 것이다. 특히 헤로도토스는 그 근방 출신으로 리키아에 거주했었고, 리키아인에 대해 아주 상세히 서술하고 있는 만큼 실제로 여인지배가 있었다면 이를 생략해버렸을 리가 없다. 위에서 언급한 여러 요인들을 통해 추론해보자면 여인지배는 존재하지 않았고, "타락과 사치가 극에 달하면, 자연이 준 남성의 지배 질서가 제대로 기능되지 않을지도 모른다"는 당대의 불안에 영향을 받은 헤라클레이데스가 여성의 평등한 지위를 다소 과장해서 서술한 듯하다(그리고 바흐오펜 역시 이를 무비판적으로 수용한 듯 하다).

최근에 발견된 리키아인의 비문들도 몇 가지 증거를 제시하고 있는데, 이를 통해 헤로도토스 당시에 존재했던 모계제와 모처제 사회가 입증될 수 있었다. 그러나 여기에서는 부계제 사회도 적지 않게 발전되었는데, 이는 당시에 상당수의 외래인이 리키아에 거주했다는 사실로 설명이 가능할 것이다. 종합하면, 리키아에는 여인지배가 없었지만, 가족이나 사회 내에서 여성들은 상당히 좋은 위치에 있었던 것으로 판단된다.[60]

이집트

리카아 다음으로 모권제 사회가 존재했으리라 추정되는 국가는 이집트이다. 헤로도토스는 이집트에 대한 그의 보고서에서 다음과 같이 서술하고 있다.

> 그 곳에서는 여성들은 장에 가서 물건을 사고 팔고, 남성들은 집에 앉아서 옷감을 짠다. (…) 아들들은 그들 부모를 부양할 의무를 지지 않으나, 딸들은 그 부담을 진다.[61]

헤로도토스는 기원전 5세기 중반에 3~4개월 간 이집트를 다녀온 적이 있는데, 그 자신은 이집트어를 할 줄 몰라서 통역을 통해서 의사소통을 했다. 헤로도토스는 하늘에서부터 세세한 풍습에 이르기까지 모든 것이 그리스와 전혀 다르다는 점에 대해 경탄해 마지않고 있다. 여성들이 활보하는 이집트 시장의 풍경이나 옷감을 짜고 있는 남성들의 모습은, 여성이 집을 벗어나거나 길거리를 나다니는 것도 허용되지 않고 옷감을 짜는 일은 여성에게만 맡겨졌던 그리스와 매우 대조적이었던 만큼, 이 그리스 역사가에게 깊은 인상을 심어주었을 것이다. 물론 앞에서 인용한 헤로도토스의 주장은 옳다. 그러나 이것이 이집트에서는 남성이 시장에 가지 않는다든가 여성이 옷감을 짜지 않는다든가

이집트 무덤의 벽화. 흰 머리 수건을 쓰고 일하는 여인들의 모습.

하는 인상을 준다면 그것은 잘못된 것이다. 이집트에서는 여성의 지위가 남성보다 우월했다고 한다면 이 역시 틀린 결론이다. 이집트에서도 가내 직조 즉 그 가족의 일상적인 필요를 위한 직조는 여성이 담당했다. 그러나 고도의 숙련을 요하는 황실의 소비를 위한 수공업 직종은 남성이 담당했다.[62] 어쨌든 이집트 여성의 상태는 일반적으로 매우 좋은 것으로 서술되고 있다. 적어도 기원전 2000년부터 330년까지는 이집트 여성들도 남성과 동등한 지위를 누렸고 똑같은 권리와 의무를 가지고 있었다. 그러나 기원전 450년경에 이집트를 방문한 헤로도토스에게는 이 모든 것들이 상당히 낯설었다. 그는 이 신기한 세계에 대해 그리스인들의 관심을 불러일으키고자 조금은 과장해서 서술했던 것 같다. 그 실례로서 들 수 있는 것이 부양권에 관한 것이다. '아들들이 아니라 딸만이 부모의 생계를 책임져야 한다'는 주장은 역사적인 전후 문맥이나 저술가의 저술 태도 등을 종합해볼 때 역사적 진실로 받아들이기 어렵다. 오히려 딸들의 부양 책임은 딸들만이 상속권을 가지게 되었을 경우에 한해서였던 것이 아닐까 한다. 자이들 Erwin Seidl 은 "딸들만이 상속권을 가지고 있었다는 주장은 받아들이기 힘들다"고 결론짓고 있다. 그는 오히려 대개의 경우 장자가 상속권을 가졌었다고 주장한다. 그러나 관습적인 상속 형태와는 달리 부모가 딸들에게 유산을 남기는 경우도 있어서, 상속권에 한하여 일반화 된 주장을 추론해내기는 매우 힘든 것 같다.[63]

100년 뒤인 아우구스투스 시대에 살았던 디오도르도 다음과 같은 기술을 하고 있다.

평민들 사이에서는 미래의 남편이 결혼계약서에 어떤 경우라도 그의 부인에게 복종할 것을 맹세하는 것을 통해서, 여성은 남성에 대한 지배를 획득하였다.[64]

디오도르 역시도 잠시 동안 이집트에 있었고, 그 역시 이집트어를 쓸 줄 몰랐다. 따라서 약간의 착오가 생길 수도 있었을 것이다. 오늘날 학자들은 파피루스에 쓰여진 디오도르 시대의 결혼계약서들을 적지 않게 발견하는데, 이 낡은 증서에서 학자들은 디오도르가 언급한 그런 구절은 거의 발견하지 못하고 있다. 그러면 그는 왜 그와 같은 기술을 했는가? 이는 대부분의 결혼계약서가 이혼할 경우 지불할 액수에 대한 합의 사항을 포함하고 있었던 점에서부터 추적해보아야 할 것이다. 여성들은 결혼 시에 일정한 액수의 지참금을 가져왔던 만큼, 이혼이 성립할 경우에도 생계가 보장되어야 했다. 남편이 그의 전재산을 저당 잡힐 경우에는 부인의 동의를 얻어야만 했다. 그렇지 않은 경우 부인은 채권자에게 이의를 제기할 수 있었다. 그래서 남편들은 부인들에게 항상 먼저 동의를 구해야 했는데, 디오도르가 이를 "어떤 경우에도…… 여성에게 복종해야 한다"는 식으로 번역한 듯하다. 결론적으로 이혼 시 그들의 미래 생계 보장을 요구할 수 있었다는 점에서 이집트 여성들은 상당히 강력한 지위를 가졌던 것으로 보인다. 그러나 이것이 남성의 여성에 대한 복종의 의무를 의미했던 것은 결코 아니다.[65]

마지막으로 우리는 이집트 사회에서의 여성의 지위와 관련하여 이미 잘 알려진 질문을 제기해야 할 듯하다. 오늘날에도 이집트 왕가에서의 남매 결혼 그리고 모계에 따른 왕위 계승을 전사前史 시대 모권제의 유습으로 간주하는 경향이 있다. 바흐오펜의 주장에 따르면 이러한 남매혼은 이집트 신화에서의 이시스와 오시리스의 결합과 일치한다. 이는 여성적-물질적 그리고 남성적-정신적인 것의 결합을 의미하는데, 이집트 신화에서는 여신 이시스가 더 높은 서열을 가졌다고 해석되고 있다. 물론 이에 대해서는 '신화가 역사적 현실에 얼마나 부합되는가' 하는 문제가 제기되는데, 이는 신화 해석을 다루는 장에서 다시 다루기로 하겠다. 여기서 환기해야 할 점은 이시스와 오시리스 신화가 '여성의 우위'를 나타내는 기능보다는 왕가의 남매혼을 정당화하는 기능을 했으리라는 것이다. 아마도 초기 왕조에서는 '군주의 유일성'을 극단적으로 과시하고자 했을 것이며, 단지 상징적이었건 혹은 실제로 그러했건 근친상간은 그들에게 별로 중요한 문제가 아니었으리라 추측된다. 왕위 계승의 경우에도 모계제적인 혈통의 경향을 보이고 또 그를 우선시했으나 전적으로 그러했던 것은 아니었다.[66] 위에서 열거한 조건들을 종합해보자면, 기원전 330년까지는 법률적으로 이집트 여성들은 남성과 동등한 권리를 누렸고, 상업에 종사할 수 있었으며, 그리스나 로마의 여성들처럼 의기소침해질 필요가 없었다. 그녀들의 사회적 지위는 대체로 남성들과 동등했으나, 왕실, 행정, 수공업에서 중요한 위치

를 차지했던 남성들이 약간 더 우월한 지위를 누렸던 것 같다.[67]

크레타

모권제 사회가 거론되고 있는 또 하나의 사회는 크레타이다. 고고학적 발견들을 통해 추적해볼 때, 크레타는 경제 중심지인 궁전과 더불어 우두머리를 가진 사회였다. 일개 농부가 생산 단위가 되어 스스로의 생계를 꾸려가는 가족경제가 아니라, 수공업자, 농부, 신관, 행정 관료와 더불어 전체적으로 분업이 이루어진 사회였다. 분업에 따라 필요해지는 물건의 교환은 화폐를 통하지 않고, 교환의 중심지인 궁전에 의해 조정된 가격으로 행해졌다. 크레타의 자원이나 해외무역은 중앙에 의해 통제되었다. 이는 최근 선문자線文字 A나 B로 씌어진 그들의 경제 자료 해독을 통해 확실히 입증되었다. 마르크스가 서술한 아시아적 생산 양식에 가까운 이 사회는 확실한 지배 체제를 가지고 있었는데, 그 정점에는 남성으로 이루어진 왕과 행정관리들이 있었다. 따라서 이 사회를 모권제 사회로 규정하는 것은 타당하지 않아 보인다. 그렇다면 어떻게 해서 크레타를 모권제 사회로 간주하게 되었는가?

　헤로도토스는 리키아에 대한 보고서에서 리키아인은 원래 크레타에서 왔다고 서술하고 있다. 크레타의 왕 미노스Minos와의 권력 다툼에서 쫓겨난 그의 동생 사르페돈Sarpedon이 소아시아에

세운 나라가 리키아라는 것이다. 따라서 양자는 서로 비슷한 사회 구조를 가졌으리라 추정되었다. 이러한 추측을 더욱 부추긴 것은 플라톤이나 플루타크가 크레타인들은 조국을 "아버지의 나라"라 하지 않고 "어머니의 나라"라 지칭한다고 한 것이었다. 후에 바흐오펜은 그의 글에서 "크레타만큼 여성적인 신神이 그렇게 큰 역할을 한 사회는 어디에도 없다"[68]고 서술함으로써 이를 더욱 고착화시켰다. 고고학적인 발굴도 이런 심증을 굳히는 역할을 했다. 1990년 에반스 Arthur Evans 에 의해서 알려진 크레타의 문화는 전사적이고 남성적인 미케네 문명과는 대조적인 것이었다. 기원전 2000년의 크레타에는 성벽이 없었다. 그들의 회화에서 전사의 모습은 발견할 수 없었다. 기껏해야 사냥용 무기 정도가 있었을 뿐, 그들의 문화는 전반적으로 여성적인 취향이 강했다. 축제 때 남성들은 종교의식에서 여성들이 입는 옷을 입고 나타났으며, 어느 누구도 빠짐없이 모두 이 축제에 참여했다. 우아한 귀족 여성들도 테라스나 궁중의 창을 통해 이를 관람했다. 여성들은 모든 공적 생활에 참여했고 평등한 지위를 누렸다. 벽화 그림들을 보면, 여성들은 남성들과 마찬가지로 황소를 상대로 하는 힘들고 위험한 경기에 참여했다. 이런 벽화들에서는 여성과 남성이 똑같이 다루어졌고, 단지 피부 색깔에 차이가 있을 뿐이었다. 엄격히 이야기하자면 상기한 고고학적 발견물들은 여성이 평등한 지위를 누렸음을 확실히 보여주었으나, 이 사회에서 여성이 보다 우월한 지위를 누렸다는 것을 증명해주지는 못했다. 아마 바흐오펜은 회화나 조각에서 남신男神들이 여신女神의 후면에 묘사된 것에서 모권제의 단서를 끌어냈던 것인지도 모른다. 이러한 심증을 굳히는 데 결정적인 역할을 한 것은 역사학자들의 인도유럽적인 편견이었다. 이들의 주된 관점은 항상 에게의 오래된 모권제적인 낯선 원시민족과 새롭고 부권제적인 인도유럽계 아리아 민족을 대칭적으로 상정했다. 이런 사고들은 역사학 속에서 인종적인 편견, 성공적인 인도게르만Indogerman족, 부권제적인 그리스인, 그리고 열등한 모계제적 지중해 민족이라는 관점들을 더욱 고착화시키는 역할을 했다.[69]

전체적으로 정리해볼 때, 크레타는 궁중의 중앙 권위에 의해 꽉 끼워 맞춰진 사회로서, 대부분의 정치적 지도자는 남성이었다. 따라서 이 사회를 모권제라 일컫기는 매우 힘들어 보인다. 그러나 남성들이 정치적 지도력을 장악하고 있었음에도 불구하고 벽화 등의 묘사에서는 여성의 우월성이 드러나 있는 예가 많아서, 이 사회의 성격을 전체적으로 평가하는 데에는 다소 어려움이 있다. 그러나 이러한 두 가지 사실을 가늠해볼 때 크레타는 남녀 간의 차이가 거의 없었던 사회로 보아야 할 것 같다. 특히 고고학적 발견들은, 북아프리카 문화의 조류를 통한 이집트와의 접촉이 있었던 것으로 보여 이런 추측을 더욱 뒷받침해준다.[70] 이 두 사회는 비슷한 구조를 가지고 있다. 아마 크레타도 모계제, 모처제 사회가 아니었는가 한다. 지금까지 다루어온 세 사회 중 가장 오래된 것이 이집트이다. 그 곳에서는 기원전 1000년까지 여성이 동등한 지위를 누렸다. 이 영향력이 크레타로 건너갔고, 크레타에서도 여성이 상당히 좋은 위치에 있었던 것 같다. 그 후 이 사회의 구성원 일부가 미케네에 의한 크레타 정복 이후에 달아나서 리키아에 이르렀다. 그에 따라 리키아에서도 모계제와 모처제가 나타나게 된 것이다. 그런 점에서 이 사회는 우연히 모권제 논의의 핵심에 들어오게 된 것이 아니다. 세 사회는 서로 역사적으로 밀착되어 있었다.

 그리스·로마적인 고대사회의 주변에는 부권제적이지 않은 사회들도 존재했다. 그러나 이 사회들에서도 종래의 모계적이고 분절화된 질서는 중앙 조직에 의해 점차 잠식되어 갔다. 이집트나 크레타에서는 이미 왕국이 형성되었고, 리키아에서는 하나의 연맹 형식을 취하고 있었으나 내부적으로는 모두 위계질서를 갖추고 있었다. 모계제는 이집트에서처럼 부분적으로는 중앙 기구에 의해 파괴되고 부분적으로는 남아 존속했는데, 리키아의 경우가 확실히 그랬고, 아마 크레타에서도 어느 정도 그랬던 듯하다. 이렇게 여성이 평등했던 사회는 기원전 2000년을 전후하여 아리아인들의 침입이 근동과 이집트의 국가 체계들을 크게 바꾸어 놓으면서 결정적으로 사라진 것 같다.

고대사회를 바라보는 우리의 시각은 종종 그리스와 로마에 고정되어 있다. 그러나 우리가 시야를 확대하면 할수록 '역사의 이면'에 감추어져 있었던 많은 사실들이 새롭게 발굴된다. 우리는 리키아, 이집트, 크레타를 역사적으로 살펴봄으로써 남녀가 평등했던 사회를 찾아낼 수 있었다. 우리는 사실상 인류의 역사시대에서 가부장제적이지 않은 사회를 발견하기는 어려울 것이라고 상정하고 있다. 하지만 역사의 보고는 무한히 열려져 있다. 물론 원시 고대사회를 재구성하는 일은 쉽지 않은 일이다. 그러나 우리의 노력을 가로막는 것은 그 작업의 지난함이 아니라, 바로 우리 자신들이 가지고 있는 역사에 대한 옹졸한 편견들이다.

그리스와 로마

같은 시대에 공존했으면서도, 앞서 살펴본 경우들과는 여성의 지위가 판이하게 다른 사회들이 있었다. 고대 노예제 국가를 대표하는 그리스와 로마가 그러했다. 석기시대 마지막, 대략 기원전 4000년경에 근동 지방을 중심으로 여러 혈족들 간의 싸움이 격화되면서 포로(잠재적인 노예)의 수가 증가하게 되었는데, 이는 노예제 사회로의 이행을 촉진시키는 계기가 되었다. 휴경농법의 발전 역시 노예 제도가 확립되는 데 역할을 했다. 이는 한 종족이 한 경계선 안에서 전 영토를 시종일관 손에 넣고 있을 것을 요구했고, 그 결과 종족들은 끊임없이 전쟁에 참여하거나 혹은 전쟁 준비 상태로 살아가야만 했다. 이에 따라 노예의 수가 점점 증가하면서, 인간의 노동력은 점차 평가절하되었다. 아울러 노동을 하지 않는 것이 높은 지위의 상징으로 받아들여지기 시작했다. 모든 노예들은 남녀를 막론하고 그들의 친족 제도로부터 떨어져나갔다. 노예에 한해서 가족은 파괴되었다. 가혹한 대접에 대한 유일한 보호막은 그들의 노동 능력이었다.[71]

이러한 노예제의 등장은 여성의 지위에도 변화를 가져왔다. 우선 포로가 된 남자는 결코 특수한 남성노동을 하지 않았는데, 이들은 주로 전쟁을 담당했던 고로 일상적인 일에는 그다지 유용하지 않았기 때문이다. 그래서 이들은 종종 '여성노동'에 동원되었고, 이러한 노예경제는 남녀 사이의 전체적인 분업을 변화시켰다. 이전까지 여성이 담당했던 농사일이나 수공업 등이 노예노동으로 대치되면서 전문화되었던 것이다. 여성의 대다수는 가사일을 숙련노동으로 전담하게 되면서, 결과적으로 노예제가 여성의 지위를 서서히 약화시키는 데 일익을 담당하게 되었다.[72]

노예제에 기반을 둔 그리스·로마 사회는, 아테네를 제외하고는 대체로 귀족 세력에 의해 통치되었고, 토지의 사유와 더불어

로마에서 전문직 노예를 거느리는 것은 높은 신분의 상징이다. 소녀의 머리를 만지는 여자 노예를 그 어머니와 자매가 지켜보고 있다.

노예의 사유가 현저하였다. 최근에 와서는 "노예가 생산노동의 대다수를 담당했다"는 기존의 학설에 대한 회의, 즉 노예노동의 비중을 지나치게 과대평가해온 것에 대한 서방 학자들의 반성이 일어나고 있으며, 자작농이나 소작농의 비율이 적지 않았음이 인정되고 있다. 그럼에도 고대의 경제에서 노예노동의 역할은 잉여물의 생산에서 결정적인 것이었다.[73] 그러면 생산의 많은 부분을 담당했던 노예들, 그중에서도 여자 노예들의 생활상을 살펴보기로 하자. 일부 성인 여자 노예들은 납치자나 해적에 의해 노예가 된 경우이거나, 로마가 정복한 나라들에서 잡혀온 일반

시민이었다. 잡혀온 남성 노예들 중에는 학자, 역사가, 시인 혹은 특수한 기술을 가진 경우도 있었으나 여성의 경우는 교육적인 한계로 인해 조산원, 배우, 매춘부가 되었다. 경우에 따라서는 방적, 직조, 의복 제조, 육아에 종사하기도 했고, 주인집에서 단순한 가사노동을 하는 경우도 있었다. 이런 경우 그리스와 로마 사이에 약간의 차이가 있었다. 로마의 경우에는 상당한 정도로 전문화가 진행되어, 의복 제조 등은 더 이상 가내에서 행해지지 않았기 때문에 부유한 로마 가정의 여자 노예들은 특별한 훈련을 받아서 사무원, 비서, 숙녀의 하녀, 미용사, 이발사, 안마사, 책 읽는 사람 등으로 종사했다. 부유한 로마 가정에서 태어난 노예 아이들은 어느 정도는 동등한 교육을 받을 수도 있었다. 그리스와 다르게 로마 사회는 가부장제 가족이 사회의 토대를 이루고 있었다. 로마 사회에서는 노예뿐만 아니라 전 가족 구성원이 가부장에 종속되어 있었다. 가부장의 권위는 절대적인 것이었다. 여자 노예는, 그리스에서도 그랬지만, 로마에서는 더욱더 이 절대적인 주인의 성적性的 대상이 되었다. 여자 노예는 주인의 허락이 있을 경우에만 집안의 남자 노예와 성관계를 가질 수 있었다. 여자 노예를 이용한 매춘사업은 주인들에게 엄청난 이익을 가져다주었기 때문에, 그녀들은 사창가, 여관 혹은 공공 목욕탕으로 보내졌다. 여성들은 무대 위에서 누드쇼나 성행위를 하도록 훈련되기도 했다. 부모에 의해 팔려진 어린 소녀들이 매춘에 종사하기도 했다. 다른 한편으로 노예들에게도 결혼은 합법화되어 있었다. 그러나 그것은 주인의 이해관계에 달려 있는 문제였다. 즉 노예의 가정생활이 그들의 사기를 돋우어주고, 출생한 노예의 자녀가 가계 운영에 도움이 될 수 있다고 판단되었을 경우에만 가능했다. 노예들은 주인의 허가를 받아 외방인과 결혼할 수도 있었는데, 대부분의 경우 그것은 허용되지 않았다. 설혹 이런 통로들을 통해 노예가 결혼을 할 수 있다 하더라도 결혼의 안정성은 매우 낮았다. 그들의 아내나 자녀들은 팔려가거나 혹은 주인의 다른 일터로 옮겨가야 하는 경우가 적지 않았다.[74] 전반적으로 볼 때, 노예가 가정을 이루는 것은 그리 흔한 일이 아니었던 것 같다. 우선 출산 등으로 인한 여성의 조기 사망률이 매우 높았고, 여아女兒에 대한 살해나 매매가 빈번했던 만큼 여자 노예의 수가 극히 적었기 때문이다. 카토Cato의 농업론을 토대로 분석한 논문들에서도 로마 후기 대부분의 라티푼디움에서 노예 출신의 노예 관리인 1명과 그 부인이 나머지 남자 노예들(중간 규모 농장의 경우, 노예는 대략 12~13명 정도였다)과 함께 하나의 생활 단위를 이루었음이 입증되고 있어서, 남자 노예들의 혼인 가능성은 극히 낮았던 것으로 추측된다.[75]

마지막으로 노예들의 지위와 관련해 언급해야 할 것은 로마 노예 제도의 복잡성이다. 그 예로 로마 당국의 금기에도 불구하고 많은 자유민 여성들이 가난한 시민보다는 차라리 더 많은 교육을 받았거나 더 경제적인 안정성을 지닌 노예나 노예 출신 남성과 결혼하려 했던 경향을 들 수 있다. 이는 남자 노예의 신분 상승 가능성을 상징적으로 드러내 보인다. 로마사를 살펴보면 노예 출신 황제를 비롯하여, 노예에서 상승해간 몇몇 인물들을 발견할 수 있다. 이에 반해 여자 노예들의 경우 이러한 상승은 거의 불가능했다. 상당한 영향력을 가진 가문에서 일하는 여자 노예의 경우에도 그들의 활동은 가사에 제한되기 십상이었고 결코 영향력 있는 지위에 오르지 못했다. 여자 노예가 그 주인과 결혼하는 것은 금지되었고, 기껏해야 국왕의 첩이 될 수 있는 가능성이 있었으나, 그것은 극소수에 한정된 일이었다.[76] 노예제와 식민지 정복에 기초한 이 계급사회의 최하단을 형성한 것은 바로 여자 노예들이었다.

그러면 그리스·로마 사회에서 자유민이나 귀족여성의 생활은 어떠했는가? 이들의 지위는 노예 여성들보다는 당연히 나았지만, 원시공산제 사회에서의 여성 지위에 비해서는 훨씬 열악해진 것이었다. 그리스나 로마의 여성들은 선거권을 가지지 못했고, 공공집회에의 참석도 허용되지 않았으며, 재산을 소유할 수도 없었다. 또한 어떠한 법적인 절차를 취할 수도 없었다. 태

황제를 방문하여 선물을 전하는 로마의 귀족여인.

어나서부터 죽을 때까지 그녀들은 가장 가까운 친척이나 남편을 통해서 법적인 절차를 밟고 그 보호를 받아야만 했다. 각 여성의 후견인은 결혼 시 그녀에게 지참금을 마련해주었다. 이혼을 하게 되면 지참금은 다시 그녀의 후견인에게로 되돌아갔다. 이를 통해 이 시대의 재산권이 "근대적인 배타적 소유권이 아니라. 개인적 수익권과 원천적인 공동체 귀속권의 이중적인 구조 속에 성립되는 것"이었음을 알 수 있다.[77] 대부분의 결혼이 혈통이나 재산관계 같은 양가의 이해관계에 따라 이루어진 정략결혼이었다. 이혼 역시 이러한 이해관계에 따라 이루어졌다. 이혼의 요구는 법적으로는 남녀가 모두 제기할 수 있는 것이었으나, 현실적으로는 단지 남자의 요구에 의해서만 이루어졌다. 경우에 따라서 아내는 남편에게 상당한 발언권을 가지기도 했는데, 이는 여성의 권리가 강했기 때문이라기보다는 공동 귀속된 재산에 기반을 둔 친정아버지의 강한 권력에 기인하는 것이었다. 여자의 간통에 대한 처벌 규정에서도 알 수 있듯이 친정아버지의 권한이 남편의 그것보다도 훨씬 컸다. 결국 여성의 행복은 남편의 의지나 남편이 아내의 아버지로부터 받는 압력에 달려 있었다.[78] 그 외 당시 여성들의 열악한 지위를 반영하는 또 하나의 좋은 실례가 거주지 제한이다. 그리스 여성들은 집안에서도 여자 거주지에 격리되어 살았으며, 외방 남자들이 방문 중일 경우에는 집안의 여타 장소에 출입할 수가 없었다. 그녀들은 일생 동안 이 주거지를 벗어나지 못했으며, 기본적으로 거리에 나다니는 것도 금지되었다. 끊임없는 감시 속에서 노예를 대동한 잠깐 동안의 외출만이 허용되었다. 심지어 기원전 4세기경에는 여성의 외출을 감시하는 관청이 등장하기도 했다. 이러한 조치는 점차적인 인구증가에 따라 상류층을 지배계급으로서 영속적으로 보존하려는 목적에서 마련된 것이었다. 즉 영아와 산모의 높은 사망률로 인한 자녀 수의 부족에 직면하여 계급이나 시민의 혈통을 보존하려는 의도에서 고안된 것이었다.[77] 그러나 그녀들은 막혀진 담벽 안에서도 많은 의무들을 수행해야 했다. 부인들은 노예를 감시했으며, 손수 음식을 준비했다. 로마에 비해 그리스의 가족은 훨씬 자급자족적이었으므로 그리스 여성들의 의무는 더욱 컸다.[80] 그럼에도 여성들은 '필요악'으로 경멸되었다. 대부분의 그리스 여성들은 어릴수록 육체적으로 매력이 있다는 이유로 십대에 결혼을 해야만 했다. 반면 남성들은 서른 살이 넘어서야 결혼을 했다. 당시의 여론이나 사상가들에 의해 주도된 이러한 관행은, 성별에 따른 분리를 통해 젊은 청년들이 여성에게 관심을 가지지 않게 하려는 데 목적이 있었다. 청년의 이상이나 그 성취는 단지 남성 동료들과만 나누어야 한다는 핑계 아래 남성들 사이의 친밀한 관계가 강조되었다. 플라톤의 《향연》에 보이는 "사랑의 최고 형태는 지적인 것"이라는 주장은 바로 지적으로 열등하다고 생각되는 여성에 대한 배제를 의미하는 것으로서,[81] 아테네 사회를 풍미한 동성애와도 일정한 관련이 있을 것이다.[82]

지금까지 기술한 고대 노예제 사회에서의 여성의 지위와 관련해 한 가지 언급하고 넘어가야 할 점은, 이러한 여성의 지위 변화가 장시간에 걸쳐 서서히 진행된 과정이었다는 것이다. 즉 그리스나 로마 사회에서도 시기에 따라, 각 지역에 따라, 여성의 지위에 상대적인 편차가 있었다는 것이다. 예를 들면 기원전 12~13세기를 다루었던 호머의 《일리아드》나 《오디세이》에서는 여성이 상당한 존경을 받았다고 기술되어 있다. 이런 전사들의 시대에는 씨족 사회의 유습이 꽤 남아 있었던 데다가 남성들이 전쟁을 위해 자주 집을 비웠던 관계로 여성이 대부분의 생산활동을 담당하면서 좋은 지위를 누렸던 것 같다.

그러나 후기로 올수록 여성의 지위는 열악해졌다. 그리스 도시국가 중에서 여성의 지위가 가장 낮았던 곳은 아테네다. 아테네의 민주정치는 군사적 전략의 변화가 가져온 정치적 결과였다. 귀족 출신의 개별 전사가 사라지고 대규모 보병 군단에 의해 전쟁이 수행되었기 때문에, 이 무기를 소지한 대중에게 민주적 권리를 허용하지 않을 도리가 없었다. 반면 전투에서 큰 역할을 할 수 없었던 여성들의 지위는 낮아질 수밖에 없었다.[83] 이런 사실은 고대사회의 경우 남성 인구가 여성 인구에 비해 월등히 적었던 데서도 잘 드러난다. 태어난 여아들에 대한 영아 살해, 여성의 나쁜 건강, 출산으로 인한 사망 등이 그 원인이었을 것이다.[84]

이에 비해 스파르타에서는 여성의 지위가 훨씬 높았다. 스파르타인이 전 인구의 10퍼센트도 넘지 못했던 만큼, 공동체의 이익을 위해서 개인적 이해관계를 희생시켜야 했던 상황의 요구가 여성의 지위나 역할을 결정하는 데에도 작용했을 것이다.[85] 로마 사회에서도 여성은 그리스에서보다 훨씬 존중받았고 훨씬 독립적이었다. 로마 여성들은 상점을 출입하거나 운동 경기를 관람할 수 있었으며, 남편과 더불어 파티에 참석할 수도 있었다. 특히 유스티니아누스 황제 때나 제국 말기에 이르면, 아내들은 남편의 전횡으로부터 보호되었고, 재산권이나 법적 지위에 있어서도 상당한 진보를 경험하게 되었다. 최근의 연구 결과를 보면 부

로마시대의 디오니소스와 아리아드네. 이들은 과연 근대적 부부의 모델인가?

모와 자식 간의 관계에서도 아버지에게 모든 권위가 집중되어 있지는 않았던 것 같다. 이런 현상의 배경에는 많은 이유들이 있겠지만, 여기서 특별히 취급해야 할 것은 고대국가의 역할이다. 이 시점에 이르러 고대국가는 가부장의 권위를 넘겨받으면서 상당히 정교한 메커니즘을 발동시켜 여성에 관한 제반 사항들을 조정하기 시작했다.[86]

각 사회가 갖는 이러한 상대적인 편차들은, 그 사회가 처한 객관적 조건과 그것에 기초한 각기 다른 생산관계나 생활 방식에 기인한 것임에 틀림이 없다. 그러나 이러한 상대적인 차이를 넘어서 고대 노예제 국가를 관통해 나타나는 여성의 지위에 관련된 구조적인 변화를 우리는 다음과 같이 정리할 수 있다. 노예노동의 증가와 기술의 발전과 더불어 전문화가 시작되면서 여성은 특수한 활동으로부터 배제되었고, 여성의 노동은 평가절하되었으며, 가내로 제한되었다. 그 결과 여성의 지위는 형편없이 열악해졌다. 자유민이나 귀족 여성은 행동의 자유를 상실하고, 경제적 이해관계나 혈통에 따른 정략결혼을 해야만 했다. 이런 현상과 병행하여 항구나 도시들에서는 노동의 한 형태로서 매춘이 등장했다. 매춘굴에 있는 노예 여성들에게 그곳은 지옥과도 같았다. 그러나 도시의 자유민 여성 중에 자진해서 유녀遊女 생활을 택하는 경우도 있었는데, 이들은 사랑이 없는, 계산에 의한 부부관계보다는 유녀로서 생활하는 것이 더 나은 것이라 판단했던 것 같다. 그리스 고전시대의 유녀들은 종종 철학자나 문필가로서 이름을 날리기도 했다. 이러한 여성들은 부를 경멸하고, 한 남성에 대한 자신의 신뢰와 존엄을 고백하기도 했다.[87] 그런 점에서 이들은 사실상 매춘부가 아니라 당대 부부관계의 살인적 조건에 반항한 최초의 여권론자들이었는지도 모른다.

아마조네스와 판도라의 상자 - 모권제와 신화

모권제 사회의 존립을 강력하게 주장한 바흐오펜은 신화 속에 나타난 '아마조네스' 등을 그 주장의 근거로 들고 있다. 그는 신화를 "높은 신빙성을 가진 뛰어난 역사적인 사료"로 파악했다. 바흐오펜은 리키아 신화에서의 모계제적인 세속관계, 즉 앞에서 다룬 사페르돈의 세습과 헤로도토스의 서술이 일치하는 점을 들어 신화의 역사적 타당성을 강조했다. 물론 그의 주장에는 일리가 있다. 신화가 없었다면 슐리만은 트로이와 미케네를 발견하지 못 했을 것이며, 에반스도 크노소스 궁전을 발견하지 못 했을 것이다.[88]

그러나 최근에 와서는 '신화가 얼마나 역사적 사실을 내포하고 있는가'에 대해서 회의가 일고 있다. 신화가 당시의 현실이 어떻게 이루어졌는가에 대해서 조작된 역사적 설명을 제공함으로써 오히려 현실을 정당화시키고 그 현실을 영속화하는 기능을 했다는 것이다. 그 예로 그리스나 남미 여러 사회의 신화를 들 수 있다. 신화들은 여성이 지배적이고 때로는 폭압적이었던 시기와, 이러한 여성의 막강한 권력이 어느 시기에 이르면 그 폭압성이나 내적 모순으로 인해 남성들에게 타도되고 남성들에게 종속되어가는 과정을 서술하고 있다. 이를 통해서 신화는 당시의 불평등한 성관계를 지지하도록 만드는 데 그 실제 기능이 있고, 따라서 그것은 당시의 모순을 정당화하는 것일 뿐, 정말 그런 사실이 과거에 있었다는 것을 증명하지는 않는다는 것이다. 뱀버거Bemberger에 따르면, 이러한 신화는 여성이 남성이 참여하는 활동의 지식에 접근하는 것은 위험한 것이며 여성은 남성에 의존해야만 한다고 가르치는 것이다. 다른 한편으로는 이러한 금기가 출산력으로 대표되는 여성의 힘에 대한 두려움의 표현이며, 여성을 필사적으로 제어해야 한다는 필요성의 표현이었다는 해석도 있다.[89]

개개의 신화들을 검토해 보면 두 가지 주장이 다 일리가 있다. 소아시아 북동쪽에 전투적 여성으로 이루어지고 그 정점에 여왕을 가진 국가가 있었다. 그 사회에서는 남성들이 거의 없거나,

그리스 로마신화에 나오는 아마조네스 설화는 여성의 잔혹성이나, 극적인 패배를 강조한다. 여기에는 정치적 이데올로기가 숨어 있을 것이다. 그림은 루벤스가 그린 〈아마조네스의 전투〉.

있을 경우 그들의 손이나 발을 불구로 만들어 여성들에게 저항할 수 없게 했다. 그녀들은 창과 방패, 활로 무장하고 시리아나 그리스까지 정복전쟁을 단행했다. 남성들이 전혀 없었던 사회였다고 주장하는 보고들에는 그녀들이 1년에 한 번씩 날을 받아서 그들의 출산을 위해 인근 부족의 남성들과 성행위를 했다고 기술되어져 있다. 물론 사내아이를 낳았을 경우에는 죽이거나 불구로 만들거나 혹은 그 아버지들이 사는 경계선으로 보내었다. 그녀들은 활을 잘 쏘기 위해 한쪽 가슴을 자르기도 했다. 그러나

이 전투적인 아마조네스 국가는 아킬레스에게, 그리고 테세우스에게 패하고, 마지막으로 단행한 아테네 원정에 실패함으로써 주변의 부권제 국가에 의해 진압되었다. 이러한 설화는 특히 소아시아 일대에 널리 퍼져 있다. 바흐오펜은 이로부터 모권제 사회의 근거를 찾아내고, 일련의 잔학한 행동 끝에 여성들이 패배했다는 주장을 내세우고 있다. 확실히 아마조네스 설화에서는 정치적 혹은 이데올로기적 의도가 짙게 배어나온다. 여성의 잔혹성에 대한 과장이나 그 드라마틱한 패배 등이 그러하다. 이러한 신화는 한편으로는 여성의 반란에 대한 두려움을, 다른 한편으로는 정의와 질서와 민주주의가 지배하는 아테네 사회는 여인이 지배하던 야만사회와 다르다는 것을 보여주는 것이기도 했다. '판도라의 상자' 신화가 의미하는 것도 이와 크게 다르지 않다.

  그러나 여기에서 우리가 유의해야 할 것은 모든 신화를 한 평면상에 놓고 다루어서는 안 된다는 것이다. 시기상으로 볼 때 가부장제가 확고하게 성립되기 이전 시대의 신화와, 그 이후에 나타난 상기한 바와 같은 기능을 가진 신화는 구별해서 다루어져야 한다. 지역적으로도 그리스나 로마만이 아니라, 아시아나 아프리카 혹은 그 인접 지역의 신화들도 총괄적으로 다루어져야 한다. 인류학적 연구와 같이 신화 연구에 있어서도 한두 개의 신화만을 본보기로 들어서 신화는 여성 억압을 위한 이데올로기적

지배를 정당화하는 것이라는 식으로 주장해서는 안 된다. 괴트너Göttner-Abendroth는 신화 연구를 통해서 그리스 신화 자체도 초기의 여성중심적인 성격에서부터 후기의 여성의 패배나 부권을 정당화하는 것으로 변화해감을 보여주고 있다.[90] 또한 이미 부권제가 정착한 사회에서의 신화, 즉 아마조네스나 판도라의 경우에도 그것이 전적으로 허구적이거나 이데올로기적인 것만은 아니다. 그 속에는 경험 세계에 가까운 것 아니면 그야말로 주변의 실제 현실, 그들의 무의식 세계, 지배 세력의 정치적 의도 따위가 복합적으로 섞여 있는 것이다. 그런 점에서 신화는 현실과 가공을 동전의 양면처럼 가지고 있는 셈이다. 하루아침에 없는 사실을 만들어내어 신화화하는 일이 가능했을까 하는 점에 대어서는 분명 재고해볼 여지가 있다. 특히 20세기 후반부터 중앙아시아 러시아령, 볼가 강과 우랄 사이, 다뉴브와 돈 강 유역, 남 우크라이나 일부 지역 등에서 여전사 족의 자취를 보여주는 무덤들이 발굴되면서, 아마조네스의 실재 여부가 학계의 논쟁이 되고 있다.[91] 아마조네스나 판도라 등에 나타난 역사적 이면을 발굴해내는 일은 앞으로의 과제로 남는다.

신화 속에서 나온 고대여성

지금까지 우리는 구조사적인 시각에서 원시·고대사회의 통사적 서술과 '모권제 사회를 둘러싼 논쟁'에 대한 해명이라는 두 가지 과제를 수행하고자 노력해왔다. 그를 위해서 우선 기존의 논의들을 소개하고 비판한 후, 인류학, 역사학 및 고고학, 신화 해석이라는 세 영역에서 얻을 수 있는 관련 사실의 편린들을 취합해서 다시 정리해가는 과정을 밟았다. 이런 식의 접근 방식을 택한 이유는 기존의 접근 방법, 이를테면 엥겔스가 설명하는 틀을 가지고 논의를 출발할 경우, 지난 100여 년 간의 연구 성과는 거의 포괄하지 못한 채 엥겔스 논리의 정합성 여부나 따지거나 아니면 인류학적 연구를 통해 밝혀진 개별 사례를 한두 가지 들어 그가 틀렸다고 비판하는 수준 이상을 넘어가기 힘들 것이라 판단했기 때문이다. 엥겔스가 사용한 증빙 자료라는 것도 모건의 이로쿼이족에 대한 연구, 그리스 신화, 그리스·로마·게르만 사회에 남아 있었던 유습에 대한 연구가 전부로 극히 제한적인 것이었다.

현존하는 원시사회를 수렵·채집사회, 원시농경사회, 지배구조와 우두머리를 가진 발달된 농경사회라는 세 범주로 나누어 분석한 인류학적 접근은 몇 가지 흥미로운 결론을 제시해주었다.

우선 수렵·채집사회의 경우는 대체로 평등한 사회이나 남성이 약간 우월했던 것으로 나타났다. 그러나 그 사회가 생계 유지를 채집에 의존하면 할수록 여성의 권리가 강했고, 반대로 남성들의 집단 작업을 통해 이루어지는 수렵에 대한 의존도가 높을수록 남성의 권리가 강했다. 오히려 원예농경을 주축으로 하는 사회에 오면 여성의 활동에 더 중점이 주어지는 여성중심적 사회가 많이 나타났다. 이런 사회들을 조사해본 결과 '여성의 우월'을 설명할 수 있는 몇 가지 구조적 특징을 발견할 수 있었다. 첫째로 쟁기가 아닌 호미를 가지고 일하는 원시농경 사회에서 여성이 생산활동의 중심을 이루고, 둘째로 여성의 노동이 개별화된 곳이 아니라 집단화된 곳에서, 셋째로 가족이 개별화되어 생활하지 않고 공동생활을 하는 곳에서, 넷째로 그 결과 모계제나 모처제가 나타나는 곳에서, 여성이 권력을 장악한다는 기존의 모권제적 의미와는 다른, 비교적 여성이 그들 공동체의 중심을 이루는 여성중심적 사회가 나타났다. 물론 여기에서는 이러한 사회에서 여성들이 가졌던 생산물의 처분권도 중요한 요소가 된다. 따라서 필자는 현재 주어진 증빙자료와 연구만으로 원시공산제 단계에서 전일적으로 여성중심적 사회가 나타났다고 주장할 생각은 없다. 그러나 이 단계에서 이러한 사회가 상당히 존재했으므로, 모든 원시사회가 다 여성중심적 사회를 거쳤다고 이야기할 수는 없더라도 세계사적으로는 이 단계를 원시공산제의 틀 내에서 하나의 범주로 설정할 수도 있다고 본다. '모권제 사회'에 대한 이러한 논의는 동구권 학계에서도 상당한 혼란을 일으키고 있다. 그래서 구 소련이나 동독의 역사 교과서에서는 1961년 이래로 "모권제가 아니라 단지 모계제"가 존재했다고 서술했지만, 정치경제학 교과서에서는 엥겔스나 모건의 주장을 그대로 사용하고 있었다.[92]

 이러한 주장은 역사학적·고고학적 발굴을 통해서 더 많은 신빙성을 획득하게 된다. 편견에 사로잡힌 기존의 역사가들은 그리스와 로마를 중심으로 고대사를 바라보았다. 그러나 우리가 시야를 다른 쪽으로 돌리면 돌릴수록 남녀가 상당히 평등하거나 여성이 약간 더 유리한 지위를 누렸던 사회들을 발견할 수 있다. 그 예로 이 글에서 살펴본 것이 리키아, 이집트, 크레타 등의 사회였다. 우리는 그리스와 로마의 역사를 통해서도 이 국가들이 초반부터 철저한 가부장제 사회였다기보다는, 초기의 모계적인 유습으로부터 부권제로 이행해간 사회였음을 알 수 있었다. 이러한 이행기의 모습들은 엥겔스의 글에서 충분히 다루어지고 있으므로 생략했고, 대신 부권제화 된 그리스·로마에서의 여성생활을 알리는 데 더 집중했다. 마지막으로 이 글은 신화 해석의 문제를 언급하면서 기존의 두 가지 상극적인 해석 태도를 비판했다. 그것은 여성이 잔인하게 지배권을 행사했던 아마조네스에 대한 신화를 통해서 이런 확고한 모권제 사회가 존재했었다고 믿는 것과, 그와 반대로 신화란 정치적 지배를 위한 프로파간다로 만들어졌기 때문에 신화 속의 사실은 신뢰할 만한 것이 되지 못한다고 보는 태도였다. 오히려 신화는 바로 이러한 정치적 정당화의 시도나 당대 역사적 경험들의 역동적인 상호관련성 속에서 이루어진다는 것이 이 글의 입장이다. 그래서 신화를 통해서도 남녀가 평등하거나 여성이 약간 우세했던 사회를 발견할 수 있었다.

　지금까지 이 글에서는 우리 사회에서 그간 진행되었던 '여성 억압의 기원'에 관한 연구 현황을 정리하고, 실증적 검증 과정을 거쳐서 논의를 좀 더 정교하게 발전시키고자 시도해보았다. 그러나 이러한 작업 역시 아직은 불완전한 부분이 많다. 특히 현행 인류학 연구의 실증적 작업이 어떠한 합의점에도 도달하지 못하고 있는 만큼 상기한 결론의 도출에는 더욱더 논란의 여지가 많을 수 있다. 그러나 이 글이 할 수 있는 작은 기여는 가열되었던 여성 억압의 기원과 관련된 논의를 좀 더 발전시키는 데 있다는 점을 들어, 독자들의 이해를 구한다.

2장

성녀에서 마녀까지

― 서양 중세 여성의 재발견

HISTORY
OF
WOMEN

중세 여성은 어떻게 살았을까?

남성들이 재화와 문화를 생산하며 대중을 지배하거나 또 그 지배에 대항하기도 하면서 역사를 꾸려가는 동안 여성들도 무엇인가를 했을 것임은 두 말할 필요가 없다.[1] 그러나 약 50년 전까지만 하더라도 역사에 등장하는 여성은 남자를 닮은 여자들이거나 남성의 기대를 충족시킨 '이상적' 여성들뿐이었다.

1960년대 이후 사회사가들은 역사에서 소외되어온 집단들을 역사에 등장시켜 전체사에 다가가려는 야심찬 목표에 도전했다. 민권운동의 성장이라는 시대적 분위기가 역사가들의 시도에 주

요한 역할을 했는데, 여성사女性史의 시작 역시 여성운동으로부터 자극을 받았다.[2]

초기의 여성사가들은 생물학적인 성별 차이를 근거로 유지되는 성차별을 비판하면서 여성이 남성과 다를 바 없음을 보여주고자 했다. 덕분에 뛰어난 프랑크 왕국의 여성 정치가, 수녀원의 신학자, 도시의 예술가들이 새롭게 역사서에 모습을 드러내어 기존의 역사서들이 빠트린 부분을 보충해주었다. 그러나 이들은 아주 예외적인 여성들이었으며, 역사 과정에서의 제 자리도 인정받지 못한 채 남성 중심의 역사에 그냥 덧붙여진 부록일 뿐이었다.

여성사가들은 "역사의 심층적인 구조의 일부"[3]로서의 여성사를 희망하며 연구 대상을 넓혀나갔다. 그리하여 역사상 중요한 문제들을 해결하기 위해 집단적으로 운동에 참여하고 저항한 여성들의 역동적인 모습이 드러나기 시작했고, 그것이 전체 운동에 기여한 점이 강조되었다. 중세 이단 운동에서 여성이 상대적인 자율성을 누리며 헌신한 모습도 드러났다. 이어서 일상생활에서의 여성들의 세세한 모습들도 부각되었으나, 여전히 역사의 중심에 자리하지는 못했다.

1980년대 여성사가들은 사회 문화적으로 구성된 성적 차이(젠더)가 남성과 여성의 역사적 경험의 차이를 만들어냈고, 이 차이가 다시 다양한 정치적, 경제적, 법적 관계 등 사회관계의 씨줄과 날줄을 이루며 여성에 대한 차별을 가져왔다고 주장했다. 여성이 상대적으로 자유로웠던 이단 운동에서조차 여성의 참여나 권리가 여전히 제한적이었던 것처럼, 권력의 젠더화 역시 중세사회의 일반적인 현상이었다는 것이다.

젠더로서의 여성성을 오히려 긍정적인 요소로 보려는 시도도 나타났다. 캐롤라인 바이넘은 여성에게 안겨진 여성성이야말로 여성을 역사의 주체로 만들어준 동력이었다고 주장한다. 그녀에 따르면 여성성은 극복해야 할 대상이 아니라 여성이 사회에 참여하기 위해 적극적으로 활용해야 할 대상이다.[4]

그러나 젠더 개념은 여성 내부의 다양성과 복잡성을 설명해주지 못했다. 후기 구조주의자 주디스 버틀러는 섹스와 젠더라는 이분법을 거부하며 젠더를 인종, 계층, 지역성, 종족 등 다양한 요인들의 수렴과 분기를 허용하는, 총체성과 통일성이 영원히 연기되는 일종의 복잡성이자 과정이라고 파악한다. 후기 구조주의의 틀은 젠더의 복잡성과 과정성에 주목케 함으로써 여성사가 일반사에 통합될 수 있는 더 많은 접점들을 제공해주었다.[5]

주디스 버틀러가 섹스라는 생물학적·해부학적 특성까지도 젠더와 마찬가지로 제도 담론이 만들어 낸 사회 문화적 구성물이라고 주장한 반면에, 복잡성 과학과 생태주의는 몸이 순전한 사회 문화적 구성물이 아니라고 본다. 그들은 인간을 생물학적 존재인 동시에 자연적인 존재로 간주한다. 그리고 인간과 자연의 이분법을 거부하고, 성차별이 다양한 차별의 관계들과 결속되어 있기 때문에 젠더나 여성주의로만 환원해서는 안 된다고 주장한다. 생태적 여성주의자 일부는 더 나아가 인간에 의한 자연 차별까지도 경계하며 여성의 자연성을 중시한다. 여성의 성과 임신, 의료 행위, 몸을 통한 명상 등 중세 여성의 몸에 대한 연구는 여성이 신체와 사유에 관한 이분법적 사회 통념을 벗어나 있었음을 말해준다.

1990년 이후의 새로운 여성사와 여성주의가 주는 주요 시사점은 여성의 삶의 문제를 사회 전체 혹은 지구 생물권 속에서, 아울러 여성성 내부에서 끊임없이 변해가며 존재하는 다양한 관계들의 상호작용 속에서 복합적으로 이해해야 한다는 점이다.

봉건사회 여성의 역할과 지위에 대해 다룰 이 글의 초점은 서양 중세 여성들의 삶의 모습을 그들이 맺고 있는 다양한 관계들 속에서 파악하는 것이다. 이를 위해서 선행 여성사 연구들의 성과를 토대로 여성의 삶에 영향을 미친 복합적 요인들을 평가해 보려 한다. 아울러 서로 상호작용하면서도 정확하게 일치하지 않았던 세 가지 측면, 즉 여성에 대한 관념, 법, 여성들의 실제 삶에 접근함으로써 이해의 지평을 넓혀나가고자 한다. 여기서 다양하고 이질적이었던 봉건사회 여성들 사이의 구분은 남성들의 사회적 계층 분류에 따랐다.

이 글에서 다뤄질 주제들에 대해서는 당시 여성들이 직접 말한 목소리를 듣기가 매우 어렵다. 최근에 특별히 중세 신학 연구를 중심으로 성녀나 수녀들이 직접 기록한 1차 문헌 발굴이 이루어져 새로운 목소리들을 들을 수 있게 되었으나 어려움은 여전하다. 연대기, 성인전聖人傳, 교회와 장원 문서, 문학 작품들까지도 대부분 남성들이 기록한 것이기 때문이다. 결국 남성이 만든 사료들 속에서 여성의 삶을 비판적으로 바라보고 유추해볼 수밖에 없는 셈이다.

서유럽을 중심으로 서양 중세 여성 일반에 관한 글을 시도한 것은 지역적·시대적 차이나 다양성에도 불구하고 중세를 통해 거의 비슷한 봉건적 사회경제 체제, 계층 구조, 기독교 문명, 여성 삶의 방식 등이 서양 전체에 통용되고 있었기 때문이다.

중세에는 여성을 어떻게 보았을까?

낙원에 아담과 하나님 사이에는 오직 한 여성이 있었는데, 그는 남편을 쫓아낼 때까지, 그리고 그리스도가 십자가의 짐을 질 때

까지 쉬지 않았다.(그리스 프톨레마이스의 주교 자크 드 비트리 교훈집, 1240)

중세 초기에 여성에 대한 이데올로기 및 여성의 법적 지위를 만들어 낸 것은 중세의 으뜸가는 토지 소유자이면서 로마제국 멸망에서부터 종교개혁에 이르기까지 지적 영역을 주도했던 성직자들과, 여성을 자신의 토지 재산에 종속된 장식적 재산으로 간주했던 소수의 특권 계급이었다.[6] 역설적이게도 그들은 여성들의 삶에는 가장 무지했던 사람들로서, 여성을 완전한 개인이 아닌 남성에 종속된 존재로 보는 데 합의했다. 그들의 목소리는 교서, 교훈서, 장원 문서, 문학작품, 법전 속에 새겨지고 여성들의 삶 모든 영역에 깊이 파고들었다.

여성에 대한 지배의 원리와 부정적 관념이 그들의 순수한 발명품은 아니었다. 중세인들이 물려받은 양대 고대사회(로마, 게르만)에서도 여성은 열등한 사회적 위치에 있었고, 가족 내부에서는 가장의 권위에 종속되어 있었다. 그 같은 차별적인 사회 현실과 부합되는 관념도 존재했다.

초기 봉건사회에서 사회적 관계는 개인적 보호와 의존의 관계에 기초해 거대한 계서제階序制 구조를 형성했으며, 이 제도는 가장·영주·봉신에게 주어진 우두머리 지위를 토대로 이루어졌다.[7] 이러한 계서제 사회에서 여성들은 종교적·세속적 우두머리의 권한하에, 또 한편으로는 동일한 계급 남성들의 가부장권 하에 종속되었다. 교회와 봉건 지배 계급이 맡은 역할은 새롭게 형성되기 시작한 봉건사회에서의 여성의 역할과 지위에 대해 이론화하는 일이었다.

교회의 여성관은 중세 전체를 통해 이중적이고 상반된 채로 존재했다. 여성은 터툴리안Tertullian의 주장처럼 "악마에게 이끄는 통로"였으며, 제롬Jerome of Prague의 주장처럼 "그리스도의 신부"였다.[8]

악마에게로 이끄는 이브

교회는 무엇보다도 여성을 악마에게로 이끄는 이브로, 즉 사악하며 열등한 존재로 규정함으로써 교회와 사회에서의 여성의 낮은 지위를 합리화했다. 이러한 관념은 예수의 가르침이 아닌 사도 바울의 말들을 근거로 초기 교부들이 만들어낸 것이었다. 여성들의 자유가 제한되어 있었던 출애굽 이후의 유대교 문화 속에서 예수는 여성들을 직접 가르쳤으며 동등한 존재로서 대우했다. 반면에 기독교적 가치에 대한 바울의 해석 체계에서 여성은 다른 존재로 인식되었다. 바울은 낙원에서 속아넘어가 죄를 짓게 된 것은 아담이 아니라 이브였으므로 원죄의 장본인은 이브라고 생각했다. 즉 여성은 인간의 타락 과정에서 육체의 죄인 유혹을 대표하며, 이 세상에 악을 가져온 도구라는 것이다. 더불어 창조 과정에서도 여성의 위치는 이차적인 것으로, 즉 남자가 여자를 위해서가 아니라 여자가 남자를 위해 지어진 것으로 보았다. 이러한 논리를 바탕으로 바울은 여성의 예배 집전 권리를 부정하고 남성에 대한 여성의 예속을 당연시했다.[9]

중세 초기 수녀들은 수사들과 더불어 똑같이 게르만 부족들을 개종시키고 수도원을 세우는 데 기여했다. 여수도원장과 왕녀를 비롯한 많은 지배 계급 출신 여성들은 모든 기독교 신자의 정신적 평등 이념으로부터 여성 지위 개선의 가능성을 찾아내었으며, 어린이들을 교육시키고 남편과 영민領民들을 개종시킴으로써 가톨릭을 전파해나갔다. 그 좋은 예로 라데군트 Radegund를 들 수 있다. 튀링겐의 공주였던 라데군트는 전쟁통에 클로타르 왕에게 잡혀가 왕비가 되었으나 결국 결혼을 해소하고 남은 일생을 수녀로 살았다. 그녀는 갈리아 지역 프랑크

라데군트는 갈리아 지역 최초로 수도원 운동을 이끌었다.

인으로서는 최초로 수도원 운동을 이끌었으며, 푸아티에의 성 십자가 수녀원을 설립해 직접 운영하였다. 자신이 설립한 수녀원에서 헌신적으로 수행하는 라데군트의 곁에는 많은 여성들이 모여들었다.[10]

그러나 도덕적 방종이 만연한 로마제국 말기 '영혼 구제'와 도덕적 사회의 창조를 갈망했던 6, 7세기의 교부들은, 한편으로는 남녀의 도덕적 평등을 인정하면서도 당시의 성적 방종에 대한 반작용으로, 또 다신 숭배 등의 전통에 대한 대항 관계 속에서, 바울을 따라 육체·악·여성을 동일시하면서 독신 생활을 찬양하기 시작했다. 교부들은 끊임없이 여성을 원죄의 멍에를 짊어진 이브의 상속녀로 묘사하고, 주교직에 대한 여성의 권리를 부정했다.

이 시기에 봉건적 계서제가 지배적인 제도로 자리 잡기 시작하면서 교회가 세속적 우두머리로서의 권한까지 가지게 되었고, 이로써 이브적 관념은 세속적 의미까지를 포함하게 되었다. 고들리에Maurice Godelier가 지적하듯이 봉건사회에서 기독교는 이제 지배적인 제도이자 이데올로기가 되었다.[11]

성직자들의 금욕적 이상을 구체화한 수도원 제도가 만개하고 봉건제가 확립되는 암흑기의 끝 무렵에 이르면 성직자들은 여성을 최고의 사탄, 구제의 최대 장애물로 규정하고, 결혼 생활을 인간 삶의 "보다 나쁜, 타락한 상태"로 간주하기도 했다. 이러한 여성 혐오는 중세 전성기에도 마찬가지였다. 토마스 아퀴나스에 따르면 양성 간의 평등은 원죄 이전의 상태에서도 존재하지 않았으며, 남성에 대한 여성의 종속은 당연한 것이었다. 남성은 여성보다 더 많은 논리와 분별력을 가지고 태어나며, 여성은 남성의 이미지대로 만들어졌을지라도 남성보다 열등하다는 이유에서였다.[12]

귀족들은 교회의 여성 종속 도그마와 고대적인 여성 혐오를 적극적으로 받아들였다. 그들에게 결혼이란 적자를 통한 신분 및 재산 상속을 가능케 해주는 제도였으며, 이 제도의 유지를 위해서는 여성에 대한 통제와 여성의 열등한 지위가 필요했기 때문이다. 귀족들이 모든 여성의 법적 권리와 공민권을 제한한 근거는 로마적 후견 관념과 여성의 "낮은 지능, 변덕, 교활함, 탐욕"[13]이었다. 여성들에게 읽히기 위한 교훈서의 대부분은 여성의 복종을 결혼 이상의 일부로서 제시했으며, 문학에 나타나는 '여성다움'이란 바로 그와 같은 복종을 포함하는 것이었다.

예를 들어 11세기의 〈롤랑의 노래〉에 나오는 롤랑의 약혼녀 오드는 샤를마뉴 왕이 롤랑의 죽음을 알려주자 곧 그를 따라 죽음을 택한다. 제프리 초서 Geoffrey Chaucer가 〈인종적인 그리젤다〉에서 성직자의 이야기를 통해 보여준 것은 귀족 남편에 대한 그

리젤다의 아내로서의 충성심과 인내였다.¹⁴

성스러운 마리아

한편으로 귀족과 교회는 아무런 모순도 느끼지 못한 채 여성의 우월성을 강조하면서 마리아 숭배와 기사도 숭배를 내세웠다. 이 두 가지는 암흑기의 소란이 끝나고 봉건제가 확고히 자리 잡게 된 후 나타난 낭만적인 반동의 산물로, 12세기에서 13세기 말 사이의 북부 유럽에서 확실히 표면화된 후 14, 15세기에 전성기를 맞았다.

마리아 숭배는 초기 기독교 시기에 교회가 그리스도의 신성을 강조하는 아리아인들에 맞서 인간으로서의 그리스도 관념을 옹호하기 위해 그리스도의 어머니로서의 마리아를 더욱 강조함으로써 시작되었다. 431년 에페수스Ephesus 종교회의와 451년 칼스돈Chalcedon 종교회의는 구세주의 어머니로서의 성처녀 관념, 신자와 신 사이의 매개자로서의 성모 관념을 공식화했다.

로마의 교회 지도자들이 성모 숭배에 대해 진정으로 만족해했던 것은 아니었으나, 12세기에 성모 관념과 마리아 숭배는 확산되었고, 신으로부터의 모든 은총을 중개해주는 존재로서의 성모 관념은 많은 뛰어난 성직자들에 의해 더욱더 정교화되었다. 캔터베리의 대주교 안셀름Anselm에 따르면 성모는 이브의 죄를 구속 救贖 한 존재로, 인간의 상실의 원인인 죄가 여성으로부터 생겨났듯이 인간의 정의와 구제의 아버지도 여성에게서 태어났다는 것이다.[15] 성처녀는 이렇게 은총의 담지자, 또 인간과 신의 중개자가 되었고, 아베마리아 기도는 주기도문, 사도신경과 더불어 중요한 기도의 하나가 되었다.

마리아에 대한 헌신을 더욱 갈망했던 것은 농민들이었다. 그들은 "마리아의 주된 기쁨은 용서하는 것이며, 그의 영원한 본능은 사랑하는 것"이라며, 자신들이 이해할 수 없는 용어로 정의를 대변하는 성부나 성자보다는 마리아가 더 나은 내세에 대해 더 많은 보장을 해줄 것으로 기대했다.[16] 성처녀 마리아에 대한 숭배는 민중 신앙의 모든 표현에 배어들어 갔으며, 사람들은 그녀의 기적에 대해 이야기하고, 생애의 사건들을 기념하는 축제를 벌이곤 했다.[17]

성모의 신성함과 특별한 역할에 대한 관념과 마리아 숭배의 발전은 여성의 이미지를 독실하고 희생적이며 구속하는 신자로서 묘사하게 했다. 그러나 이러한 마리아적 관념이 여성의 지위 상승이나 권위의 증가를 반영하거나 그것으로 이어지지는 않았다. 성직자들이 성모 이미지의 반영으로 격상시킨 여성은 오직 수녀들뿐이었는데, 수녀와 성생활을 하는 여성들을 구분했다고 해서 수녀들에게 성직 권리를 가져다준 것도, 성사를 주관하거나 도울 수 있는 권리를 가져다준 것도 아니었다. 여성의 성직은 교회법에 의해 확고하게 금지된 채였다.

12세기는 오히려 여성 지위가 낮아지기 시작한 시기였다. 몬터W. Monter는 마리아 숭배의 허구성을 적시하고 있는데, 마리아가 존경받은 것은 그 자신이 행한 것 자체 때문이 아니라 자신을 숭배하는 남성들에게 고취시킨 용기, 고상함, 자비 때문이었다는 것이다.[18] 본질적으로 성처녀는 처녀로서의 여성, 성모로서의 여성이라는 성직자들의 이상적 여성상을 대변하도록 만들어졌고, 그렇게 대변되었을 뿐이었다.[19]

귀부인을 향한 헌신

적극적 후원자, 청취자로서 궁정식 사랑의 문학과 예법을 발전시킨 것은 엘레아노르Eleanor de Aquitaine와 그의 딸 마리Marie de Champagne 같은 몇몇 왕족이었다. 궁정식 사랑에서 기사는 귀부인에게 봉건 가신이 군주에 대해 행한 의무와 아주 유사한 봉사를 수행했으므로 양자의 관계는 쌍무 관계로 보아야 한다는 주장도 있다.[20] 궁정식 사랑을 다룬 문학 작품들은 귀부인을 향한 기사들의 헌신과 그에 대한 귀부인의 보답으로 가득 차 있다.

그러나 궁정식 사랑은 여성들의 실제 삶에 아무런 영향을 주지 못했다. 그것 자체가 귀족 계급의 남녀에게만 한정된 관행이었던 데다 원래부터 여성에 대한 존경과는 무관한 것이었기 때문이다. 궁정식 사랑을 다룬 주요 문학작품과 이론서들은 대개 남성이 쓴 것으로, 여성 혐오적인 빈정댐과 조소를 많이 포함하고 있었다. 성모의 역할을 정의했던 신학자들이 교회에서의 여성의 역할에 대해 아무런 변화도 촉구하지 않았던 것처럼, 궁정 문학 작가들 역시 누구 하나 여성에게 새로운 지위나 권리를 주어야 한다고 주장하지 않았다.

궁정식 사랑은 노르만 이동을 끝으로 전쟁이 줄어들고 중세문화가 전성기에 달하는 12세기에 생겨난, 남성들의 새로운 내적 요구에 부응한 문학적 결과물이었다. 그 동안 전투적인 심성(봉건적 충성 선서, 승리와 완전한 복종, 죽음에 대한 복합적 갈망 등)과 전투만으로 살아 온 봉건 전사들은 덜 전투적인 시대를 맞아 새로운 요소로 자신들을 채워 나갈 수밖에 없었다. 봉건적 문명에 새롭게 도입된 여성적 요소는 전사들의 심성을 개선시키고 완전한 덕의 성취를 가능하게 하는 것으로 간주되었다. 완전한 기사는 용감한 전사이자, 종교로부터 힘을 얻어 불의와 맞서 싸우는 기독교도이며, 여성에 대한 낭만적 찬미자였던 것이다.[21]

파워 Eileen Power 가 지적하듯이, 이성의 시대와 그것에 의해 고무된 혁명에 뒤이어 19세기 낭만주의 운동이 나타났던 것처럼, 마리아 숭배와 기사도는 모두 암흑기의 소란과 암울했던 현실에 대한 낭만적 반작용의 산물일 뿐이며 본질에 있어서는 어디까지나 남성들의 요구에 의해 만들어진 것이었다.[22]

여성 비하의 관념에도 불구하고 12세기 이전까지 봉건사회 여성들의 역할은 매우 중요하고 폭넓은 것이었다. 근본적으로 낮은 생산력과 장원 경제의 자급자족적 특성으로 인해 여성들 대부분이 생산에 참여했으며, 정치적 혼란과 분권, 끊임없는 전쟁은 여성들의 공적 역할을 불가피하게 만들었다. 귀족 계급에서부터 농민과 수공업자들에 이르는 대다수 봉건사회 여성들이 20세기 이전의 여타 사회 여성들에 비해 전반적으로 더 인정받고 두드러진 지위를 확보할 수 있었던 것은 바로 이러한 이유에서였다.

그러나 12세기가 되면서 상황은 달라지기 시작한다. 생산력이 증대된 결과 지대장원 Rentengrundherrschaft이 성립하면서 영주들이 가지고 있던 영민에 대한 지배권은 상급 영주와 국왕에게 집중되어 중앙집권화와 봉건군주제가 강화되었다. 교회가 집권화되면서, 영주를 견제하기 위해 국왕을 원조한 것도 국왕의 승리를 도왔다. 군주들과 교회는 집권화 정책을 추진하며 여성들의 역할과 영향력을 실질적으로 제약했다.

이처럼 12세기에는 교회와 사회에서의 여성의 영향력이 약화되기 시작했으며, 여성에 대해 양면적이었던 중세 기독교의 관넘 체계에서 여성 혐오 경향은 더욱 강화되었다. 이에 따라 여성에 대한 관념은 마리아와 이브로 더욱 철저하게 양분되었다.[23]

마녀사냥

마리아적 관념이 여성의 현실에 아무런 기여를 하지 않은 반면, 이브적 관념은 법적 제약으로 구체화되었을 뿐만 아니라 특히 중세 후기에 여성들의 사회적 영향력을 축소시키는 데 적극적으로 이용되기도 했다. 더 나아가 이는 극단적인 마녀사냥으로 표출되기도 했다.

마녀사냥은 대체로 1450~1750년 사이에 행해졌는데, 대규모의 재판과 박해가 벌어진 중요한 시기는 16~17세기였다. 그러나 그것은 이미 중세 말에 시작된 것이었으며, 그것의 이론적 근거가 된 것이 중세 성직자들의 견해였다는 점에서 중세적 현상이었다.[24] 마법이 여성사에서 갖는 의미는, 그것이 중세 말과 근대 초 유럽 여성들의 죄목 중에서 가장 핵심적인 것이었고 마법 때문에 기소된 사람 대부분이 여성이었다는 점에 있다.[25] 그러므로 중세 말의 마녀사냥이 여성에 대한 중세적 관념 및 여성들의 삶의 조건과 어떤 관련성을 가지고 있었던가를 짚고 넘어갈 필요가 있다.

마녀사냥의 희생자들은 어떤 여성들이었는가? 그들의 대다수

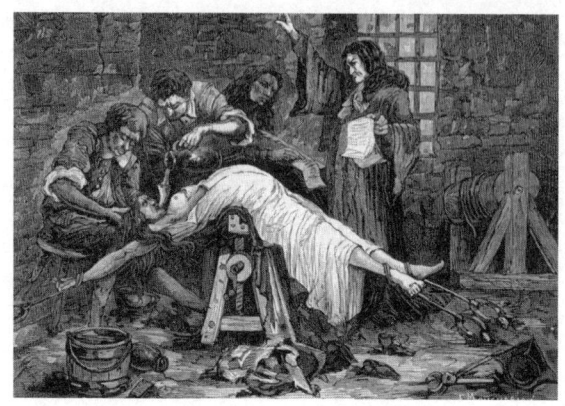

마녀사냥은 15세기 초부터 산발적으로 시작되어 16세기 말에서 17세기에 이르면서 절정을 이루었다.

는 50세 이상이었는데, 예를 들어 제네바(1537~1662)와 영국의 에섹스Essex 주(1645)에서 평균 연령은 60세 이상이었다.[26] 배우자가 없다는 사실도 그들을 곤경에 처하게 만드는 데 기여했는데, 대부분의 지역에서 과부는 미혼의 마녀와 더불어 혐의자의 다수를 차지했다.[27] 기소된 여성들은 대부분 하층 계급 출신이었다. 그 가운데는 신기한 시술을 하거나 약초를 이용할 줄 아는 사람들도 있었고 실패한 산파들도 있었다. 어떤 사람은 창부이거나 나이 든 뚜쟁이였다. 한편으로 그들과 더불어 사회의 저변에 있는 거지, 방랑자, 편력시인 같은 남성들도 기소되었다. 상층 계급의 여성과 남성들이 대체로 정치적인 이유로 마법재판에 연루되고 대부분이 무죄가 될 수 있었던 데 반해서,[28] 하층계급 출신 여성들의 처형 비율은 절대적으로 높았다. 결국 마녀사냥의 가장 중요한 희생자들은 스스로를 보호할 수 있는 지위에 있지 못한 가난하고 늙은 과부들이었던 것이다.

　마녀사냥의 원인은 복합적인 것으로서 중세 말기의 저항적 여성들에 대한 박해,[29] 이행기의 경제적 동요에 대한 불만, 전염병과 죽음에 대한 공포, 대중들을 미혹시키기 위한 지배 계급의 요구, 평민들의 심리적 동기, 종교개혁 등으로 다양하게 제시되어 왔다.[30] 이것들이 마법 재판과 마녀사냥으로 발전되는 각각의 경우, 자신들의 삶의 조건과 사회적·경제적 무력감 때문에 여성들이 남성들보다 더 취약했던 것이 사실이다.

　그러나 이것만으로는 마녀사냥에서 여성들의 비율이 절대적으로 높았던 이유를 다 설명해주지 못한다(남성과 여성들에 의한 그 같은 치료와 마법은 고대로부터 내내 존재해온 것이었다). 그러므로 이행기의 사회적 긴장과 종교적 변화가 마법 재판으로 발전하고, 마법 재판에서 주로 여성을 속죄양으로 만들게 된 것은 마법과 마녀에 대한 새로운 관념에서 비롯되었음이 지적되어야 한다. 그 관념은 여성에 대한 혐오감에 기초해서 성직자들이 만들어낸 것으로, 마법 재판을 위한 세속법의 근거가 되었다.[31] 요컨대 마녀사냥의 출발점은 바로 마법에 대한 교회의 교의였다.

　이는 《마녀의 망치 The Witches' Hammer》(1486)로 알려진 마법재

판의 지침서에 집약되어 있는데, 가톨릭과 신교의 마녀 사냥꾼들은 200년 이상을 이 책에 의지했다. 그것은 마법을 악마와의 동맹 행위로, 마법사를 악마의 숭배자이자 협력자로, 따라서 마법의 실행을 이단으로 규정했다. 악마 협력자의 대부분이 여성인 것은 여성들이 자연적으로 약하고 극단적인 경향이 강할 뿐 아니라, 무엇보다 채울 줄 모르는 육욕으로 인해 악마의 유혹에 넘어가기 쉽기 때문이며, 따라서 마법은 남성 마법사의 이단이라기보다는 마녀의 이단으로 불리는 것이 적절하다는 것이었다.[32]

고대와 중세의 문학과 문화에서도 마법사의 전형은 여성으로 그려지곤 했는데 이제 마법사의 상징으로서의 마녀에 그 이론적 근거가 주어지게 된 것이었다. 마녀의 이론화는 특히 교육 받은 계급의 사람들이 여성을 마녀로 의심하고 박해하는 데 더욱 유용하게 이용되었고, 마녀에 대한 관심과 박해의 지속은 마녀의 이미지를 더욱 강화시켜 갔다. 성직자들이 고무시키고, 사회의 모든 계층에 파고든 여성에 대한 혐오감은 가난한 여성들을 화형주에 세우는 결정적 요소가 되었다.

캔터베리 이야기

여성종속의 도그마는 위에서부터 아래로 전달되고 삶의 모든 영역과 모든 계층에 침투해서 반향을 일으키긴 했지만 여성에 대한 사회구성원들의 관념이 완전히 일치했던 것은 아니었다. 도시가 발전하기 시작한 12세기 이후의 문헌들에 등장하는 부르주아는 기본적으로는 여성과 결혼에 대한 '공식적' 견해를 받아들였으나 여성에 대한 태도는 종종 성직자들보다 더 적대적이었다.[33] 13세기 말과 14세기 초에 부르주아가 최고로 번영하고 영향력을 발휘했던 반면, 여성들의 영향력은 더 줄어들고 기사도와 궁정식 사랑마저 쇠퇴하면서 초기 교부들이 전파했던 것만큼 거칠고 세속적인 반여권주의가 다시 출현했기 때문이다. 부르주아의 태도를 가장 분명히 보여주는 운문 우화fabliaux들은 거의 모두 여성의 기만이나 사악함을 다룬다. 이를테면 노파는 언제나 간악한 사람이고, 아내는 언제나 남편을 속이며, 소녀들은 말괄량이가 아니면 바보로 그려진다. 여성에 대한 이 같은 증오와 강한 경멸은 무엇이 새로운 시민사회를 즐겁게 했는지에 대해 시사해준다.

중세 말의 지독한 여성 혐오에 대한 반작용으로 여성을 옹호하는 작가가 등장하기도 했는데, 부르주아 출신의 작가 초서가 대표적인 예이다. 초서의 대표작은 캔터베리로 순례를 가는 여러 신분의 사람들의 이야기를 통해 중세 말 영국의 사회상을 펼쳐 보이는 《캔터베리 이야기》이다. 남녀 간의 갈등과 결혼의 문제는 이 작품에서 하나의 끈질긴 주제를 이루고 있는데, 이 '결혼 그룹'에 속하는 이야기들 가운데서도 압권으로 이야기되는 것은 〈바스 bath의 아내의 프롤로그와 이야기〉이다. 〈프롤로그〉의 주인공으로서, 다섯 번째 결혼을 한 앨리슨은 남성 등장인물들을 압도하는 힘과 정력을 보여주고, 남성 중심적인 성서 구절들을 일부러 잘못 해석하며, 여성 혐오적 이야기를 만들어낸 남성들을 공격적으로 비난한다. 그러고는 "제기랄, 만일 중들이 글방에서 한 것 같이 여자들이 얘기를 지어냈다면, 아담의 모든 후예들이 모조리 달려들어도 씻을 수 없는 남자의 갖가지 사악을 기록했을 것을"[34] 하며 분노를 터뜨린다. 그런가 하면 초서는 한 수업기사의 입을 빌어 여성들이 원하는 것은 남성에 대한 "지배권을 갖는 것"임을 보여준다.[35] 남성적 관습에 반항적인 화자를 통해서, 갖가지 능숙한 반어법으로 여성의 바람을 절묘하게 표현해냄으로써, 초서는 "진정으로 위대한 시인"으로 극찬 받기도 한다.[36]

그러나 초서가 자기 시대 남성 이데올로기의 틀을 뛰어넘은 것은 아니었다. 앨리슨은 곳곳에서 여성에 대해 부정적인 남성들의 목소리를 그대로 전달한다. 하나님은 여성들에게 "죽을 때까지 요긴하게 쓸 수 있도록 남을 속이고, 울고, 길쌈질하는 능력을 주셨다"든지 "여자는 비밀을 지킬 수 없게 생겨먹었다"는 표현 등이 그것이다. 무엇보다도 초서가 제시한 여성의 '지배권'

은 기존의 가부장제와 결혼 제도에 대해서 어떤 근본적인 변화를 요구하는 것이 아니었다. 그것은 기사가 노파를 아내라고 부르자 노파가 모든 권한과 갈망을 포기하고 남편에 대한 영원한 종속을 선택하는 결말로 귀결되는 그런 수준의 관념일 뿐이었다. 이런 점에서 앨리슨을 통한 여성의 목소리는 사실상 남성의 욕망을 대변하는 억압적인 헤게모니의 목소리일 뿐[37]이라는 초서에 대한 비판이 훨씬 더 설득력이 있어 보인다.

비록 장원이나 도시 기록에는 수없이 등장하지만, 자신들의 견해를 문자화할 수 없었던 평민들의 목소리를 기록 속에서 찾아보기는 힘들다. 노동하는 계급이 자신의 목소리를 낼 수 있는 때는 오직 반란의 순간뿐이었는데, 그들은 이브를 인간성의 배신자로, 영원히 남자들의 발 아래에 있는 존재로 보지 않았다. 대신에 "아담이 밭 갈고 이브가 베 짤 때 누가 귀족이었는가?"라고 외치며 여성을 삶의 동료로서 생각했다.[38] 농민이나 수공업자의 생계경제는 남성과 여성 모두의 노동에 의해서만 유지될 수 있었기 때문이다. 그러한 여성관은 농민 반란과 도시 반란에 농민 여성들과 장인 여성들도 많이 참여했으며, 때때로 그들이 지도자로서 활약했다는 사실로부터 추측해볼 수 있다. 그러나 그들이 가난한 이웃 여성을 마법 혐의로 고발했던 사실이나 당시 통용되었던 "수탉 앞에서 암탉을 울게 하지 말라"는 대중적 속담을 보자면, 하층 계급에서도 여성에 대한 태도는 이중적이었음을 추측할 수 있다.

크리스틴 드 피장

여성 자신들이 스스로에 대해 어떻게 인식하고 있었는지를 알아보는 것 역시 어려운 일이다. 자신의 성을 변호하고 여성 모독에 대해 비판할 수 있는 여성 작가가 나타난 것은 14세기 말 크리스틴 드 피장Christine de Pisan에 이르러서였다. 그녀는 모든 궁정식 관습에 정통했으며 집필에 의해 생계유지가 가능했던 예외적 여성이었다. 따라서 그녀가 당시 여성들의 일반적 견해를 얼마나 대변하고 있었는지 추정하기는 어렵다.[39] 그녀는 양성 간의 평등을 이야기하지는 않았는데, 예를 들어 남성 가부장에 대한 아내의 충실한 복종을 결혼의 이상으로 파악하는 전통적인 견해에 대해 직접적인 반대 표시를 하지는 않았다. 그녀는 여성 교육을 옹호하면서 교육 받은 정신이 정상적인 가사 의무를 수행하는 데 전혀 방해가 되지 않으며, 학식과 실용적인 솜씨는 가정을 훌륭하게 꾸려나가는 데 오히려 도움이 된다고 주장했다. 또 가정의 평화와 명예를 지키는 것은 여성이라고 생각했을 뿐 아니라, 국가와 가정의 위계구조를 인정하고 남녀에게는 신이 규정한 별개의 활동 영역이 있다고 보았으며, 동시대인들과 마찬가지로 위계적

크리스틴 드 피장. 생계 유지를 위해 글을 써야 했던 그녀는 중세 여성으로 거의 유일하게 글쓰기로 생계를 유지할 수 있었던 여성이었다. 샤를르 5세의 전기, 수많은 궁중 연애시 외에도 여성을 옹호하는 글을 썼다. 그녀의 마지막 작품은 잔 다르크가 이룬 첫 승리에 대한 감동을 노래한 서정적인 시였다.

인 신분제를 질서에 대한 보증으로서 환영하고 권위에 대한 반란을 죄악시했다.

그러나 그녀는 여성문제를 주제로 한 작품들[40]을 통해서 여성의 가치와 재능에 대해 증명하고, 여성들도 남성들만큼 배울 수 있는 능력을 가졌다고 주장했다. 여성을 사악한 유혹자로, 성적 약탈의 수동적인 원천으로, 변덕스럽고 무능한 존재로 그렸던 당시의 두 권의 대표적인 여성 혐오 서적[41]에 맞서, 그녀는 훌륭한 여성들을 열거하면서 여성은 자신을 남성보다 우월하게 만드는 특수한 자질을 가지고 있다고 주장했다. 여성들은 관대하고 부드러우며, 친절하고 본성에 있어 충실하고, 또한 세상에서 가장 훌륭한 것 중 하나인 모성을 독점하고 있다는 것이었다.[42]

고틀리에프 Beatrice Gottlieb 는 만약 여권주의가 여성이 세상에서 더 나은 대접을 받아야 한다는 사고와 감정을 의미한다면 크리스틴은 그 한계에도 불구하고 여권주의자였다고 평가한다. 그녀는 여성 혐오에 대해 고통스러워하고 분노했으며 침묵으로 고통을 참아내는 것을 거부했다. 또 자신을 개인적으로 방어한 것이 아니라 모든 여성들에게 공통되는 대의를 찾아내고 여성들의 삶에 대해, 그리고 그것이 어떻게 개선될 수 있는지에 대해 숙고했다는 것이다.[43]

여성들이 성직권과 설교권을 갖고 있었고 남녀가 평등했던 왈도 운동Waldensian Movement이나 카타르 운동Catharism과 같은 이단 운동에 모든 계급의 여성들이 많이 참여했다는 사실이나, 15~16세기에 여성 신비가들과 순교자들이 많았다는 사실로부터 우리는 여성들이 자신들의 지위와 여성 혐오가 부당함을 느끼고, 모욕과 멸시에서 벗어나려 노력했음을 추정할 수 있다. 그러나 대다수 여성들의 여성관에 대해서는 더 이상 알 길이 없다.

중세 여성들의 지위는 법적으로 어떻게 규정됐을까?

법이 일차적으로 반영하는 것은 그것을 통해 사회적 관계를 규제하고자 하는 입법자들의 심리적, 도덕적, 사회적 가정들이라는 점은 서양 중세 사회에도 그대로 적용된다.[44] 다른 법적 규정들과 마찬가지로 교회법과 세속법의 이원적 법체계로 구체화되고 있는 여성의 권리와 의무에 대한 규정에서 우리가 찾아낼 수 있는 것은 계급 관계와 양성 관계에 대한 지배 계급의 의도와 태도이다.

결혼과 별거에 관련된 문제를 다뤘던 교회법과 교회 법정에서 여성의 지위는 어떠했는가? 로마제국 말기부터 도덕 원리를 강조하고 중세사회를 교화시키는 데 열심이었던 교회는 전통적으로 결혼의 도덕적 측면에 관심을 가져왔다. 따라서 교회는 처음부터 일부다처제를 금지하고자 했으며, 자신들의 권위를 세우고 왕국을 유지하기 위해 로마제국 멸망 후 유일하게 견고한 조직인 교회에 의지하려 했던 프랑크족의 왕, 황제들로 하여금 그것을 폐지케 할 수 있었다.

나아가 교회법은 이혼을 허용했던 게르만법이나 로마법과는 달리 한 편이 간통을 하거나 수도원에 들어간다 하더라도 결혼이 해소될 수 없다는 아우구스투스의 견해를 채택하여 이혼을 금지시켰다.[45] 게르만법에서 결혼에 대한 동의는 신부에 의해서가 아니라 그의 보호자(아버지, 남자 형제, 혹은 다른 남자 친척)로부터 나온 데 반해, 교회법은 결혼을 유효하게 하는 것은 결혼하는 당사자들의 동의라고 규정했다. 결혼의 사회 경제적 측면에 따른 부모와 가계의 압력을 고려할 때 실제로 상호 간의 동의만을 토대로 결혼할 수 있는 여지는 극히 적었을 것으로 보인다. 이혼의 금지는 한편으로 이혼권을 억압하게 되지만, 위와 같은 교회의 노력들은 여성에 대한 게르만인들의 거친 태도를 어느 정도 완화시키는 데 기여했으리라 여겨진다.

한편으로 교회법은 여성의 성직 수임과 교회의식 참여를 금기시했던 구약과 유대교를 따랐다. 구약이 그 금지 이유에 대해서 직접적 설명을 하지 않은 데 반해, 신약은 그것을 이브적 관념으로 정당화시켰다. 교회법이 수녀를 포함한 모든 여성들의 예배 집전 권리와 성직 수임권, 설교할 권리를 부정하고, 성작聖爵과 향불을 만질 수 없게 하며, 여성의 권리를 축소시킨 것은 바로 신약의 관념을 토대로 한 것이었다. 여성에 대한 차별은 결혼에 관련된 법의 적용에서도 찾아볼 수 있다. 예컨대 교회의 재판기록부에 나타난 분리나 별거[46]의 허용 구실 가운데는 남성의 부정보다 여성의 부정이 더 많았으며, 아내 구타와 같은 관습을 사후에 인정해주기도 했다.[47]

세속법에 나타나는 여성의 열등한 위치는 원칙적으로 모든 계급의 여성들에게 해당되었다. 법은 무엇보다도 여성의 공적 권리 행사를 금했으므로 여성들은 왕국과 사회의 통치에서 어떤 몫도 할 수 없었다. 공직을 가질 수도, 군사 지도자나 재판관, 법률가로 활약할 수도 없었으며, 시 참사회, 도·시 의회, 왕실회의, 왕이 소집한 의회에 참여하는 것도 금지되었다. 보유지나 자유 토지를 소유한 독신 여성들이나 과부들이 장원 법정회의에 참가했던 장원에서조차 그들은 어떤 관직을 갖거나 직무를 수행하지 못했다. 12세기 이후 왕이나 봉건 영주들이 채용하기 시작한 전문 관리직에서도 여성은 배제되었다.

여성들은 공적 권리를 인정받지 못하면서도 의무는 수행해야 했다. 영국과 이탈리아 도시를 제외한 서유럽 대부분의 지역에서 귀족 여성은 자신의 배우자와 함께 모두 면세의 대상이었으나, 농민 여성과 도시 여성들은 공민권을 누려보지도 못하면서 세금은 납부해야만 했다. 기혼 여성들의 납세 의무는 남편에게 전가되었으나, 상인이나 장인으로서 독립된 직업을 가지고 있는 여성이라면 세금을 내야 했다. 예를 들어 파리의 1296년, 1297년, 1313년의 따이유[48] 과세대장에는 독신 여성, 과부, 독립직업 여성이 포함되어 있다.

봉건사회 여성들에 차별적이었던 법체계 가운데서 예외적으로 여성에 호의적이었던 것이 재산권이다. 비록 남성들의 권리에 비해 이차적이긴 했지만, 왕령지에서 농노 보유지에 이르는 토지 및 동산, 화폐 모두에 대한 이용권 및 지배권이 법과 관습에 의해 여성들에게 보장되어 있었다.

중세 여성들의 재산권을 가능케 한 요인의 하나로 추정되는 것은 로마법적 관념의 영향이다. 초기 교회의 선교사업은 로마의 문화적, 법적 형태들을 서유럽에 전해주는 데 기여했는데, 중세 초기의 법들은 공통적으로 여성들도 재산의 관리권과 상속권을 가지고 있었던 제정 시기 로마법[49]을 따라 결혼한 여성에게도 재산에 대한 명의를 인정해주었다.[50] 혈연 중심의 상속을 통해 가족의 영지와 보유지의 규모를 유지·확대하고자 했던 일반적인 혈연 중심의 상속제 원칙도 여성들의 재산권에 영향을 준 것으로 보인다. 더욱 중요하게는 봉건 지배 계급의 무사로서의 특성과 끊임없는 전쟁이 가족과 토지에 대한 여성들의 역할을 증대시켰다고 볼 수 있다. 중세에서 인구의 대대적인 이동과 거대한 군사적·지리적 팽창이 일어난 시기는 여성들이 토지의 소유자에서 관리자로서 대두하는 시기와 일치하고 있는데, 이는 군사적 동원으로 인해 남편이 없는 동안 경제적 업무를 담당한 것이 부인들이었으며, 전쟁으로 인한 상속자와 남편들의 사망이 여성들의 재산을 늘려주었기 때문이다.[51] 농민 보유지의 경우 낮은 생산력 수준으로 인해 여성들의 경제적 역할은 불가결한 것이었고, 도시 경제의 유지에서도 여성은 중요한 존재였다.

딸들은 아들들과 더불어 부모 사망 이전에 양도를 받아 토지를 포함한 재산을 가지게 되었는데, 그 중요한 계기는 보통 결혼이었다. 결혼 지참금과 더불어 유럽의 몇몇 지역에서는 상속에 의해서도 재산을 획득할 수가 있었다.[52] 색슨법은 아들과 딸 사이에서 동산과 부동산 모두가 평등하게 분할되는 데 호의적이었고, 앵글로 색슨인의 영국에서는 여성에게 토지가 상속되었다.[53] 프랑크 왕국의 경우에는 9세기를 통해 법과 관행상 여성들의 부동산 상속이 가능하게 되었다. 이탈리아 사르디니아의 관습에서는 모든 자녀가 성에 관계없이 부모의 재산을 똑같은 몫으로 상

속받았으며, 결혼 후에도 모두 자신의 상속재산에 대해 각자의 명의를 가지고 있었다.[54]

 장자상속제가 확립된 지역에서 딸들은 장자 이외의 아들들과 더불어 일반적으로는 상속에서 제외되었으나, 아들이 없는 경우에는 참여할 수도 있었다(대체로 20퍼센트의 가족은 아들 없이 딸만을 두었다). 예를 들어 프랑스의 왕령지에서는 장자상속제가 확립되어 있음에도 불구하고 장녀가 부모의 저택을 물려받고 봉토 전체에 대한 책임을 맡았는데, 그 봉토는 장자상속제 채택 이전에 아들들에 대해 적용되었던 영지 공유 방식에 따라 그의 자매들 간에 분할되었다. 장자상속을 하지 않는 지역과 대가족제도가 오랫동안 남아 있던 프랑쉬 꽁떼 같은 지역에서는 봉토가 아들과 딸 모두에 분할 상속되기도 했다. 그리고 어떤 상속제의 원칙이 채택되었든 간에, 귀족 토지의 경우는 남성들의 높은 사망률로 인해서 여성 상속이 흔하게 일어났다.[55]

 또한 여성들은 과부가 될 경우 자신과 남은 가족의 생계를 위해 보장되었던 재산권인 과부산의 권리를 통해 남편의 재산 일부를 가지게 되었다. 통상 결혼식 때 남편이 보유한 토지의 삼분의 일 정도가 과부산으로 약속되었는데, 남편이 먼저 죽은 경우 미망인은 그 권리를 남편의 상속자에게 정당하게 요구할 수 있었다. 예를 들어 영국 보통법에서 과부산을 할당하는 것은 상속자나 후

견인의 의무였으며, 남편 사망 40일 이내에 행해져야만 했다.[56]

  그러나 결혼한 여성들의 재산권 행사는 제한적이었다. 아내가 결혼할 때 가지고 간 지참금이나 상속재산, 남편이 가져온 재산 가운데 부동산과 재산으로부터의 수입은 거의 모든 경우 부부의 공동소유였으나, 남편에게는 결혼 기간 동안 공동재산을 관리할 책임이 있었다. 따라서 아내는 남편의 동의 없이 자신의 재산을 팔거나 저당 잡히거나 양도·교환할 수 없었다. 반면 남편은 자기 것에 대해서 마음대로 할 수 있었을 뿐 아니라 아내의 동의 없이 아내가 결혼할 때 가져온 재산, 아내가 결혼 후에 상속한 재산, 혹은 자신이 아내에게 약속한 과부산에 대해서도 팔거나 저당 잡힐 수 있었다.[57] 단 몇몇 지역에서는 재산의 매매, 양도, 증여의 많은 문서에 남편과 아내의 이름이 동시에 기재되어 있었던 것으로 보아 아내들이 공동재산의 매매나 양도에 대한 승인권 정도는 가지고 있었음을 알 수 있다.[58]

  따라서 여성의 재산권 행사가 자유로워지는 것은 남편이 사망한 다음부터였으며, 여성은 자신이 부모로부터 증여받은 재산을 아들이나 딸에게 양도할 수도, 딸과 사위에게 증여할 수도, 자신의 상속인에게 상속할 수도 있었다. 귀족 가계에서 때때로 어머니의 성을 따랐던 것은 상속재산의 대부분을 어머니로부터 받았기 때문이라고 추측된다.[59] 한편 아내가 먼저 사망하더라도 남편은 아내의 재산에 대한 평생권만을 보유했고,⁶⁰ 남편이 사망하면 그것은 아내의 상속인에게로 돌아갔다. 부부가 후손 없이 사망했을 경우에는 결혼 지참금을 증여한 자나 그의 상속인에게 재산이 돌아갔다.⁶¹

과부산의 경우에도 남편이 살아 있는 동안에는 일종의 결혼예물이나 결혼의 공증으로서의 의미 밖에 없었다. 그러다가 남편이 사망하면 여성은 과부산에 내포된 사회보장으로서의 평생권을 소유하게 되었고, 그 범주 내에서 자의대로 타인이나 친족에게 양도할 수 있었으며, 심지어 그것을 매매할 수도 있었다.⁶² 부부가 모두 사망하면 과부산은 남편의 명의로 남편 가족에게 반환되었다.

도시의 경우 봉토나 농민 보유지와 마찬가지로 아들들의 권리가 거의 항상 딸들의 권리보다 우선했다. 그러나 딸들의 권리는 방계 남성의 권리보다는 앞섰으며 장자상속의 원칙이 우세하던 대부분의 영국 도시에서 시민권을 가진 다른 아들과 딸들에게도 상속이 인정되었다. 아들이 없는 경우에는 딸이 재산을 상속했다. 등기부는 딸들이 가계, 지대 및 도시 근처의 토지를 상속 받은 많은 사례들을 보여주고 있다.⁶³ 그들은 또한 결혼 지참금을 받았으며, 과부는 과부산으로부터의 수익을 누릴 권리를 가졌다.⁶⁴

그러나 중세 여성들의 재산권은 토지나 지참금이 부족한 가계로 하여금 자식을 결혼시키지 못하게 만들기도 했고, 친족의 재산이 다른 집단으로 이전되는 것을 막기 위한 근친혼의 원인이 되기도 했다.[65]

중세 여성들의 재산권은 제한적이긴 했으나 여성들의 삶에 실질적인 의미를 부여했다. 농노 여성들까지 포함해 모든 여성들의 가내 지위를 높이는 데 일정한 기여를 했음은 물론이다. 그것은 보유지를 가진 과부나 미혼 여성의 경제적 자립과 생계유지를 가능하게 했으며, 촌락회의와 장원법정에 참여함으로써 공동체 내에서 발언권을 가질 수 있게 해주었다. 도시 여성들은 재산의 힘으로 도시민으로서의 자격을 가질 수 있었다.

그러나 이러한 현실들이 전체 여성의 사회적 지위가 높았음을 말해주는 것은 아니다. 부의 주요 원천이 토지였고 토지의 소유가 경제 외적인 권한까지 가능케 했던 봉건사회에서 재산권을 통해 높은 사회적 지위를 얻을 수 있었던 것은 토지 소유 계급 여성들뿐이었다. 여성의 공적 권리를 제한했던 법과 달리 귀족 여성들로 하여금 정치적으로나 사회적으로 영향력을 행사할 수 있게 한 것은 바로 봉토에 대한 그녀들의 권리였던 것이다.

여성들의 민사소송 제기권은 가부장권에 의해 제한을 받았다. 미혼 여성의 경우에는 민법상의 문제로 소송을 제기하고 계약서와 유언서를 작성하고 돈을 빌릴 수 있었으며, 대부분의 지역에

중세에 화형은 가장 극악한 범죄에 대한 응징이었다. 여성에 대한 화형은 남성에 비해 더 엄중하게 적용되었다.

서 법정에 직접 나설 수도 있었다.[66] 그러나 기혼 여성은 독립적인 상인 여성과 수공업자 여성을 제외하고는 남편의 허락 없이 계약·임차하거나 민사소송을 제기할 수 없었다.[67] 단지 남편이 아프거나 부재중이거나 법적 자격이 없는 경우에 한해서 법정에서 그를 대리할 수 있었을 뿐이다. 이러한 사실들은 결혼 기간 동안 여성의 재산권 행사에 가해진 제약과 더불어, 배우자의 유무에 따라서도 가부장제 사회에서의 여성의 권리가 크게 달랐음을 잘 드러내준다. 한편 모든 여성들은 타인의 대리인으로서 법정에

설 수도, 재판에서 증언할 수도, 면책 선서자가 될 수도 없었다.

형법상 기혼 여성과 미혼 여성은 모두 동일한 권리를 가졌는데 여성들은 자신에 대한 육체적 상해나 강간, 모욕에 대해서 남편의 동의 없이 고소할 수 있었으며, 기혼 여성의 경우 남편의 살인자를 고소할 수 있었다. 그러나 어떤 여성도 그 밖의 다른 문제로 인해 형사 고발할 권리는 가지지 못했다. 한편으로 여성 자신이 고소당할 수 있었으며, 아내가 벌금이나 금전 보상의 형을 선고받은 경우 법은 남편의 재산에 대해 그것을 부과할 수도 있었다.

프랑스, 독일, 이탈리아, 브라반트에서 여성에 대한 형벌은 차별적이었다.[68] 중세의 화형은 가장 극악한 범죄에 대한 응징이었는데 남성이 이단, 마법, 주인 살해, 방화 등의 죄로 화형을 당한 반면, 여성은 그 외에도 살인, 유아 살해 및 절도죄의 경우에까지 화형이나 생매장형을 받았다(같은 경우 남성들은 보통 교수형을 받았다).

여성들의 역할이 위축되고 여성에 대한 혐오감이 한층 분명해지는 12세기 이후로는 법률마저 여성에게 더 불리한 방향으로 변하기 시작했다. 그것은 봉건국가, 교회, 도시민, 관료 모두가 원한 것이었다. 성장하는 부르주아는 유산에 대한 아버지의 권리를 신성시하고 상속자의 권리에 대한 모든 의문과 혼란을 방지하는 가족법을 필요로 했다. 법률학자들은 로마법으로부터 성적 연약함의 관념을 빌어와 여성으로부터 그들이 자기고 있었던 가족 재산권에 대한 모든 권한을 박탈했으며, 집 밖의 일들을 금지시켰다.[69]

그리하여 중세 후기 여성들의 가족과 재산에 대한 법적 권리나 경제적 활동 권리는 약화되기 시작했다. 일례로 14세기 프랑스 여성들의 경우 부재중이거나 미친 남편을 대리할 수 있는 권리를 잃게 되었고, 만약 대리하고자 한다면 판사의 허가를 받아야 했다.[70] 중세 중기까지만 해도 부모 모두가 자신의 성을 물려줄 수 있었으나 14세기부터 국가는 경찰 및 행정 업무의 편의를 위해 아버지의 성만을 따르도록 했다.[71] 프랑스의 법률학자들은 가부장제 가족제도 수립을 위해 계속 로마법을 빌려왔는데, 마침내 16세기에 이르면 결혼한 여성은 법적 무능력자가 되어버렸고, 남편이나 판사의 허가 없이 행해진 여성의 행동은 근본적으로 무효가 되었다. 대신에 남편들은 가내의 군주와 같은 존재가 되었다.[72]

중세 여성들을 만나다

봉건적 계서제와 여성의 삶

여성들의 낮은 법적 지위와 여성 혐오는 여성의 생활 영역 곳곳에 스며들어 차별을 만들어냈다. 어떤 계층의 여성들도 같은 계층의 남성들과 같은 권리를 누리며 살지 못했다. 반면 여성들의 삶의 폭은 상당히 넓었다. 근대 이전의 단순한 사회였다고 하더라도 봉건적 사회체제에서 그들을 규정하고 있는 요인들의 조합에 따라 여성들의 삶의 형태도 달라졌기 때문이다.

봉건사회의 주요 특징 가운데 하나는 경제적, 법적, 정치적인 체계이기도 했던 복합적 계서제를 통해 토지 권리가 분배되어 있었다는 점이다.[73] 이 봉건적 계서제가 갖는 복합적 성격으로 인해서 사람들의 법적·이데올로기적 지위와 사회 경제적 지위는 상당히 일치되어 있었다.

그러나 계서제 상에서의 위치에 따라 개인들의 삶의 조건은 크게 달랐으며, 이는 남녀 모두에게 두루 적용되었다. 봉건적 계서제에서 무사 귀족들은 토지를 분배·재분배하면서 주종 관계를 맺는 한편으로 자기 토지를 예속 농민에게 줌으로써 토지뿐 아니라 토지를 이용하는 농민들에 대한 세습적 지배권까지 행사했는데, 이 지배권에는 토지를 점유한 농민들로부터 지대를 거둘 권리도 포함되어 있었다. 보유농들은 토지 없는 노동자들에게 노동력을 제공받는 대가로 집터를 마련해주거나 일부 토지를 토지가 없는 제삼자에게 빌려주기도 했다. 그리하여 토지를 토대로 요구와 반대 요구의 피라미드형 조직이 이루어졌으며, 농민은 그 위

계 조직의 가장 밑바닥에서 지대를 지불하며 살아가야 했다.[74]

중세 여성들의 삶에서 가장 특징적인 것은 그들이 언제나 그리고 어디에서나 가족 경제의 관리에서 상당한 중요성을 가지고 있었다는 점이다. 가족 경제의 규모와 범위는 물론 계급에 따라 달랐지만 공적 영역과 사적 영역의 분리가 미약했던 봉건사회에서 가족 경제에 대한 여성의 중요성은 상당히 큰 것이었다.

귀부인들

프랑크 왕국의 왕비들 가운데는 지위를 이용해서 정치사의 주인공 역할을 수행한 여성들도 있었다. 메로빙거 왕조의 브룬힐트는 아들과 손자의 섭정으로서 권력을 잡고 귀족들 사이의 내분을 조정하며 자신이 원하는 사람을 주교로 임명했다. 또한 자신의 인맥을 통해 영토를 확장한 후 여러 지역을 통치했으며, 왕실 성인인 성 마르티니아누스의 교회를 설립해 왕실의 영향력을 확대하고 중세사회 교화에 일조했다. 그녀는 상쟁하던 두 분국을 통일시키는 데 성공했으나 권력 투쟁의 와중에 비극적으로 처형되었다.[75]

브룬힐트처럼 남성들의 영역이었던 왕국의 통치에서 남성 못지않은 정치 감각과 통치력을 발휘할 기회를 가졌던 극소수의 여성을 제외하면, 대부분의 귀부인은 남편의 장원에서 각자의 역할을 수행했다.

성직자들은 귀족 여성들이 기도문과 수신서를 읽고 기본적인 교의를 배울 수 있도록 어느 정도는 교육 받을 수 있기를 원했다. 덕분에 귀족 여성들은 자녀를 가르치거나 장원 문서를 읽을 수도 있게 되었다.

왕실 및 귀족들의 장원에서 실제로 장원 경제의 관리를 주로 맡았던 것은 여성들이었다. 카롤링거 왕조의 왕비들은 왕이 "가내나 궁전의 걱정거리"의 짐을 덜고 모든 주의를 "전 왕국의 사정"에 기울일 수 있도록 무거운 책임을 떠맡았다. 왕실 회계관은 왕비 관할 하에 있었으며, 왕비는 국고를 비축하고 기사들에게 봉급에 해당하는 선물을 지불했으며 왕권이 미치는 영지 Palatine honestas를 확보했다.[76] 귀족들의 대토지에서도 남성들은 왕의 바쁜 신하였기 때문에, 또는 끊임없는 전쟁과 더딘 커뮤니케이션 등으로 불가피하게 자주 장원을 비워야 했고,[77] 또 여성들 자신이 일정한 재산권을 가지고 있었기 때문에 여성들의 경제적 역할은 중요했다. 그들은 남편의 대리인으로서, 때로는 독립적으로 장원 관리인의 도움을 받아 장원을 관리했다. 기사들에게 봉급이나 토지를 지불하고 직영지 농민을 감독했으며, 영주가 포로로 잡혔을 때 몸값을 모으기도 했다. 소규모 영지에서도 여성들은 토지를 대여하고 지대를 거두고 장원 관리인으로부터 보고를 듣고 잉여생산물을 시장에 내보내는 등의 일을 맡아 했다. 남편이 집에 있을 때조차 귀족 여성들의 경제적 역할의 중요성은 크게 줄지 않았으며, 하인들과 하녀들을 고용·관리함으로써 가정이 필요로 하는 수많은 일들도 아울러 수행했다.

여성들의 일은 장원 경제의 관리자 역할로 끝나지 않았다. 대귀족 여성 가운데는 법이나 통념과는 달리 봉토 상속 덕분에 로마나 게르만 사회의 여성, 그리고 20세기 이전의 근대 서구 여성이 누리지 못했던 통치권을 행사하고 공적 권위를 가졌던 여성도 있었다.

봉토는 본래 전사에게 군사적 봉사의 대가로 주는 것이었고 다양한 수준의 지배 권한과 관련되어 있는 것이어서 여성에게는 상속되기 어려운 것이었다. 그러나 11세기에 이르면 세습 가능한 재산으로 여성에게도 상속~양도될 수 있게 되었다. 9세기 중앙권력의 약화 과정에서 공직까지도 봉封이 되었으며, 여성은 공직도 상속받았다.[78] 그리하여 지배권이 딸린 봉토의 상속녀는 영지를 통치하고 다른 가신들과 더불어 봉건회의에 참가하고 가신들의 봉건회의를 주재해서 재판·입법을 하거나 정치적·경제적 문제들을 논의했다.

뿐만 아니라 봉토를 유증할 수도 있었다. 예컨대 1172년부터 1361년 사이 샹파뉴Champagne와 브리Brie의 백작들의 가신 명부

사냥에 나선 귀족 여성. 전쟁과 사냥으로 자주 성을 비우는 남편을 대신해 자식의 문자 교육부터 장원 관리에 이르기까지 많은 역할을 수행했으며 때로는 사냥에 직접 따라나서기도 했다.

는 여성의 봉토 소유와 양도 방식 모두에 대해서 기록하고 있으며, 여성들이 백작에게 충성 선서까지 하고 남성들 가운데 일부는 어머니로부터 상속받기도 했음을 보여준다.[79] 결혼 기간 동안 남편이 아내의 재산을 비롯한 부부 재산의 관리를 책임지고, 그 재산으로부터의 수입을 공유하며, 단지 아내 재산에 손해만 입히지 않으면 되도록 규정했던 당시의 결혼법에도 불구하고, 봉토 상속녀들은 결혼 후에도 권위를 빼앗기지 않았던 것으로 보인다.[80]

귀족 여성들은 귀족 남성들과 더불어 성직의 배치와 보호에 참여하기도 했다. 이 특권은 통치체계가 미비했던 게르만 왕국 시기(500년~750년)나 카롤링거 왕조 붕괴 후 가문이 중요해지고 영주들이 정치적 독립권을 행사하게 되면서 여성들도 대토지와 가계의 힘을 이용해서 다시 공권과 정치적 영향력을 행사할 수 있게 된 10세기와 11세기에 특히 두드러졌다(한편 카롤링거 왕조는 통치체계를 정비하면서 여성들에게 재산권을 인정해주는 대신에 그들의 권력 소지를 금지했다).

수녀와 여성 신학자들

귀족과 도시민 가운데 일부는 수녀가 되었다.[81] 그들은 수도원 제도가 성립되던 시기에 남성과 똑같이 미개간 지역에 수도원을 세우는 일에 기여했으며, 12세기 이후 새 교단의 수도원과 나란히 새로운 수녀원을 성립시켰다. 그리고 똑같이 지식을 보존했으며, 교육도 맡았다. 중세 초 영국과 프랑스의 가장 일반적인 형태의 수도원은 혼합 수도원[82]이었는데, 여기서 수녀들은 수도사들과 더불어 교육과 수도사 양성에 기여했다. 수녀원의 경우도 소년과 소녀 모두를 가르쳤는데, 학생들은 귀족이나 부유 시민의 자녀들에 한정되어 있었다. 수녀들은 수도사들과 마찬가지로 기도와 찬송에 대부분의 시간을 바쳤으며, 빈민에게 보시하

젊은 수도승들에게 기하학을 가르치는 여성. 14세기 전반의 유클리드 기하학 책의 삽화 가운데 하나이다. 이러한 직업의 여성은 특별한 경우이긴 하나 아주 없는 것은 아니었다.

거나 환자를 간호하기도 했다. 수서를 필사하는 것도 그들의 업무 중 하나였다.

교회법에 따라서 수녀들은 설교권과 집례권을 행사하지 못했고, 수녀의 허원許願을 받아들이거나 고백을 들을 수도 없었다. 교단의 고위 수녀들과 더불어 수도사 회의에 참가할 수도, 수녀들의 교단 입문을 수락하는 예전을 주재할 수도 없었다.[83] 수녀원장은 단지 수녀들에 대한 통솔권, 즉 수녀들로 하여금 규칙을 지키게 하고 그들을 징계할 수 있는 권한을 가지고 있었을 뿐이다.

단, 영지 소유자로서의 여성 수도원장들은 세속인과 똑같이 토지를 경작하는 농민들에 대해 봉건적 권리뿐 아니라 영주권과 통치권을 행사할 수 있었다. 영주권을 가진 경우 자기 영지의 세속법정을 주관하기도 했다. 세속적인 권한뿐 아니라 교구의 조직 부문에서 상당한 권력을 지닌 여성들도 있었는데, 교구의 교회회의를 소집하고, 성직록을 분배하고, 교구와 수녀원 내의 성직자 임명을 승인했으며, 수녀원에 속한 교회가 십일조를 바치도록 했다. 이 같은 권한은 거대하고 풍족한 수녀원의 원장에게 부여된 것으로, 교회법의 테두리를 벗어나는 것이 아니었다. 수녀들, 수녀원의 예배를 집전하는 성직자들, 남녀 하인들, 평수녀들 모두 수녀원에서 거주하는 동안 수녀원장의 관할권 아래 있어야 했다.[84]

이와 같은 제약들에도 불구하고 일부 여성들은 기독교 사회에서 상당한 영향력을 발휘했다. 수많은 여성들이 종교적 대의를 위해 헌신하고 개혁에 참여했으며, 순교자와 성인으로서 인정을 받았다. 수도 공동체에 살았던 여성들 가운데는 신학적 담론과 신학 작품을 남긴 신학자들도 있었다. 그들은 신과 인간에 대한 그들 나름의 해석을 제시했다.

12세기에 살았던 빙엔의 힐데가르트Hildegardis Bingensis는 교회 개혁에 대한 그 나름의 신학적 담론을 마련했으며, 성경 주해, 설교, 묵시 문학, 드라마 등 수많은 작품을 남기는 한편, 설교 여

힐데가르트가 그린 우주와 인간 신의 관계에 대한 그림. 힐데가르트는 성직자뿐만 아니라 많은 사람들이 신의 계시를 알 수 있도록 그림을 그려 표현하였다.

행을 하고 남성 성직자들과 서신을 주고받았다. 그녀는 수녀원장, 행정가로서도 활약했으며, 자연과학과 철학적 주제에 대해서도 박학다식했다. 그러나 그녀는 여성의 권리나 평등을 확보하기 위해 투쟁을 벌이지는 않았으며 당대의 여성차별 관념을 그대로 수용하였다.[85]

11세기 후반 그레고리우스 개혁으로 새로운 사회 분위기 조성을 주도했던 교회는 여성의 역할 제한을 시도했다.[86] 개혁의 완성으로 교회에 대한 귀족 여성들의 영향력은 박탈되었으며 수녀원의 중요성은 약화되었다. 또한 개혁을 계기로 수도사와 수녀 모두를 여성이 관리했던 혼합 수도원들이 급격히 줄기 시작했는데, 성모 마리아의 역할에 대해 관심이 모아지고 성모의 모습을 한 수녀가 칭송되기 시작한 것이 바로 이 시기의 일이다.[87]

12세기 들어 국가와 교회에 새롭게 집권화된 제도들이 확립되면서 상층 계급 여성들이 누렸던 정치적, 경제적, 종교적 영향력은 위축되기 시작했다. 군주권의 단계적인 성장과 집권화는 대가계가 가지고 있었던 특권을 박탈함으로써 귀족들의 정치적 영향력을 약화시키고 새로운 전문적 관료 집단을 만들어냈다.[88] 이 과정에서 귀족 남성들은 여성들을 배제시키면서 부르주아와 더불어 관료가 되었다. 12세기 이후 대학, 성당 부속학교, 도미니크 교단이 설립한 학교들에서 여성들의 고등교육이 금지된 것

또한 여성이 전문적인 관료가 될 수 없도록 만들었다.

군주들의 집권화 정책으로 여성들의 봉토 상속도 금지되기 시작했다. 군주들은 왕령지의 모계 상속을 금지하기 위해 프랑스의 살리법을 찾아내고,[89] 실제로 여성들의 봉토 상속을 금하기도 했다. 대가계도 세습 재산의 분할과 양도로 자신들의 권력이 붕괴되는 것을 막기 위해 여성 상속을 배제하려 했다.[90]

교회의 집권화와 계서제가 강화됨으로써 수녀원장의 권한은 엄격한 감독을 받기 시작했으며, 여성 수도원장이 남성 수도사들에 대해 일정한 권한을 가지는 것도 용납되기 어려웠다. 그리하여 중세 후기에 이르면 상층 계급 여성들은 사회적 기능의 동료로서나 종교적 영감의 원천으로서의 중요성을 점차 잃어가고 만다.

여성의 자율성이 잘 나타났던 것은 차라리 중세 말까지 계속된 이단 운동에서였다. 이단 운동에 가담한 계층은 비교적 다양하며, 어떤 이단 분파에서는 여성들에게 설교권과 집례권까지 부여했다. 가톨릭 저자들이 이단 운동을 방탕하다고 비난했지만 참여자들의 동기는 교회 개혁의 정신 같은 것이었다. 발도파 운동은 청빈과 사도를 본받는 삶을 실현하기 위해 시작되었으나, 일부 일탈적인 교의를 채택하고 신약성서를 문자 그대로 해석하면서 이단 운동으로 발전했다.

발도파 공동체에서 여성의 권리가 확대된 이유는 신약성서를 근거로 여성을 포함한 모든 신자의 영적 평등성을 강조한 데다, 박해당하는 공동체로서 모든 구성원이 비교적 평등했기 때문이다. 14세기에 몇몇 발도파 공동체들은 제도화 과정에서 여성의 설교권과 교회에서 집례할 권리를 박탈해버렸다. 이단 운동에서 변화와 개혁을 갈망하고 그 대가로 박해를 받던 시기에 나타난 여성의 권리는 제도화와 더불어 박해가 사라지면서 그 권리도 사라지고 말았던 것이다.[91]

농민 여성들

농민 여성 중에서 교육을 받은 예는 알려진 바가 없다. 도시 남성이나 귀족 남성과 달리 대다수의 남성들도 교육받지 못했기 때문에 교육의 기회가 농민 남녀 사이의 차별을 크게 강화하지는 않았다.

   농민 여성들의 삶의 핵심은 생산자로서의 역할이었다. 그들은 가정과 사적인 가사노동에만 전념할 수가 없었다. 남성들과 더불어 거름을 만들어 밭에 내는 일, 파종, 건초 만들기, 잡초 뽑기, 채소 가꾸기, 수확, 겨우살이 준비 등 모든 들일을 했으며, 쟁기질을 보조하기도 하고 남성들과 가내 부업을 함께 하기도 했다. 이에 더해 전통적으로 여성의 일로 간주되어온 육아, 가사노동, 옷감 짜기와 같은 일도 했다. 자기 명의의 보유지를 가진 과부와

밭에서 일하는 농민 여성. 농민 여성들은 가족의 생계유지를 위해 육아, 집안일, 바깥일에 부역노동까지 참여하는 중세에서 가장 바쁘고 고단한 삶을 사는 집단이었다. 그 고달픔 덕분에 그녀들은 농민 남성에 대해 상대적인 평등을 누리기도 했다.

미혼 여성들은 토지를 보유한 대가로 직접 혹은 타인을 고용해서 부역을 바치고 파종 때와 추수 때에 특별 부역에 참가하고 달걀, 어린 암탉, 화폐 등을 매년 바쳤다. 이들의 삶은 남성 농노나 자유농민의 아내보다 결코 덜 힘들지 않았으며, 때로는 더 힘들었으리라 추측된다.[92]

그러나 농민 여성들의 삶이 일률적이었던 것은 아니다. 그들 간의 차이는 남성들에게서와 마찬가지로 보유지의 등급에서 비롯되었다. 영국 장원의 경우 공동 경작지에 30에이커, 때로는 60에이커를 가진 소위 '농민 귀족'으로부터 10~15에이커에 만족해야 했던 사람들, 그 밑에서 근근이 생계를 이어가는 오두막살이 농민들과 1~2에이커만을 가진 비참한 농민에 이르기까지 다양한 농민들이 존재했다. 보유지 규모의 차이는 농민들의 물질생활 수준의 차이와 토지 보유의 대가로 지불해야 할 지대 및 봉사 의무의 차이를 가져왔으며, 이것 또한 여성들 사이의 생계 유지 방식과 역할의 차이를 결정지었다. 30에이커를 보유한 농민이라면 그런대로 풍년이 들 경우 어렵지 않게 충분한 곡식과 가축을 생산해내고 판매나 교환을 위해 그것들 중 일부를 남겨 놓을 수도 있었을 것이며, 영주에 대한 의무 수행을 위해 장원 내의 가난한 사람들을 고용했을 것이다. 그러나 그 같은 '전형적'인 농노의 수는 많지 않았으며, 모든 장원에는 소토지만을 보유한 많은 곤궁한 농민들이 있었다.

그들 소농민 남녀는 생계 보조를 위해 넓은 보유지를 가진 농민에게 고용되기도 했고, 영주에 고용되어 끊임없이 허드렛일을 해야 했다. 그러면서도 그들은 《쟁기꾼 피어즈》[93]의 가난한 사람들처럼 굶주림과 비통의 겨울을 겪어야 했다. 가족의 삶에서 여성의 중요성은 사회적 지위가 낮고 빈곤할수록 더욱 컸다.

도시 여성들

도시 여성들도 농민 여성들과 마찬가지로 복합적인 집단이었다.

유족한 시민 계층의 딸들, 수공업자 길드 회원의 딸들이나 소상인 딸들만이 교육을 받았다. 하층 계급의 경우는 남녀 모두 교육을 받지 못했다.[94]

가장 부유한 여성들은 대개 생산과정에서 빠져 있었다. 해외무역에 참가했던 여성들은 거의 다 남편의 사업을 물려받은 과부들이었고, 미혼 여성이나 기혼 여성이 무역이나 도매 거래에 참가했다면 그것은 분명히 예외적인 일이었다.[95] 대상인의 아내에게는 취업 기회도 부여되지 않았고 원거리 무역의 특성상 도움을 요청받지도 않았을 것이다.

그러나 대상인 길드 여자 회원에 관한 기록이 발견되지 않는 더 큰 이유는, 대상인 길드가 도시에서의 정치 참여 특권까지 가지고 있었던 만큼, 애초 여성을 정책적으로 배제했기 때문이었으리라 추측된다. 대상인 길드는 사실상 도시 권력의 핵심이었고, 몇몇 도시에서는 시 의회로서 기능하기도 했다. 전사로서 불가피하게 여성의 사회적 역할을 어느 정도 허용해야만 했던 귀족들과는 달리, 도시의 지배 계급과 관료 집단은 여성이 정치적 영역에서 공적 영역에 접근하는 것을 막기 위해 길드 가입을 금지시켰고, 일자리도 주지 않았다.

더러는 여성들이 무역에 참여한 도시도 있었다. 원거리 무역이 발달했던 이탈리아의 도시 라구사_Ragusa_가 그런 경우이다. 라구사의 성문법은 여러 가지로 여성들이 사업에 참여할 수 없도록 제한하고 있었다.⁹⁶ 그래서 법적으로 귀족 여성들은 베니스의 여성들과 마찬가지로 "사회의 단순한 장식물로서 그들의 남편이나 아버지의 상업적 성공의 값비싸고 이국적인 상징물로서" 존재했다. 그런데 법에 어긋나게도 상인 귀족들은 때때로 무역 독점을 위해 여성들을 사업에 동원했다. 라구사의 대 가문의 하나로 사치품, 특히 발칸 내륙의 귀금속 무역을 취급했던 멘체 가문의 여성들이 좋은 예이다. 과부였던 보니에 Bonie 는 사업에 관여했으며, 1320년대 당시 법정에 나가 남편의 친척이 토지 개간으로 진 빚을 갚았다.⁹⁷

  이런 일이 가능했던 것은 낯선 가문의 남성들과 동업하기보다는 가문 내 여성들의 도움을 얻어 무역을 독점하려 했던 도시 귀족 계급의 편익 추구의 결과였다. 그렇게 때로는 여성이 공적인 책임을 질 수 없도록 규정했던 법적 조항들이 무시될 수도 있었던 것이다.⁹⁸

  이런 드문 경우를 제외하면 대부분의 상층 시민 여성들의 역할은 가사에 국한되어 있었다. 육아는 유모의 몫이었고, 그들의 역할은 정원 가꾸기, 과일 재배 등의 집안일을 잘 해내는 것이었다. 임시로 일꾼을 고용하는 일, 상인 접대, 하인들을 관리하고 돌보는 일도 그녀들의 몫이었다.⁹⁹

반면에 수공업자와 상인 여성들의 경제적 역할은 절대적이었다. 그들은 빵을 위해 일거리를 찾아야만 했다. 독자적으로 또는 남편을 도와서 집을 임대하고, 여관을 경영하고, 소상인으로서 시장과 정기시定期市에서 장사를 했다. 당시 시장에 시끌시끌함과 활기를 가져다준 것이 바로 이들이었다. 이들은 미혼이건 기혼이건 혹은 과부이건 간에 독립 여성으로서 독자적으로 소송을 제기하고 소송을 당하기도 했는데, 이러한 법적 독립은 중세 유럽의 모든 도시에서 인정되었다. 아내의 법적 독립은 아내의 장사 결과에 대한 책임을 지지 않기를 원했던 남편들에게 유리한 것이었다.[100]

수공업에서는 여성이 거의 모든 직종에 참여했다. 그들 중 일부는 수공업자의 딸, 아내로서 가족 작업장에서 일을 배운 후 다양한 직업에 종사했으며, 일부는 과부로서 남편의 일을 계속 이어 나갔다. 또는 여성 수공업자의 도제로서 어린 시절 기술을 배운 후 계속 일하기도 했다. 13세기 후반에 부알로Etienne Boileau가 저술한 수공업 책자에 따르면, 여성들은 파리의 100가지 수공업 가운데서 남성과 함께 80가지에 종사하고 있었으며,[101] 비단실 잣기, 금사 제조, 장식 지갑 제조 등 최소한 5가지 직업은 여성만으로 조직된 길드가 독점하고 있었다. 1296년, 1297년, 1313년의 파리 따이유taille 지불대장에 기록된 여성의 직업도 광범위하다.

이 자료에 따르면 여성들은 독립적으로 자신의 직업에 종사하고 세금을 냈다. 단, 남편을 도와서 일을 한 여성들은 이 문서에 나타나지 않았는데, 그것은 남편이 세금을 지불했기 때문이다.

여성들이 수공업자로서, 상인으로서, 생산과 유통에서 중요한 역할을 했다고 해서 여성 노동에 대한 반감이나 낮은 평가, 성별 분업 따위가 없었던 것은 아니다. 여성은 남성들처럼 자유롭게 직업을 선택할 수 없었는데, 이는 무엇보다도 길드의 제약 때문이었다. 어떤 길드는 여성을 아예 거부했으며, 여성 가입을 제한한 길드도 있었다. 여성 노동이 가능했던 길드에서도 여성의 임금은 남성에 비해 낮았다.[102] 어떤 길드는 조합원의 미망인 외에는 기혼·미혼 여성 모두의 참여를 금지했다. 여성들은 도제를 훈련시키거나 도제로서 새로운 기술을 배우는 데서도 규제를 받았다. 특히 영국의 길드는 여성에 대해서 배타적이었는데, 수공업 길드에서 여성은 대부분 완전한 회원으로 인정되지 않았다. 거의 전적으로 여성으로 유지되었던 비단 제조업에서도 여성 길드의 흔적은 남아 있지 않다.[103] 남성들이 대체로 한 가지 직업에만 종사할 수 있었던 데 반해 여성들은 길드의 배타성과 노동시장에서의 불리함으로 인해 부업으로 이 일 저 일을 하고 여타 임금노동으로 수입을 보충해야 했다.

도시에도 농촌처럼 하인과 여성으로서 이중적 예속 상태에 놓

중세의 도시 여성. 도시민들은 길드를 폐쇄적으로 운영하며 타인보다는 집안의 여성들을 참여시켜 재산을 지키고자 했다.

여 있던 하녀들이 있었는데, 그 수가 유난히 많았다. 임금은 아주 낮아서 수공업자들까지도 하녀를 두었다. 하녀는 주변의 농촌에서 모여든 많은 소녀들로 충원되었는데, 하녀의 임금이 대부분의 도시 노동자들보다는 낮았지만 농업 노동자들보다는 비교적 높았기 때문이다.

도시사회 피라미드의 최하층부에는 매춘부들이 존재했다. 아우구스티누스의 입장에 충실하게도 중세사회는 매춘을 합법화했으나 경멸스럽고 열등한 직업으로 간주했다.[104] 여성들이 중세 중기와 후기에 매춘부가 되어야만 했던 원인은 다른 여러 시대와 마찬가지로 빈곤이나 뚜쟁이들의 농간 때문이었다. 가족과 동거하지 않는 일부 노동 여성과 부가 수입이 필요했던 기혼 여성들이 매춘을 하기도 했다.

도시의 여성노동자들은 이처럼 하나의 거대한 주변부 집단을 이루고 있었으므로 경제적 위기가 닥치면 가장 먼저 일자리를 잃었다. 여성에게 비교적 개방적이었던 프랑스의 길드들도 14세기의 봉건적 위기 때는 여성을 거부했으며, 여성 고용도 급격히 줄어들었다. 여성들의 실업은 여성들의 가내 지위뿐 아니라 사회적 입지도 약화시켰으며, 그러한 추세는 경제적으로 위축된 르네상스기에 더욱 심화되었다.[105] 17, 18세기의 이행기에 이르면 가사 이외의 영역에서의 역할은 현저히 줄어들게 된다.[106]

일자리에 대한 제약 속에서도 도시 경제와 가족 생계에 대한 여성들의 공헌은 절대적인 것이었다. 바로 그러한 점이 도시의 노동 여성들에게 많은 실제적 평등, 상당한 자신감과 활동의 자유, 수공업자와 소상인 길드에서의 중요한 위치, 독립 여성의 법적 독립 등을 가져다준 요인이 되었을 것이다.

귀족여성과 수녀들의 경제적·공적 역할이 계급 내에서의 남녀평등을 가져다주지 못했듯이, 도시와 농촌의 여성들이 생산노동에 참여한 것이 곧 그들에게 남성과 동등한 지위를 가져다주지는 못했다. 따라서 계급사회에서 여성들이 종속적이고 공헌이 미미했던 것은 사회적 생산 노동으로부터 배제되어 가사노동에 머물러 있었기 때문이라는 엥겔스의 주장은 봉건사회 여성들의 종속의 원인에 대해 충분히 설명해주지 못한다. 봉건사회 영국 농민들 사이의 성별 분업을 분석해 농민 여성 종속의 원인에 대한 정교한 해명을 시도한 미들턴Middleton의 연구는 여성 억압의 결정적 메커니즘이 무엇인가에 대해 시사해준다.[107] 그는 서구 사회가 자본제로 이행하는 17세기에 들어서 여성들이 많은 직종, 기술, 직업으로부터 배제되게 되었지만, 이미 그 이전인 중세시대에서도 성별 분업이 진전되어왔다고 전제한다. 그리고 잉여 생산과 필요 노동의 분할, 전업화, 가사노동과 비가사노동 사이의 구분이라는 세 가지 측면에서 성별 분업을 검토한다.

지대가 노역으로 지불되거나 강제적인 고용으로 잉여 수취가 이루어질 경우, 잉여 노동과 필요 노동의 공간이 분리됨으로 인해 직영지에서의 노동은 금방 확인될 수 있었다. 이는 곧 잉여 노동과 가정에 대한 의무라는 보다 철저한 성별 분업을 낳았다. 이와 같이 잉여 노동과 생계 노동의 분리가 성별 분업을 가능하게 하면서 잉여 생산에는 주로 남성들이 참여했고, 여성들은 여기서 의도적으로 배제되었다는 것이다.[108]

반면 화폐로 지대를 지불할 경우 잉여 노동과 필요 노동의 구분은 불가능했으며 여성들은 경작과 가내 부업 모두에 중요한 기여를 했다. 농업, 가축 사육, 부업 모두에서 전업화가 나타나고 성별 분업의 경향이 생겼지만 그 같은 분리는 배타적이지 않았으며, 잉여 노동에 대한 남녀 각각의 기여에 어떤 영향도 미치지 않았다.

그러나 지대의 금납화가 더 본격화되고 영주의 다양한 요구에 상응해 전문적 수공업자, 영지의 상주 하인, 계절노동자의 임금 노동이 지속적으로 필요해지자 사정은 달라졌다. 영지의 전업화 과정에서 여성은 배제되어 전문적 수공업자로서의 대장장이, 목수, 개초장이의 거의 대부분은 남자였다. 영지 하인이나 계절노동자의 경우에도 토지 없는 농민, 오두막살이 농민, 상속받지 못한 자식들이 고용됐고 여성의 경우는 지참금이나 과부산이 없는 가난한 여성들 정도였다.[109] 상주 하인 고용에 있어서도 성에 따른 분업과 차별이 분명히 드러나 여성이 고용될 경우 대체로 가사 일에 국한되었고, 빈곤한 여성들조차 정규직으로, 또 하루 종일 고용되는 일이 드물었다.

이상의 논의를 통해서 미들턴은 다음과 같은 결론을 제시한다. 여성들이 경제적으로 많은 기여를 했음에도 불구하고 남성에 대해 종속적 위치에 놓이게 된 것은 봉건 지대가 사회 구조의 주춧돌이었던 봉건사회에서 지대 지불을 위한 잉여 생산 부분을 남성이 차지했기 때문이다.[110]

자신의 삶을 바꿔나간 중세 여성들

봉건사회 여성들이 살아간 삶의 모습은 다양했다. 여성들은 지대의 수취자, 자유농민, 지대의 제공자, 장원의 노예, 혹은 독립 수공업자나 대상인~소상인, 매춘부, 하녀로 살았다. 또한 수녀, 신학자, 왕비였으며, 의사나 산파였고 작가였다.

그러나 그들은 남성과 똑같은 지대 수취자나 작가가 아니었다. 다른 사람들이나 제도, 관념과 만나는 다양한 접합점에서 '여성'으로서 살 수 밖에 없었다. 생계 노동, 산파, 의료 시술자, 이단 운동 등 여성들이 상대적으로 자유로웠다는 영역들에서조차 그들은 '여성'으로 간주되었고, 스스로를 여성으로 인식했다. 남성 중심적인 정치적 결정권과 법적 강제력, 종교적 관념, 교육, 가부장제 이데올로기, 그리고 여성 자신의 여러 가지 관념과 태도 등 이 모든 것들이 상호작용하면서 사회 문화적 구조를 이루어 여성들의 삶에 영향을 미쳤다.

중세 여성들은 아주 적극적으로 자신의 삶의 조건과 구조를 바꾸는 일에 참여하기도 했다. 남성의 권력에 맞서기도 했고, 농민반란과 도시 반란에 참여했으며, 종교적 헌신으로 더 높은 영적 상태에 도달하고자 하기도 했다. 재혼보다는 차라리 과부로서의 삶을 선택하기도 했고, 목숨을 지키기 위해 법으로 금지되어 있던 피임을 하기도 했다.

여성의 신체적, 사회적 조건을 보편적 가치와 이상에 대한 통찰로 승화시킨 사람들도 있었다. 크리스틴 드 피장은 전쟁과 그 횡포를 비판하고 전쟁고아와 과부들의 운명에 항거했는데, 이는 남성 작가들로부터는 볼 수 없는 내용이었다. 그녀는 여타 다른 사회문제들에 대해서도 국외자적 입장을 견지한 채 저술 활동을 했다.[111]

중세 여성들이 열등한 존재로서의 자신의 몸을 이용해 환자를 보살피고 금식을 행하고 비천함을 경험함으로써 성취하려 한 것은 해방, 스스로가 자신의 몸의 주체가 되어 비천한 어머니를 통해 하나님에게로 나아가는 것이었다. 여성들은 영혼만이 아닌 육체까지 포함하는 하나님의 이미지를 회복함으로써 남성과 여성이라는 이분법의 해체, 몸과 영혼이라는 이분법의 해체를 이루고자 했다.[112] 자신의 몸과 마음을 통해서 여성은 세계와 하나가 되고자 했던 것이다.

3장
자본주의와 노동, 그리고 가족 속에서
– 근대의 여성들

근대란 무엇인가?

서양의 근대는 정치, 경제, 문화에 있어서 뿐 아니라 인간이 살아가는 일상생활과 개인 간의 상호 관계에 이르기까지 엄청난 변화를 초래했다. 서양 근대가 이루어낸 근대성modernity은 인간 능력에 있어서의 꾸준한 진보의 과정, 즉 인간이 스스로에게 주어진 물리적, 사회적, 문화적 환경을 그 자신의 이익을 위해 자유자재로 조정하고 통제할 수 있는 능력의 향상을 의미하는 것이었다. 그래서 오랫동안 근대는 인류에게 '장밋빛 미래'를 상징했다. 장년층이나 노년 세대가 기억하는 범위에서 '근대화'란 굶주림과 추위의 극복과 물질적 풍요를 의미하는 것이었고, 그 기억이 잔류하는 한 우리에게 근대란 축복으로 비춰질 수밖에 없었다.

그러나 지난 10여 년 사이 우리 사회 담론의 장에서 '근대의 종말'이니 '탈근대'니 하는 용어들이 난무하면서 근대성에 대한 비판의 목소리도 높아지기 시작했다. 서구에서 시작된 근대성 비판의 선두를 달리고 있는 것이 페미니스트와 환경 운동가일 것이다. 이들에게 근대란 여성을 타자화他者化하거나 억압하고 생태계를 파괴하고 빈부 격차를 더욱 넓히는 현실을 은폐하기 위한 신기루에 불과한 것이다. 그러나 앞서 말한 제반 문제에도 불구하고, 여성의 지위에 한정해서는 근대화가 여성의 삶을 향상시켰다는 주장도 제기되고 있다. 여기서 우리는 '여성과 서양 근대'라는 큰 문제를 해명하는, 보기에 따라서는 다소 모험적일 수 있는 시도를 해보고자 한다. 동질적인 집단 내에서의 '차이Difference'가 여기저기서 강조되고 시간적·공간적 맥락의 중요성이 강조되는 최근 역사학의 조류에는 다소 역행하는 듯 보이지만, 역사 교육의 현장에서는 어느 정도 '잘 짜여진 설명틀'을 필요로 하고 있다. 이러한 문제의식에서 출발하여 우리는 구체적으로 근대성이 여성에게 가져다준 실제적 효과를 냉정하게 짚어보고, 이를 통해서 서양 근대가 지닌 역사적 의미를 역으로 반추해볼 것이다.

그렇다면 근대성이란 무엇인가? 일상적인 수준에서 지금까지 근대는 근대화로, 그리고 근대화는 공업화로 조야하게 이해되어 왔고, 그런 의미에서 우리의 현대사는 근대화를 공업화로 이해하면서 거기에 첨가되어야 할 플러스 알파를 도외시한 시행착오의 역사였다고 할 수 있다. 에릭 홉스봄은 《혁명의 시대》를 통해 근대를 이중 혁명, 산업 혁명과 민주주의 혁명의 과정으로 설명하고 있다. 확실히 근대란 안정적이면서도 장기적인 사회 문화적 구성을 이루어내는 다양한 분야에서의 변화 요인들을 총합하는 것이다.[1] 이는 구체적으로,

1) 생산 체계가 산업화되는 것, 즉 직업에서의 전문화와 생산에서의 전문화와 기계화가 진행되고,

2) 개인 간의 관계가 합리화되거나 계산적인 것이 되는 비중이 높아지고,

3) 인간 노동을 포함한 신체적, 사회적 대상이 시장에서 교환될 수 있는 상품으로 간주되고,

4) 국가의 통제가 사적인 성격을 지니기보다는 사회적 역할에 의해 전문화되고,

5) 개인들은 국가에 대해서 시민권을 주장할 수 있고,

6) 합법성과 책임의 일차적인 소재는 개별 인간에 두어지게 되었고,

7) 개개인 서로에 대해서 혹은 사회생활에 대해서 문화나 가치의 영역들이 자율화되고,

8) 가족, 학교, 정부, 기업, 교회, 민간 단체 등의 사회적 단위들은 서로를 분리하거나 서로를 구별하거나 차별화하기 시작하는 과정이다.[2]

그렇다면 근대는 언제 시작된 것인가? 근대의 기점을 둘러싼 논쟁은 매우 복잡해서 여기서 일일이 다루기는 어렵다. 그러나 임노동의 관철, 기독교로부터의 해방과 세속화, 개인주의, 가정과 직장의 분리, 전문화로 집약되는 근대성의 관철을 설명하려면, 적어도 역사가들은 자본주의로의 이행, 르네상스, 종교개혁 그리고 3대 시민 혁명을 통해 설명할 수밖에 없다.[3] 이 글은 상기한 역사적 발전 과정이 여성의 일상생활, 가족, 성, 사회적 담론에 끼친 영향을 구명하고, 나아가 이에 대한 여성의 집단적 대응을 분석하는 작업을 통해 근대성과 여성의 관계를 개괄적으로 검토하고자 한다.

악화와 개선 사이에서 – 근대와 여성의 삶

자본주의와 여성 노동

근대 이전의 경제에서 가구家口, household는 생산의 기본 단위였다. 여성은 남성과 함께 생산에 필요한 노동을 했다. 장원에서 여성은 필요한 곡물을 재배하고, 가축을 기르고, 옷감을 짜고, 치즈나 버터, 맥주를 만들었다. 경우에 따라서는 여성의 노동에 의해 만들어진 생산품이 장원과 장원의 경계에서 교환되거나 인근 시장에서 판매되기도 했지만, 기본적으로 장원에 토대를 둔 중세 사회는 자급자족의 사회였다. 도시와 농촌에서 임금을 받고 일하는 노동자가 없지는 않았으나, 이들은 모두 가구를 단위로 한 생산 단위에 종속되어 있었다. 경제의 토대가 '가구'였다는 사실은 한 사람의 노동 가치를 평가하는 데 있어서 임금이 중요한 기준이 아니었음을 의미한다. 또한 협업의 중요성이 강조되는 공동체 사회였음도 짐작할 수 있다. 여성들은 어머니나 다른 나이든 여성으로부터 생활에 필요한 기술과 지혜를 익히고, 여성들에게 할당된 일에 종사했다.[4]

귀족의 경우에도 가족 경제에서 차지하는 여성의 비중이 작지 않았다. 귀족 남성들은 끊임없는 전쟁과 더딘 의사소통의 망으로 인해 자주 장원을 비워야 했고, 귀족 여성들은 남편을 대신해서, 때로는 독립적인 장원 관리인의 도움을 받으면서 장원을 관리했다. 특히 중세사회에서 여성은 지참금 제도를 통해 일정한 재산권을 지닐 수 있었기 때문에, 여자들의 경제적 역할은 중요한 것이었다. 귀족 여성은 기사들에게 봉급을 지불하거나 토지를 하사하고 직영지 농민을 감독하고, 지대를 거두고, 잉여 생산물을 시장에 내다 파는 등의 일을 처리했다. 영주가 포로로 잡혔을 경우에는 몸값을 모으기도 했다. 그 외에도 귀족 여성에게 부여된 또 다른 중요한 과제는 자녀들을 교육시키는 일이었다. 마찬가지로 중세 초기에 여성들은 미개간 지역에 수녀원을 세우는 일을 통해 농민의 교육이나 농업 기술의 확산에도 적지 않은 영향을 행사했다.[5]

중세사회를 전체적으로 바라보자면, 가구 단위의 가족 경제에서 여성의 역할은 매우 중요했다. 가족의 삶에서 여성 노동이 지니는 중요성은 사회적 지위가 낮고 빈곤할수록 더욱 컸다. 마찬가지로 생산력이 낮은 사회일수록, 그래서 전 구성원이 생계를 위한 노동력에 매달려야 하는 사회일수록 여성 노동이 지니는 비중은 컸던 것이다. 물론 길드의 조직체계에 토대를 둔 수공업이나 상업 부문에서 여성 노동에 대한 적대감이나 낮은 평가 혹은 성별 분업이 없었던 것은 아니지만, 다른 시대에 비교하자면 중세 사회에서 여성 노동은 훨씬 높게 평가되었던 셈이다.

그러나 중세 말기에 이르러 수공업에 가해졌던 통제가 완화되고 농촌으로까지 수공업이 확산되면서, 생산의 일차적인 목적은 가구의 소비를 위한 필요가 아닌 이윤 확대에 두어지기 시작했다. 이에 따라 가구를 단위로 한 생산보다는 더 많은 자본을 소유한 사람이 직접 노동자를 고용하는 관행이 지배적으로 되어갔다. 이윤을 축적하기 위한 생산과 함께 수공업과 상업에서 자본주의적 성격이 강화되면서 일어난 변화 중 중요한 것은 전문화와 세분화였고, 이는 여성이 전담하는 생산 영역에서조차 여성을 축출하는 방향으로 작용했다. 그 좋은 예가 양조업일 것이다. 원래 여성이 주도하던 양조업은 소규모이고 수입이 낮았다. 에일$_{ale}$(맥주의 일종)은 쉽게 변질되기 때문에 대규모의 전문화된 사업이 되지 못했고, 기술 축적이 이루어지지도 않았다. 생산 도구 역시 여성이 늘 사용하던 것이었기에 큰 투자가 필요하지도 않았다. 그러나 14세기부터 에일의 변질을 막아주는 홉이 첨가되기 시작하면서 양조업은 전문화되기 시작했고, 17세기 말에 가면 양조업이 농업자본주의의 토대를 이루게 된다. 여성은 에일 제조에서 축출되거나, 에일 판매자가 되거나, 양조공장의 저임금 단순 노동자가 되는 등의 변화를 겪게 되었다.[6]

여성은 자신이 담당했던 생산 영역으로부터의 축출뿐 아니라 노동의 성격 자체에서도 변화를 경험하게 되었다. 중세 이래 여성 노동의 변화를 엘리스 클라크는 가내 산업domestic industry, 가족 산업family industry, 자본주의 산업capitalist industry의 세 단계로 설명한다. 가내 산업은 자급자족의 경제로서 생산이 한 가구 내에서 완결적으로 이루어지고 생산물도 가족 내에서 모두 소비되었다. 여기에서 가구는 작업장인 동시에 가정이었고, 남편과 아내는 동등하게 가구 경제에 기여했으며, 가사와 그 운영 기술은 가족의 생존에 절대적인 것이었다. 두 번째 단계인 가족 산업에서 가족 구성원들은 임금을 위한 노동에 종사했지만, 노동은 여전히 가구 단위로 이루어지고 남녀는 함께 노동에 참가했다. 이 단계는 상인이 공급한 재료로 자신의 노동 도구를 가지고 노동해서 다시 생산품을 상인에게 돌려주는, 이른바 선대제先貸制 형태였다. 그러나 세 번째 단계인 자본주의 산업에 이르면 생산은 노동력의 집중과 함께 공장에서 이루어지게 되고, 그 결과 가정과 작업장은 분리된다.[7] 함께 일했던 부인은 이전의 생산 단계에서 누렸던 동반자적 관계를 상실하고, 가정으로 후퇴하여 부르주아 가정의 체통을 지키는 과업, 특히 '기생적이고 건강하지 못한' 생활을 치장하는 일에 묶이게 되었다는 것이다.

  그러나 자본주의는 모든 여성을 가정에 안주하도록 내버려두지 않았다. 산업혁명의 영향으로 숙련된 장인 기술은 증기기계와 미숙련 노동에 의해 대체되었다. 기계의 도입은 '숙련도나 근력은 떨어지지만 유연한 몸 동작을 지녔을 뿐 아니라 남성보다 더 순종적인 여성과 아동'의 고용을 유도했다. 영국의 경우 아동 노동이 법적으로 금지되고 방직업종이 기계화되기 시작한 1820년 이후 여성 노동이 본격화되기 시작했다. 그러나 산업혁명이 여성들을 곧바로 공장으로 유인했다기보다는, 생산 비용, 임금, 효율적인 노동 통제의 필요성 등에 따라 임시 방편으로 동원했다고 보는 것이 타당할 것이다. 오직 면 공업 분야만이, 그 당시로서는 예외적으로 종사하는 남녀의 비율이 비슷하고, 같은 기준의 성과급을 받을 수 있었던 분야였다. 따라서 산업화가 빠른 속도로 진행되었던 19세기 동안 대규모 공장에서 일하는 여성 노동자의 비율은 높지 않았다.[8] 그러나 면 공장에서 일어난 변화는 비록 소수의 여성에 한정된 것이었다 할지라도 이후 진행될 여성의 사회 경제적 지위 변화의 향방을 예시하는 것이었다.

　전반적으로 공장 여성 노동자의 지위는 열악했다. 영국 직물 산업의 경우 여성은 5~6세부터 노동을 시작했고, 감독관의 감시 하에 하루 12~13시간의 노동을 해야 했다. 감독관의 구타나 기계에 의한 안전사고도 빈번했다. 산업자본주의하에서는 남녀 노동자 모두가 열악한 노동 조건에서 일했지만, 성별에 따른 노동

석탄을 운반하는 어린 소녀와 마구를 걸치고 광석 운반차를 끄는 젊은 여성. 근대 광산 노동에 아동과 여성이 동원되었다.

의 분화는 여성을 더욱 열악한 지위에 묶어 두었다. 한 공장 내에서도 뚜렷한 성별 작업 분리가 있었고, 심지어는 같은 직업에서도 임금 차가 존재해서, 여성은 남성보다 월등히 낮은 임금을 받았다. 한편 '여성의 천부적 사명은 가정을 지키는 것'이라는 시민계급의 '가정성domesticity' 이데올로기는 여성의 노동이 남성 노동의 보조일 뿐이라는 인식을 파생시켰다.[9]

자본주의 발전의 진척과 함께 여타 직종의 여성들에게서도 변화가 일어났다. 영국의 농업혁명과 함께 소농이 몰락하고 엔클로저enclosure 운동을 통해 자본주의적 농업이 진행되면서, 농업 여성은 임금 노동자로 전환되었다. 더불어서 고된 농업 노동과 성적 학대에 시달리는 경우가 많아졌다. 마찬가지로 광산 노동에도 아동과 여성이 동원되었는데, 산업자본주의의 가장 비참한 현실은 광산에서 잘 드러났다. 1842년 여성과 아동의 광산 노동이 금지되었지만, 실제로 성인 여성은 20세기 초까지도 광산 노동에 종사했다. 가내 공업도 결코 줄어들지 않아서, 유럽에서는 20세기 초까지 오히려 가내 노동이 증가 추세에 있었다. 대규모 공장제로의 전환이 더디었던 프랑스에서는 가내 노동이 여성 노동의 절반을 차지했다. 그러나 19세기에 성행한 가내 노동은 가족 전체가 아닌 여성 노동에만 의존했다는 점에서 근대 초기 경제에서의 가내 공업과는 다른 것이었다. 고용주의 입장에서 보자면 여성의 가내 노동은 낮은 임금과 원료만 제공하면 된다는 이점이 있었고, 여성들의 입장에서도 유연한 노동 시간 관리로 가사와 병행할 수 있었기 때문에 양자의 이해관계가 쉽게 일치했다. 그러나 여기에서는 공장 노동자보다도 더 열악한 극단의 저임금이 통용되었다.[10]

산업화와 자본주의가 여성에게 가져다준 득실에 관해서는 여성사가들 사이에서 서로 상반된 평가들이 나오고 있다. 근대 사회가 여성에게 긍정적인 변화를 가져다주었다고 보는 아이비 핀치벡Ivy Pinchbeck, 도로시 마셜Dorothy Marshall 등은 자본주의와 산업화가 초기에는 여성에게 노동의 기회를 감소시켰지만, 길게 보자면 기계화를 통해 고된 노동의 부담을 줄여주고 고용 기회를 높여주었으며, 공장 노동에 참여했던 여성들이 가정을 벗어나 돈을 벌고 이를 처분할 수 있는 권리를 누리게 해주었다고 본다. 뿐만 아니라 공장 노동은 최소한의 문자 교육이나 직업 교육을 필요로 했던 만큼 여성의 교육 기회를 높이는 데에도 기여했다는 것이다. 이에 비해 중세사가인 아일린 파워Eileen Power나 17세기 사가인 엘리스 클라크Alice Clark는 근대 이전의 사회를 여성들이 폭넓게 경제 활동에 참여하고 그래서 남녀 사이에 '조야하지만 실질적인 평등'이 존재했던 황금시대였다고 주장하고 있다. 그러나 이러한 악화론惡化論에도 문제가 없지는 않다. 우선 근대 이전의 시대는 '황금시대'이기보다는 끊임없는 기아, 질병, 높은 사망률의 공포에 시달린, 그래서 인간의 생존 자체가 끊임없이 위협 당한 사회였다. 여전히 남성이 한 가구의 우두머리로 군림하는 사회에서 과연 여성이 누린 '실질적인 평등'이 무슨 큰 의미를 지닐 수 있었을 것인가에 대해서는 여러모로 논란의 여지가 있다. 따라서 근대에 와서 여성 노동에 대한 대우와 여성의 지위가 이전에 비해 급격히 하락했다는 주장은 타당하지 않다. 그렇다 하더라도 파워나 클라크의 주장은 여성 노동을 화폐 수입 정도에 따라 평가하기보다 가족의 생존에 기여한 바에 따라 평가할 수 있는 근거를 제시했다는 점에서 높이 평가할 만한 것이다.[11]

공·사 영역의 분리, 가족 그리고 여성의 역할

전근대 시대에는 서로 명료하게 구별되는 가족 형태들이 있었다. 이는 근본적으로 생산과 가계가 통합되어 있다는 공통점을 지니면서도, 각각이 행하는 생산방식에 따라 다양한 특성을 지닌 것이었다. 즉 농민, 수공업자, 가내 산업 종사자는 그 특유의 가족 구조를 형성했다. 그러나 19세기에 접어들면서 가족은 보다 단일한 근대적인 가족 구조로 변화하게 되는데, 여기서 시민계급의 역할은 절대적인 것이었다. 공장제의 등장과 함께 근대 시민

부르주아 가정의 생일 잔치를 묘사한 그림.

계급의 가족에서 일어난 가장 큰 변화는 '일터'와 '가정'의 분리였다. 가족 노동에 기초한 가내 산업이 팽창하면서, 관리와 회계에 능한 남성 조수들의 전문성이 여성의 역할을 대체했다. 시민계급의 가정은 더럽고 불결한 공장과 분리된 쾌적한 전원으로 이동하고, 여성은 가정으로 퇴각했으며, 더불어 남녀의 역할 구분이 강화되었다.

위에서 이야기한 공·사 영역의 분리는 시민계급의 아내를 생산 영역에서 축출하였다. 또한 아동기의 중요성이 강조되면서 아동에 대한 관심이 사회적으로 높아지자, 여성은 자녀 양육에 열중하면서 자녀와의 감정적인 결속을 강화해갔다. '여성의 타고난 주부로서의 소명'이 강조되면서 '친밀성intimacy'이 근대 가족의 전면에 등장했고, 여기서 여성의 역할은 특별히 강조되었다. 특히 글 읽기 능력이 보급되면서 각종 소설, 신문, 잡지 등을 통해 모성, 가사노동, 연약함, 섬세함 등이 미화되거나 강조되었고, 가정은 경쟁적이고 물질주의적인 자본주의 세계와는 분리된 천국으로 묘사되었다. 가정성 이데올로기는 여성에게 가정을 신성한 보호구역으로 만들 의무가 있다는 점을 강조했다. 이러한 의무는 상당한 노력을 요하는 것이었지만, 임금을 받지 못했으므로 '일'로 평가받을 수 없었다.[12]

뿐만 아니라 중산층이나 상류층의 경우 소위 여성이 담당하는 영역으로 간주된 사적 영역의 자율성이 퇴색하면서, 의사·교육자·과학자 등의 전문가들이 출산과 양육, 성의 영역을 지배하기 시작했다. 즉 여성이 여성에게 전수했던 지식과 기술이 공적 영역의 전문가에 의해 침식당하게 된 것이다. 또한 가사의 중요성이 미화되면서 가정 관리에 관한 수많은 책자나 안내서가 쏟아져 나왔고, 규모 있는 소비·하인 관리·요리 비법 등이 강조되면서 여성의 가사노동은 정교함과 보다 많은 시간 투여를 필요로 하게 되었다.[13]

동즐로Jaques Donzelot는 근대 시민계급 가족의 특성으로 사생활의 확대, 거실, 작업실, 침실 등의 공간 분리, 가족의 건강과 자녀 교육에 대한 관심의 증대를 말한다. 이와 같은 가족과 사회의 명백한 분리와 사생활의 강조는 시민계급의 성관계 및 성 담론 형성에도 깊은 영향을 끼쳤다.[14] 특히 시민계급 가족 내에서 사생활의 의미가 강조되면서 여성은 신분에 상응하는 생활 방식의 대변자로서의 기능을 수행했다. 즉 아내의 역할은 곧 대외적으로 남편의 사회적·경제적 수준을 과시하는 일이었다. 시민계급 여성은 장바구니를 든 모습을 보여서도 안 되었고, 스스로 문을 열어서도, 거친 일을 하거나 유모차를 직접 끌어서도 안 되었다. 그녀의 본원적인 역할은 파티에 나갈 때 어떤 의상을 입고, 집안을 어떻게 꾸미며, 어떻게 손님을 초대할 것인가 따위에 전념하는 데 있었다. 이에 비해 시민계급 남성은 그가 자신의 직업 세계에서 성공하는 만큼 권위적인 인물이 되어갔고, 이러한 공적 영역에서의 능력과 사회적 명망은 가족 내에서 전통적인 가부장적 구조를 정당화하는 데 기여했다. 남편과 아내의 엄격한 생활 영역 분리, 그리고 남편의 권위는 부부 사이의 의사소통 영역을 제한했다. '부부의 정신적 공동체'라는 시민계급 가족의 이상은, 그것이 표방된 지 100여 년이 지난 19세기 말까지도 여전히 현실과는 거리가 멀었다. 시민계급 여성의 지위가 19세기 후반보다 더 복종적이고 비자립적이었던 시기는 없었던 것 같다. 가족 관계에서 일어난 이러한 변화는 부부 간의 성관계에도 자연히 영향을 행사했을 것이다.

시민계급 가족이 외부세계로부터 단절되면서 가족 관계는 더욱 강조되었고, 부부 간의 성관계도 평가절상되었다. 혼전 관계나 혼외 관계는 배척되었고, 사랑과 성은 부부 관계에 의해 독점되어야만 했다. 그러나 시민계급은 '게으른' 하층 계급과 방탕한 귀족 계급보다 근검, 절약, 일에 대한 헌신, 그리고 열정의 억제에 기초한 자신들의 우월한 생활 방식을 자각하고 있었고, 그 결과 남녀 관계에서 육욕적 감각이 배제된 채 결혼과 가족의 경건함을 고수할 것을 강요받았다. 한결같은 마음으로 직업에 몰두하는 것이 최상의 덕목이 되었으며, 이러한 사회 윤리의 배경에는 국민국가가 필요로 했던 민족주의 이데올로기가 동력으로 작용했다.[15] 여기서 흥미로운 점은 가족 내에서 자녀에게는 감추어져야 할 부부 관계의 은밀성이 생겨났다는 것이다. 이는 주거 구조의 발전을 추적해보면 분명히 드러나는데, 이를테면 특별한 공간으로서의 침실의 탄생을 들 수 있다.[16] 부모와 자식의 관계도 더욱 밀접해졌지만, 다른 한편으로는 부모의 내밀한 공간으로부터 자식들이 배제되게 되었다. 부부의 성생활은 엄격히 비밀에 부쳐져야 했으며, 자식에 대한 어머니의 애정도 엄격히 절제되어야 했다. 이런 철저한 교육과 더불어서 시민계급의 가정에서는 인격형성 과정에서 욕망의 배제나 통제가 이루어졌고,

다락방의 하녀에서부터 거실의 무도장까지, 부르주아 주거 공간의 다양한 모습.

이는 성관계에도 의미심장한 결과를 초래했다. 시민계급 가정에서 자라난 남성들에게 여성의 모습은 한편으로는 어머니·여동생·아내와 같은 정신적인 존재와, 애인이나 창부처럼 타락하고 감성적인 유혹녀로 양분되었다.¹⁷

시민계급 가족 내에서 성에 대한 통제는 여성에게 더욱 억압적인 방식으로 작용했다. 귀족 가정이나 시민계급 가정의 여성에게는 성적 욕구를 표현하는 것이 허용되지 않았고, 시민계급 남성에게 아내는 '비성적_asexuell_이고 타락하지 않은 피조물_Geschpfe_'이어야 했다. 성적 희열을 공개적으로 거론하는 여성은 '경박한' 사람으로 간주되었다. 실제로 이러한 성도덕이 어느 정도 통용되었는지, 시민계급 여성이 성 문제를 어떻게 처리하고 있었는지에 대해서는 거의 정보를 얻을 수 없는 실정이다. 그러나 적어도 시민계급 여성은 성적으로 무관심한 척 행동했으며, 자신이 속한 계급의 이런 관행을 깨는 다른 여성들에 대해서는 경멸의 시선을 보냈던 것으로 보인다.¹⁸

시민계급의 도덕은 여성이 순결하게 교육되고 성에 대해서는 무지한 상태로 부부 관계에 들어가기를 요구했다. 여성은 "귀엽고, 무력하고 그리고 무지해야" 하는 존재였다. 교양 있는 여성에게 성적 주제는 금기에 해당했다. 이론적으로는 젊은 남성도 결혼할 때까지 순수해야 했지만, 실제로는 혼전에 성 경험을 축적하는 것이 용납되었다. 양가집의 청년은 다양한 방식으로 성적 경험을 축적했는데, 양친 가정의 어린 하녀, 가정교사, 매춘 여성 등을 통한 성관계가 그것이었다. 통상 남성의 혼전 성 욕구 충족을 위해서는 자신들의 아내가 될 수도 있는 '예절 바른 여성'들이 아닌 다른 계급의 여성들이 동원되었다.[19] 이는 남성과 여성에게 각기 다른 행동 방식을 강요하는 것이었고, 이러한 시민계급의 관행은 일종의 이중 도덕으로서 다른 계급들에까지 확산되었다.

시민계급 가족의 이러한 관행은 노동자 가족에게까지 효과를 미쳤다. 마르크스는 〈공산당선언〉에서 '강요된 프롤레타리아의 무가족성Familienlosigkeit'을 언급하고 있으며,[20] 엥겔스 역시 빈곤으로 인한 노동자 계급의 성적 타락과 '가정 생활의 불가능성'을 개탄하고 있다.[21] 한편으로 이는 산업화 초기 결혼 연령층의 거의 절반 정도가 경제적 여건으로 인해 결혼할 수 없었던 현실을 염두에 두었던 것 같다. 다른 한편으로는 엥겔스가 근대 노동운동의 시작을 알리는 기념비적인 저술 《영국 노동계급의 상태》에 세세히 서술한 바, 열악한 주거 환경과 노동 조건도 그 원인이 되었을 것이다. 사회주의의 두 사상적 원조에 의해 제기된 위의 평가, 즉 노동자 가족을 '생존을 위한 목적 공동체'로 바라보는 시각은 이후 부르주아 역사가와 사회주의 역사가 모두의 프리즘이 되었다.

하루 12~13시간의 열악한 노동 조건으로 인해 가족이 한 자리에 모여 화기애애한 식사 시간을 보내는 시민계급 가정의 단란한 모습은 노동자 가족에게는 불가능한 것이었지만, 어머니와 자녀 사이에는 그들 특유의 감정적 유대나 친밀성이 존재했음을 최근의 연구들이 보여주고 있다. 높은 집세를 감당할 수 없었던 노동자 가족들은 잠만 자러 오는 숙박인을 여러 명씩 받아야 했다. 20세기 초까지 유럽의 노동자 한 사람이 혼자서 침대를 사용하는 일은 불가능했고, 그런 점에서 가족은 반半공개적 구조를 지닐 수밖에 없었지만, 노동자 가족은 이런 숙박인들과 쉽게 감정적으로 결속하여 '연대의 공동체'를 형성하기도 했다.[22] 여기서 여성들은 자녀 교육에서부터 가계를 꾸리는 일에까지 중요한 역할을 담당했고, 그래서 존중될 수 있었다는 것이다. 물론 노동자계급의 남편들은 적어도 20세기 전까지 궁핍과 노동 현장에서 겪는 분노를 술을 통해 해소했다. 아버지들은 사실상 가정에서 부재했다. 그들은 자신의 체통을 위해 아내의 돈벌이를 숨기고, 가족 구성원들에게는 권위적이거나 가부장적인 태도를 취했다. '가장이 경제적으로 무능하기 때문에 프롤레타리아에게는 가부장제가 존립할 물적 토대가 존재하지 않았다'는 엥겔스의 지적과는 달리, 노동자 가족 내에도 시민계급의 가장이 지닌 가부장적 관행이 그대로 이전되었던 것이다. 결국 노동 계급 여성들 역시 가부장적 억압을 경험하긴 했지만, 가족 경제에서 그녀들이 지녔던 비중으로 인해 시민계급의 여성들보다는 더 적극적이고 자율적인 역할을 할 수 있었던 것으로 보인다.[23] 하지만 12~14시간의 공장노동 외에도 추가로 가사노동을 수행해야 했던 노동계급 여성의 삶, 가난과 중노동으로 점철된 일상생활 역시 기억되어야 할 것이다.

가족과 관련하여 근대는 여성에게 이율배반적인 경험을 안겨주었다. 한편으로 근대 가족에게 강조된 친밀성은 인간의 삶을 풍요롭게 해주고 여성을 가족의 중심에 위치하도록 하는 데 크게 기여했다. 그러나 다른 한편으로 근대는, 시민계급 여성에게는 '가정으로의 고립'을, 노동계급 여성에게는 16~20시간의 중노동을 의미하는 것이기도 했다.

교육 기회와 정치적 권리

근대에 들어와서도 오랫동안 여성은 교육의 기회로부터 배제되었다. 종교개혁기 라블레와 같은 사상가들은 '대부분 여성들의 악덕은 교육의 결여에서 기인한 것'임을 천명하며 여성교육을 주장했고, 루터 역시 여성과 남성의 동등한 종교 수용 능력을 인정하여 보편적인 독서 교육을 옹호했다. 17세기에는 소녀 교육에 대한 새로운 움직임이 수녀원, 기숙학교, 초등학교 등을 중심으로 일어났다. 교육 목적은 훌륭한 기독교적 모성의 양성이었다. 1500~1800년 사이에 여성 교육의 양적인 증대가 있었지만, 질적으로는 매우 빈약한 수준이었다. 보다 많은 학생들에게 혜택을 주려 하다 보니 수학 기간이 턱 없이 짧았던 데다, 그중 많은 소녀들이 생계 노동과 학업을 병행했기 때문이다. 교육은 엄격한 감시 하에서 진행되었으며, 세속 학문에 할애된 시간은 적었고, 이를 통한 신분 상승의 가능성도 열려 있지 않았다. 프랑스의 경우 1863년에 와서야 최소한의 골격을 갖춘 중등학교가, 1881년에는 고등학교Lycées가 설립되었다.[24]

고등교육의 기회도 여성에게는 오랫동안 개방되지 않았다. 영국에서는 여자 대학으로 1848년에 퀸즈 칼리지가, 1849년에는 베드포드 칼리지가 설립되었다. 런던 대학에서 여학생에게 공식적인 학위가 수여된 것은 1878년부터였다. 미국에서도 1850년에 펜실베니아 여자 의과대학과 같은 대학들이 생겨나면서, 남북전쟁 이후 여성이 대학 교육을 받을 수 있는 기회가 늘어나기 시작했고, 1870년대에 이르면 1만 1000명의 여성들이 대학 교육을 받기에 이르렀다.[25] 그러나 독일, 오스트리아, 러시아 등의 중·동부 유럽국가에서는 20세기 초까지도 여성의 고등 교육이 금지

되어 있었다. 독일 대학들의 경우 여성들에게는 1902~1908년에야 비로소 문호가 개방되었다.[26]

'여성은 본성적으로 보호받아야 할 존재'라는 주장에 따라 남녀에 대한 법적 불평등이 용인되었고, 여성은 법적인 인격체로도 인정받지 못했다. 1870년까지 영국에서는 남편이 아내의 범죄에 대해 책임을 져야 했다. 마찬가지로 정치적 권리도 누릴 수 없었다. 여성들은 프랑스 혁명기의 가두시위나 다양한 저술 활동에 적극적으로 참여했지만, 정치적 권리를 지닌 개인으로 인정받지는 못했다. 여성에게는 관직에 진출할 권리나 투표할 권리 모두가 주어지지 않았다. 사실상 시민사회는 여성이 새로 형성된 근대 국민국가에 동등한 구성원으로 포함되는 것을 거부한 셈이었다. 그나마 개혁주의자나 프로테스탄트나 퀘이커 교도와 같은 도덕주의적 자유주의자들의 영향력 아래서 여성들도 조금씩 정치적 권리를 얻을 수 있었다. 1832년 영국의 수정법안은 비로소 남성$_{male}$ 대신에 인간$_{person}$이라는, 여성을 포함하는 용어를 사용했다.

1895년부터 지역 의회에 대한 참정권은 누렸지만, 영국 여성들이 완전한 선거권을 가지게 된 것은 1차 세계대전 이후였다. 미국의 경우 지역에 따라 차이가 있지만, 여성이 지역 의회의 공직에 진출하는 것은 대체로 1차 세계대전 전야에 가능해졌고,

1919년 헌법에 대한 19번째 수정을 거쳐서야 여성도 참정권을 획득할 수 있었다.[27] 여성의 참정권 획득은 영국이나 미국 등지에서 일어난 격렬하고도 전투적인 여성 참정권 운동에 힘입은 바 컸지만, 단지 그것만으로 여성이 선거권 획득에 성공할 수 있었던 것은 아니다. 전면전의 양상을 띤 1차 세계대전은 징집된 남성들의 공백을 야기했고, 이 공백은 여성들의 고용을 촉진시켰다.

여성에게 르네상스가 있었는가?
―성sexuality과 여성을 둘러싼 담론

보티첼리의 〈비너스의 탄생〉으로 상징되는 르네상스는 14, 15세기 유럽에서 일어난 지적 운동을 지칭한다. 이탈리아와 북 유럽을 중심으로 진행된 고대 예술과 학문의 부흥 운동은 기독교의 권위에 대한 비판과 함께 인간의 자아의식을 싹트게 했다. 동시대인들에게 사회적·문화적 표현의 가능성을 열어주었던 르네상스는 중세 암흑시대와 비교하여 근대의 여명기로 찬미되었다. 그러나 여성사가 켈리Joan Kelly-Gadol는 '여성에게 르네상스가 있었는가'라는 제목의 논문을 통해, 여성에게는 르네상스가 존재하지 않았음을 천명하고 있다. 그녀는 구체적으로 여성의 성에 대한 규제의 상대적인 강화, 여성의 경제적, 정치적 역할의 위축, 여성의 문화적 역할 위축과 교육 기회의 축소, 예술, 철학, 문학 등의 상징적 생산에 나타난 성 역할 이데올로기의 변화 등을 들면서 오히려 르네상스가 여성의 지위를 후퇴시켰음을 지적한다.[28]

켈리에 따르면, 중앙집권화가 진행되면서 영주들은 과거처럼 영지 내에서 독립적인 정치를 집행할 수 없었고, 토지 재산을 토대로 한 여성의 권력 행사도 제한될 수밖에 없었다. 공·사 영역의 분리와 함께 여성의 활동 범위는 현저히 축소되었고, 남녀 사이의 격차는 넓어졌으며, 문학작품이나 저술 등에서 여성 혐오주의가 출현했다. 단테의 문학에서 여성은 흐릿하거나 모호한 사랑의 대상으로 표현되었고, 중세의 '궁정식 사랑 courtly love'에서와 같은 상호주의나 여성 존중은 사라지게 되었다. 마찬가지로 르네상스 당시에 이미 발전하기 시작한 해부학 지식도 '과학'의 힘을 빌려 "여성은 자궁이라는 신경질적인 물건이 몸 안에 들어 있어서, 감정을 자제하거나 성적 충동을 통제할 수 없다"는 주장을 내세우며, 이성에 따라 행동할 수 있는 능력을 부정하였다.[29]

동시에 르네상스 시대는 여성에게 새로운 미의 기준이 부여되고 사회적 담론에서 '여성다움'이 강조되기 시작한 시기였다. 옷, 외모, 행동 모든 면에서 여성이 남성과 '다르다'는 것이 점점 중요해졌고, 의복혁명을 통해 여성의 복장은 더욱 조신해졌다. 각종 예절서나 의학 서적 등은 남성의 활력이나 씩씩함과는 대조되는 연약함과 부드러움의 덕목을 여성에게 강조했다. 여성의 미도 찬미되었는데, 아름다움은 더 이상 위험한 자질이 아니라 도덕성과 사회적 지위에 맞게 반드시 갖추어야 할 덕목이 되었다. 이탈리아, 프랑스, 스페인, 독일, 영국에서 공유했던 미의 기준은 하이힐, 고운 피부, 금발, 붉은 입술과 뺨, 검은 눈썹을 포함한 풍만한 육체였다. 이미 1550년대부터 이러한 미적 기준에 맞추기 위해, 화장품, 코르셋, 하이힐 등이 사용되었고, 여성의 짙은 화장 습관은 천연두 예방 접종이 보급되는 18세기까지 계속되었다. 인쇄술의 발명은 향수와 화장품에 대한 책자를 보급시켰고, 이는 여성독자들에게 확고한 미의 기준을 부과했다. 이렇게 '미의 신화'가 여성을 엄습하기 시작하면서, 르네상스 문화는 남녀 간의 차별화에 못지않게 계층적 양극화를 문화적으로 생산해냈다. 즉 값진 물건, 좋은 속옷, 장신구는 여성의 아름다움을 돋보이게 할 뿐 아니라 사회적 서열을 표시하는 것이 되었다. 당시의 이러한 미적 기준은 오직 상류층 여성만이 실천할 수 있는 것이었다.[30]

16세기에 들어서면 나체와 혼외정사에 대한 비난과 함께 순결과 정숙이 일상생활의 새로운 행위 규범으로 강조되었다. 매춘굴은 폐쇄되었으며, 목욕할 때는 속옷을 입어야 했고, 수면을 취할 때도 잠옷을 입게 되었다. 이 새로운 사회 도덕의 주된 희생자는 여성이었다. 종교는 여성을 남성을 유인해 악마에게로 끌고 가는 존재로 규정했으며, 의학은 에로스적인 충족 욕구가 여성의 생물학적 숙명이라 단정지었다. 이렇게 여성을 섹스, 죄악과 동일시하는 경향을 강화하는 데에는 전승된 가부장적 이데올로기와 더불어 15세기 말 이래 창궐한 매독이 큰 역할을 했다.

르네상스에 못지않게 종교개혁도 여성을 둘러싼 담론의 형성에 중요한 기능을 담당했다. 중세인들에게 있어 이상적인 인간상은 남편과 아내가 아니라 수도사와 수녀였다. 교회가 미화하고 권장한 것은 결혼 생활이 아니라 독신 생활이었고, 이는 사회적으로 결혼을 기피하는 풍조를 낳았다. 그러나 마틴 루터는 육체적 유혹과 정신적 고통 없이 독신을 고수하는 일은 인간에게 거의 불가능할 뿐 아니라 특별한 종교적 가치도 없다는 이유를 들어 성직자의 결혼을 권장했다. 그는 또한 부부 간의 애정과 협력의 필요성을 강조했고, 결혼의 존엄성을 지키는 데 있어 양성 모두의 책임을 강조했다. 그러나 루터가 예찬한 가정은 남편의 권위, 여성의 순종과 헌신이 지켜지는 그런 곳이었고, 여기에서 자녀의 양육과 가사의 전담은 여성 본연의 역할이었다. 그런 점에서 종교개혁은 한편으로는 부부 간의 애정이나 성적 사랑을 인정해주기는 했지만, 다른 한편으로는 여성을 가정에 제한하고 거기에 종교적 의미를 부여하는 반反여성적 기능을 했다고 평가할 수 있다. 그러나 오늘날의 잣대로만 종교개혁기의 성 담론을 재단해서는 안 될 것이다. 종교개혁이 만들어낸 담론은 일부일처제 안에서 부부 간의 상호협력과 애정을 강조했으며, 간통·성적 무력증·장기간 가출·질병이나 폭력의 행사 등에 처했을 때 이혼할 수 있도록 하는 법적 조치를 마련해주었다. 이는 여성의 지위 향상에도 어느 정도 기여했다고 말할 수 있다. 반면 종교개혁기 여성의 지위에 대해 부정적 평가를 내리는 여성사가들은 종교개혁기야 말로 영아 살해와 마녀라는 죄목을 내세워 여성을 대대적으로 살육한 시대였음을 지적하고 있다.[31]

르네상스 시대와 종교개혁기를 통해 형성된 여성을 둘러싼 담론은 큰 테두리의 변화 없이 본격적인 부르주아 시대로 이어졌다. 노동, 자기 규율, 감정 통제를 높이 평가하는 시민사회는 인간의 성을 통제하기 위해 '정상성'의 개념을 규정하고, 일탈 행위를 진단·제한·치료하고자 했다. 이 과정에서 여성의 성은 남성의 경우보다도 훨씬 많이 논의되었는데, 특히 논쟁적인 점은 '여성이 강한 성적 흥분을 느낄 수 있는가'였다. 다양한 반론이 있기는 했지만 19세기의 가장 일반적인 견해는 '여성의 성욕은 남성보다 약하다'는 것이었다. 여성은 남성보다 성행위에 관심이 적고, 정신적 관계나 다정다감한 배려에 더 큰 의미를 부여한다는 주장이 널리 퍼져 있었다. 마찬가지로 여성성과 남성성에 대해서도 다양한 토론이 있었고, 이미 설정된 성 경계로부터의 일탈은 병리적인 현상으로 간주되었다. 이런 담론은 19세기 말로 갈수록 더욱 확산되었는데, 그것은 매춘, 성병, 성적 타락, 페미니즘의 확산, 그리고 인구 감소에 대한 남성의 공포에서 야기된 것이었다. 20세기 초 페미니즘 운동에 대처하기 위해 독일에서 만들어진, 여성해방을 저지하기 위한 독일 협회 Deutscher Bund zur Bekämpfung der Frauenemanzipation 와 같은 단체의 주장, 즉 "모성 자체가 직업이 되어야 하고, 어린이 양육이 여성의 사회적 의무이며, 소녀들을 어머니라는 직업으로 교육시키는 것이야말로 문화적 사명"임을 강조하는 글에서 우리는 여성성을 규정하는 담론을 고착화시키려는 당대 시민사회의 노력을 읽을 수 있다.[32]

  마지막으로 여성을 둘러싼 담론에서 특별히 주목해야 할 점은 '여성 노동'을 둘러싼 논의들이다. 산업화 이래로 여성 노동자를 '산업 예비군', 혹은 남성의 일자리를 위협하는 위험한 존재로 간주하는 통념을 확산시키는 담론이 만들어지거나 유포되었는데, 특히 여성 노동자 보호법과 관련하여 이런 주장은 더욱 적극적으로 개진되었다. 이는 몇 가지로 요약될 수 있는데, 우선 여성을 '가족의 수호자'로 바라보는 입장이 있다. 부르주아 개혁가들은 '여성의 임무는 가정을 지배하는 것이며, 이를 실현시키기 위해서는 여성 노동에 대한 제한이 필요하다'는 입장 혹은 "가정 내에서 유용성이 없거나 주부로서의 역할을 다한 후의 (여성) 노동력을 산업에 투자해야 한다"는 입장을 개진했다. 마찬가지로 여성들이 하루 종일 공장에서 일하는 것보다는 가정에서 보다 합리적으로 가계를 운용하는 것이 국민 경제에 더 큰 도움이 된다는 주장도 있었다.[33] 가톨릭 정치에서 혹은 사회정책의 역사에서 중요한 의미를 지닌 1891년에 발표된 교황 레오 13세의 노동헌장 Rerum Novarum 역시 "여성은 특정한 직업에는 적합하지 않다. (…) 여성은 기질 상 가사 일이 잘 맞으므로, 여성은 겸손함을 지키면서 아이를 잘 양육하고, 가족의 복리에 힘쓰는 것이 좋다"라고 천명하고 있다.[34] 그러나 이런 담론들은 그야 말로 담론으로 머물렀다. 마치 여성 노동자는 기혼 여성으로 구성된 듯 선전되었지만, 이런 담론이 횡행하던 1892년의 독일에서 공장 여성 노동자의 절대적 다수(70.3퍼센트)는 가정을 수호하는 직분과는 거리가 먼 미혼 여성이었다.

마찬가지로 여성을 남성 노동자의 '더러운 경쟁자'로 폄하하는 표현도 여성 노동과 관련된 시민사회의 담론에서 지속적으로 나타났다. 독일 사회민주당의 대표적인 지도자인 아우어 Ignaz Auer 는 노동자 보호법과 관련된 토론에서 "오늘날 여성들은 남성 노동자들과 경쟁하여 자본가의 돈 자루만 부풀리고 있다"는 발언을 서슴지 않았다.[35] 여성 노동과 아동 노동을 통해 노동자 가족이 남성 가장을 더러운 경쟁으로 몰아넣고 있다는 비난도 나타났다. 그러나 이런 주장에도 재고의 여지가 있다. 여성이 과연 남성이 독점하고 있는 분야에 진출하여 직접 경쟁자가 되고 있었는가, 여성의 저임금을 통해 남성의 임금이 실제로 하락하고 있었는가를 살펴보면, 위의 담론들은 그야말로 담론으로 끝났음을 알 수 있다. 국가에 따라 약간의 차이는 있었겠지만, 독일의 경우 여성 노동자들이 산업에서 차지하는 비율은 19세기 말까지도 여전히 낮았고, 20세기가 다가올수록 여성의 노동 참여율이 높아지기는 했지만, 그것은 직물업, 세탁업, 음식업과 같은 특정한 산업 분야에 집중되어 있어서 결코 남성 노동력에 위협적이지 못했다는 것이다. 마찬가지로 저임금 여성 노동자들이 집중되었던 산업 분야에 종사한 남성 노동자의 임금이 지속적으로 상승했던 현상은 앞의 논의가 지니는 허구성을 확인시켜주는 좋은 사례가 된다. 여성과 아동을 동일한 반열에 놓으면서, '이들은 스스로의 힘으로 노동 조건을 개선할 수 없는 약자'라고 간주하는 주장이나, 여성에게 노동 계약의 자유를 인정하지 않았던 프로이센이나 프랑스의 일반법도 여성 노동에 대한 불리한 담론을 확산시키는 데 기여했다.36

마지막으로 언급해야 할 사실은 근대사회에 들어서 성매매의 대중적 확산과 상업화가 대대적으로 진행되었다는 점이다. 19세기 말 독일의 경우 성매매 여성은 10~20만으로 추정되었는데, 1차 세계대전 시기에 이르면 33만 명으로 확대되었다고 한다. 성매매는 역사 이래 존재해왔다고 하지만, 19세기에 이르러서는 새로운 모습을 드러냈다. 이들 중 국가에 등록된 여성은 전체의 10퍼센트 미만이었다고 하니, 비밀 성매매 여성의 정확한 숫

19세기 성매매 여성을 묘사한 그림.

자를 가늠하기는 어렵다. 그러나 분명한 사실은, 많은 가난한 여성 가장이나 여성 노동자들이 생계를 위해 간헐적으로 매춘업에 종사한 경우가 많았다는 것이다.[37] 근대사회에서의 성매매와 관련해서는 산업화에 따른 도시화가 이를 촉진시킨 점도 있지만, 그것이 자본주의적 교환 관계의 속성을 드러낸 점에 주목할 필요가 있다. 성매매는 도덕적 타락과 하층 계급의 일탈에 대한 염려, 성병 확산에 대한 근심 때문에 금지되었으나, 때로는 사회적 필요악으로 간주되어 관용되기도 했다. 금지와 허용을 반복했던 서구 근대국가의 성매매 정책은 사실상 허용하면서 국가가 관리하는 공창제 state regulated prostitution였다고 볼 수 있다. 성매매의 증가는 성관계에서 육욕적 감각을 배제하고, 결혼과 가족의 경건함을 실천하고자 한 부르주아의 도덕이나 담론과 배치되는 것이었다. 그러나 부르주아의 가치가 승리를 거두었던 그 시기에 성매매가 급증한 사실은 근대 시민사회가 성과 관련하여 스스로의 모순을 여지없이 표출한 것이었다.[38]

페미니즘의 등장 – 여성과 저항

이미 앞에서 여성 노동, 가족과 성, 담론 등의 분석을 통해 근대성이 여성에게 가져다준 긍정적인 성과와 부정적인 효과를 동시에 보여주었지만, 이에 대한 대차대조표를 작성하기는 쉽지 않다. 젠더와 근대성이 교차하는 방식이란 복잡 미묘하기 때문이다. 그러나 이런 대차대조표를 작성하는 데 있어서 빼놓을 수 없는 사실은 근대성이 바로 페미니즘의 태동을 자극했다는 점이다. 차별과 억압의 대상이었던 수동적인 존재들이 '근대적 자각의 주체', '저항의 주체'로 전환하는 것은 역사 발전에서 중요한 의미를 지닌다.

서구에서 페미니즘의 등장은 여성들이 부르주아 사회 내에서, 근대 철학이나 사상이 지니는 내적 모순을 간파한 데서 출발했다고 말할 수 있다. 근대사회의 이념적 기반이 된 18세기의 계몽사상에 따르면, 진리는 자유롭고 합리적인 탐구를 통해서 찾을 수 있는 것으로, 진리의 발전을 가로막는 모든 장애물은 제거되어야 한다. 또한 모든 인간은 근본적으로 합리적인 창조물이므로, 일단 교육을 받기만 하면 합리적 추론에 의해 진리를 감지할 수 있는 존재이다. 이러한 주장은 19세기로 계승되면서, 스스로의 이익을 실현하기 위해 자유롭게 경쟁하는 개개인들은 사회의 진보에 이바지하므로 국가의 간섭은 최소화되어야 하고 세습 신분에 기초한 불이익이나 제약은 폐지되어야 한다는 자유주의 이념과 결합했다. 시대를 풍미했던 자유주의 사상을 접한 사상가나 여성들은, 교육과 노동, 선거권, 법의 측면에서 권리를 박탈당한 여성들을 보면서, '왜 이런 신조가 여성에게는 적용되지 않는가'에 대해 의문을 느꼈을 것이다.

페미니즘 사상의 형성과 관련하여 최초의 지적인 자극은 영국의 메리 울스톤크래프트Mary Wollstonecraft의 논문〈여성 권리의 옹호〉에서 왔다. 그러나 페미니즘의 발전에 더 깊은 인상을 남긴 것은 당대의 알려진 정치·경제학자이자 하원의원이었던 존 스튜어트 밀이었다. 빅토리아 시대 자유주의자로서 낙관과 자신감에 넘쳤던 밀은 '페미니스트의 성서'가 된 저서《여성의 예속 The Subjection of Women》(1869)에서 인간은 더 이상 타고난 신분에 구속될 필요가 없이 가장 훌륭한 몫을 쟁취하기 위해서 스스로의 재능을 발휘하고 가장 유리한 기회를 선택할 자유가 있다는 전제에서 출발, 이 규칙의 유일한 예외자가 여성임을 개탄해 마지않았다. 그에게 여성의 완전한 평등은 바로 완전한 인간사회를 향한 진보의 마지막 일보였다. 밀은 동등한 시민권의 획득, 직업기회의 개방, 직업을 위한 자질 훈련과 교육, 남편이 갖는 과도한 권위의 제거를 여성해방의 기본조건으로 규정했다.[39]

그러나 여성들은 처음부터 자신들의 지위 개선을 위해 집단적으로 저항하는 데는 머뭇거리고 있었다. 체통과 절제가 엄격히 요구되었던 시민사회에서 여성들은 자신들의 이익과 직접 연결된 이슈보다는 노예제 폐지 운동이나 도덕개혁 운동과 같은 보다 사회적인 분노를 불러일으킬 만한 이슈를 통해 집단적인 목소리를 내기 시작했다. 1840년대 미국에서 제일 먼저 시작된 자유주의 여권운동 Liberal Feminism은 그 구성원 대다수가 중산층 출신이었으며, 특히 초기의 지도자 중에는 자유주의자 가정 출신이 많았다. 그들은 19세기 중간 계급이 '문명의 적'으로 간주했던 알코올 중독과 성적 방종을 퇴치하기 위한 금주 운동과 매춘 폐지 운동에 앞장섰다. 이는 기혼 여성의 재산을 통제할 권리와 미혼 여성의 교육 기회 그리고 직업을 가질 권리를 요구하는 운동을 거쳐, 자유주의 여권운동이 가장 급진화되는 단계인 참정권 운동을 통해 그 정점에 도달했다. 자유주의 여권운동은 의회민주주의가 순조롭게 발전한 미국, 영국, 오스트레일리아, 뉴질랜드 등의 국가에서 발전했고, 이는 일정한 성과를 거두어 19세기 후반기에 이르면 여성들은 고등 교육의 기회와 재산권을 획득하게 되며, 1차 세계대전의 종식과 함께 영국, 미국, 독일 등의 국가에서는 여성이 선거권을 획득할 수 있게 된다.[40]

그러나 당대의 하층 여성들은 자유주의 여권론자가 제기하는 이슈에 공감할 수 없었다. 이들이 제기하는 재산권이나 고등 교육의 기회는 그것을 위한 경제적 전제 조건을 갖추지 못한 여성 노동자들에게는 그저 공허한 구호에 지나지 않았다.

도시 빈민가의, 임대 막사 Mietkaserne에 가까운 주거 환경에서 질병과 가난, 열악한 노동 조건과 저임금에 허우적거리는 여성 노동자들이나 하루 15~16시간씩 일하면서 부르주아 남성의 성적 착취까지 당해야 했던 하녀들의 현실을 중산층 출신 자유주의 여권주의자들은 제대로 이해하지도 못 했으며, 그런 문제를 함께 해결하려는 노력은 더더욱 없었다. 노동자 계급 여성들의 자유주의 여권론자에 대한 환멸은 사회주의 여성운동의 태동으로 이어졌다.

사회주의 여성운동의 이론적 기초는 생시몽이나 푸리에와 같은 공상적 사회주의자, 《가족, 사유재산 그리고 국가의 기원》(1844)[41]을 저술한 엥겔스, 《여성과 사회주의》[42]를 집필한 베벨 August Bebel을 통해서 완성되었다. 20세기 초 가장 영향력 있는 독일 사회민주당 지도자였던 베벨은 자본주의 사회의 곳곳에 침투한 현금 거래가 부르주아의 결혼을 애정 없는 정략결혼으로, 프롤레타리아의 결혼을 궁핍과 기아로 내몰 것이라고 예측했다. 그리하여 종국에는 하층 여성의 열악한 장시간 공장 노동이나 매춘의 증가를 초래할 것이라고 보았다. 이에 베벨은 선거, 교육, 직업에서의 동등한 권리를 요구할 뿐 아니라, 더 나아가 착취와 열악한 노동조건으로부터 여성이 법적으로 보호될 수 있을 것을 주장했다. 그러나 보다 원칙적으로 엥겔스에게 여성해방의 첫 번째 과제는 모든 여성이 사회적 노동으로 유입되는 것이었고, 그 다음으로는 그것을 위해 가사노동과 양육의 사회화가 실현되는 것이었다. 사회주의자들이 보기에 이런 조건들은 사회주의 혁명을 통해서야 가능한 것이었으며, 따라서 여성운동은 일차적으로 사회주의 혁명의 실현에 매진해야 했다.[43]

자유주의 여권운동이 미국에서 가장 먼저 시작되어 가장 많은 지지자를 확보했다면, 사회주의 여성운동은 의회주의가 허약하고, 권위주의적인 국가의 억압 아래 놓여 있으며, 중산층이 존재하지 않거나 존재하더라도 정치적인 민주주의를 추진할 여력이 없었던 독일, 오스트리아, 체코, 헝가리 등의 국가에서 활발히 일어났다. 독일의 경우 사회민주당의 여성운동은 19세기 말 17만 5000명의 회원을 확보하기도 했고, 사회민주당의 여성운동은 자유주의 여권론자들의 참정권 운동보다 10배 이상의 지지자를 확보했다. 이에 비해 미국은 1912년 사회주의 정당의 여성운동이 1만 5000명의 회원을 지닌 데 비해, 참정권 운동의 지지자는 1910년 당시 7만 5000명에 이르렀다.[44]

세기의 전환기에 이르면 유럽의 대다수 국가에서 여성들도 고등 교육을 받게 되고, 직업 생활의 기회가 높아지며, 재산권을 행사하고, 법적인 주체로 나설 수 있게 되고, 종국적으로 1차 세계대전 이후엔 선거권까지 얻게 되었다. 자유주의 여권운동은 그들이 내걸었던 투쟁 목표에 대해 소기의 성과를 거두었고 그와 함께 역동성을 잃기 시작했다. 마찬가지로 사회주의 여성운동은 1917년 러시아 혁명의 성공과 함께, 결혼과 이혼의 자유 실현, 거의 모든 여성들의 직업 생활 참여, 국가에 의한 탁아소 설치, 남녀 간의 차별 임금 철폐 등을 통해 여성 지위의 결정적인 향상을 경험하게 되었다.[45]

전체적으로 보자면 서양 근대기에 여성의 지위는 괄목할 만큼 개선되었다. 여성에 대한 사회적 노동으로부터의 축출이나 여성을 '가정의 천사'로 고착화하려는 시도와 담론이 엄존했음에도 불구하고, 여성들은 지속적인 지위 향상을 경험할 수 있었다. 이와 같은 여성의 지위 개선은 여성들 스스로 조직화하고 집단적으로 저항하여 획득한 성과물이라 할 수 있다. 이에 못지않게 유럽 전역에서 진행된 일반 민주주의의 확대 역시 여성 일반의 민주적 제 권리 획득에 중요한 동력으로 작용했음에 틀림이 없다. 특히 노동운동의 투쟁을 통해 획득한 보통선거권이나 그 부산물인 사회복지 정책은 여성이 처한 현실의 개선에 적지 않은 영향력을 행사했을 것이다.

근대와 여성, 그 가능성과 한계

서양 근대는 여성에게 가능성과 한계를 동시에 경험하도록 한 시대였다. 이 시기 여성들은 생산 노동에서 축출되어 가정으로 유폐되었고, 사회적 담론을 통해 보호되어야 할 의존적 존재로 폄하되었다. 여성의 성은 통제되었고, 경제적·정치적 권리는 물론 교육 기회조차도 주어지지 않았다. 이런 점에 비추어볼 때 서양 근대는 여성의 지위가 악화된, 그래서 남녀의 이분법과 사회적 차별이 더욱 강화된 시대로 보인다.

그러나 다른 한편으로 서양 근대는 억눌린 자, 사회적 약자들에게 해방의 전망을 열어준 시기였다. 시민계급이 자신을 합리화하기 위해 내세웠던 형식적인 이데올로기들, 즉 민주주의, 의회주의, 천부인권설, 사회계약 등의 개념들은 사회적 약자로 하여금 자기 방어를 위한 정당성의 명분을 만들어낼 수 있도록 했다. 여성들 역시 이를 통해 스스로를 '해방의 주체'로 선언하고, 집단적이고 조직화된 여성운동을 전개할 수 있게 되었다. 그 결과 선진 자본주의 국가에서는 생산력의 발전과 병행하여 여성들의 생활도 그 전 시기에 비해 월등히 나아졌다. 여성은 보다 많은 법적·제도적 평등을 누리게 되었다. 그러나 생산력 발전과 민주주의 혁명이 가져다준 근대의 효과는 제대로 확산되지 않았다.

근대사회에서도 성 차별적 담론이나 관행은 도처에 공고하게 버티고 있었다. 이는 근대성 자체가 지닌 가부장제가 제도적·법적 차원에서 상당한 정도로 해소되었을지라도 남성 중심적 문화가 사회 곳곳에 깊이 뿌리내리고 있었기 때문이다. 그 외에도 여성에 대한 고용 및 임금 차별, 가사노동의 과중한 부담, 여성에 대한 다양한 성적 억압 등 많은 문제가 여전히 남아 있다. 포스트모던 페미니스트에 따르면, 근대성은 '나'라는 주체를 중심으로 설정하고 타자를 대상화하는 이분법적인 사고에 기초하고 있는 것이며, 여기서 자연이나 여성은 타자의 자리에 서게 된다.[46] 이런 맥락에서 근대의 극복을 주장하는 탈脫 근대의 목소리도 나타나고 있다. 논의가 여기까지 이르면 근대성은 설 땅이 없는 것처럼 보인다.

그러나 지구상의 다수 국가, 특히 제3세계에서는 여성이 봉건적 제도나 관행으로 여전히 고통을 겪고 있고, 서구 근대국가가 수행하는 사회복지 정책의 혜택조차도 누리지 못하고 있다. 동시에 제3세계 국가의 가난한 여성들은 세계 자본주의 체제가 만들어내는 불균등 발전의 가장 심각한 피해자가 되고 있는 것이 작금의 현실이다.[47] 이런 점들을 고려해 볼 때, 한편으로 근대는 여성에게 봉건제적 억압으로부터의 해방을 담보해주지만, 다른 한편으로는 그 자체로서 또 다른 질곡으로 작용하기도 한다는 것을 알 수 있다.

그런 점에서 우리에게 서구의 근대성을 성찰하는 일은 여전히 현재적 의미를 갖는다. 이제 여성들은 서구 사회에서 근대가 가져온 결실을 따져보고, 우리 사회에서 근대의 실현과 근대의 극복을 어떻게 현명하게 결합할 것인가를 성찰해야 할 것이다. 페미니스트의 임무는 미완의 근대를 완성하면서, 동시에 근대 비판의 과제까지를 떠안음으로써 여성해방의 날을 앞당기는 일이다.

4장
타자에서 주체로
– 현대사 속 여성들

HISTORY
OF
WOMEN

격변하는 시대, 여성의 자리 찾기

서구인에게 20세기는 인류 역사에 유례가 없을 정도로 신속하고도 철저한 변화를 겪은 시대였다.[1] 이 세기를 살았던 여성들은 지위를 향상시키거나 생활을 개선하기 위해서 적극적인 투쟁을 벌였다. 세기말에 이르면, 여성들은 19세기의 선조 여성들이 상상할 수 없었던 성과를 얻어냈다. 결혼에서 가부장제를 온존시키는 법제의 철폐, 재생산에 대한 통제권 획득, 교육 수준과 직업능력의 개선 등이 비로소 이루어진 것이다. 여성의 사회적 노동에의 참여도 현저하게 늘어났다. 이제 여성은 국가에 유용한 존재임을 인정받기에 이르렀는데, 이는 가정주부나 어머니로서만이 아니라, 훈련과 교육 받은 노동자로, 유권자로, 그리고 심지어는 군인으로서의 인정을 포함하는 것이었다.[2] 이제 유럽 공동체의 지도자들은 그 회원국들에게 젠더 불평등은 사회적 성장과 번영에 주된 걸림돌이 될 것임을 역설하고 있다. 그렇다면 20세기에 이르러 여성은 해방되었는가? 이에 대한 대답은 매우 복합적이다.

20세기 의학의 발전과 생활 수준의 향상은 여성의 평균수명을 늘려주었다. 1900년 당시 유럽의 부유한 국가들에서 여성 평균수명은 50세, 가난한 국가들의 평균수명은 38세였다. 이는 2000년 현재 각각 80세, 75세로 늘어나게 되었다.[3] 건강의 개선과 낮은 출산율 등 여러 변화 요인들은 여성의 물질생활 향상과 사고방식 전환에 광범한 기초를 제공했다. 그러나 우리는 20세기는 진보의 시기이면서, 동시에 그 대가를 지불해야 했던 시대임을 기억해야 할 것이다.

흔히 서양 사회가 근대에서 현대로 이행하기 시작한 것은 19세기 말, 20세기 초라고 말한다. 2차 산업혁명을 통한 화학, 석유산업 등의 중화학공업 발전 및 전기, 증기기관 같은 새로운 에너지의 등장이 생산력의 비약적인 증대를 초래했다. 1870년대 이후 자본 수출의 확대와 은행 제도의 발전은 산업자본주의를 금융자본주의로 전화시켰고, 자본주의는 유례없는 강도로 그 이윤을 확대했을 것이다. 물질생활에서의 이러한 변화는 보통 사람들의 일상생활에도 적지 않은 영향을 끼쳤을 것이다. 이러한 이행기의 20~30년 사이에 최소한 서구의 선진 자본주의 국가에서는 노동자의 실질 임금이 향상되었고, 이들은 생활의 궁핍함을 벗어나지는 못 했을지라도 절대적인 빈곤에서는 해방되는 과정에 있었다. 이러한 변화는 여성들의 삶도 개선했을 것이다. 특히 여성과 지불 노동의 관계, 가족의 의미, 공적 영역으로의 진출, 몸에 대한 권리 등에서 많은 변화가 있었기 때문이다.

그렇다면 현대사가 여성에게 요구한 대가는 무엇인가? 두 차례에 걸친 세계대전은 여성의 삶을 근원적으로 흔들어 놓았다. 마찬가지로 파시즘의 등장이나 사회주의 혁명과 공산주의 국가의 등장 그리고 뒤이은 페레스트로이카는 각각 여성의 운명을 규제하거나 제한하였다. 지난 20년 사이에 밀어닥친 지구화globalization 역시 커다란 도전으로 다가왔다. 물론 이런 역사의 소용돌이가 여성에게 끼친 효과는 결코 일방통행적인 것만은 아니었다. 이들의 효과는 대단히 이율배반적이고도 복합적인 것이었다.

이 글은 서양 현대사에서 여성에게 일어난 변화들을 일별하는 데 주안점을 두고 있다. 여기서는 주로 구미 국가들에서 일어난 변화에 초점을 두겠지만, 서구 국가들 내에서도 시간적인 편차나 지체, 발전 정도에서의 차이 등이 있다. 따라서 '차이'를 강조하는 이들에게는 우리가 시도하는 보다 일반적인 흐름의 탐색이 거부감을 줄 수도 있을 것이다. 그러나 이러한 차이 속에도 공통점은 있을 것이고, 이를 가능한 범위에서 산출하여 현대사 속에서 여성이 차지하는 자리를 짐작해보는 일은 오늘의 우리를 성찰하는 데에 유의미한 연장이 될 수 있으리라 생각한다.

전쟁이 여성을 해방시켰을까?

우리는 1차 세계대전에서부터 현대 여성의 역사를 출발하고자 한다. 그 이유는 이 총력전이 여성을 국민국가로 통합시키는 데 결정적인 역할을 했고, 더불어 여성의 삶에 심대한 변화를 초래했기 때문이다.[4] 그렇다면 여성들은 전쟁에 대해 어떤 반응을 보였을까?

   1914년 1차 세계대전 발발 무렵에 여성의 조직적인 활동은 괄목할 만한 성장을 보여주었는데, 이는 참정권 운동뿐 아니라 노동조합이나 시민운동 등에서도 나타났다. 이미 서유럽에서 여성들의 교육과 직업 수준은 비교적 높아지고 있었다. 전쟁이 일어나자 여성운동의 활동가들은 여성도 남성과 동등한 존재이자 동지임을 표방하면서 시민의 권리뿐 아니라 의무까지를 짊어지고 자 했다. 그중 주된 것은 병역의무였다. 이는 페미니즘의 적대자 들이 "피어린 세금tax of blood"을 납부하는 자만이 참정권을 얻을 수 있다고 주장하면서 참정권을 병역의무와 연계하고 있었기 때문이다.[5]

1차 세계대전이 발발하자 남성들이 서로 간의 정치적 차이를 접고 '성내의 평화Burgfrieden'를 표방한 것처럼, 여권주의자들 역시 참정권을 위시한 제반 권리 쟁취를 위한 활동을 접고 기꺼이 국가를 위한 봉사에 나설 것을 선포했다. 독일의 전국 여성봉사대Nationaler Frauendienst, 프랑스 여성동맹French Women's Alliance, 이탈리아 여성위원회Italian Women's Committee가 그랬듯이, 러시아의 여

전쟁에 열광하는 여성들과 남성의 군대 지원을 독려하는 선전 포스터.

성 평등연맹League for Women's Equality도 그 회원들에게 "가정의 좁은 울타리를 벗어나서", "그 에너지, 지성 그리고 지식"을 그들 국가를 위해 바칠 것을 호소했다.[6] 그 동안 여성운동이 타국 여성들 간의 연대를 강조하는 국제주의적 운동으로 발전했음에도, 이 제국주의 전쟁 기간 동안 대다수의 여성운동은 대체로 민족주의적이면서 애국주의적인 면모를 보였다.[7]

실제로 여성들은 전선에 동원되었는데, 그 다수를 점한 것은 간호사였다. 초기에 군부는 전선 가까이에 여성을 동원하는 것을 꺼려했지만, 이는 곧 현실이 되었다. 군 병원의 초기 간호사는 주로 적십자로 조직된 자원봉사자였고, 그중 대다수는 상층계급 가정 출신이어서 임금은 그저 명목상의 것일 뿐이었다. 그러나 병자와 부상자의 수가 늘어나면서 인력 수요가 증대했으나 간호사에 대한 봉급은 너무 낮았다. 결과적으로 간호사는 많은 노동 계급 여성이 선망하는 직종으로 바뀌어 갔다. 그렇더라도 1차 세계대전 당시에는 자원봉사자가 여전히 간호사의 다수를 차지했던 것 같다.[8] 이들은 전쟁 선전물에서 "백의의 천사"로 미화되었다.[9]

여성은 전선에서의 역할을 자원하기도 했다. 영국 군부 지도자들은 육군, 공군, 해군에 여성 보조군단을 설치하여, 요리, 사무직, 구급차 기사, 전기 기술자 등의 의무를 수행하도록 했다. 그러나 여성들로 구성된 전투병과가 설치된 것은 러시아 뿐이었는데, 약 6000명의 여성들이 이에 참여하였다고 한다. 여성들은 간호사로서, 혹은 스파이 활동 등을 통해서 전쟁 영웅으로 명성을 얻기도 했고, 생사를 넘나드는 전선에서 남성들에게 어머니나 누이와 같이 정신적 위안을 주는 존재로 찬미되기도 했다.[10]

그러나 전시에 여성에게 부여된 핵심적인 역할 모델은 주로 모성적인 것이었다. 정치나 군부 지도자들 혹은 의학 분야의 엘리트들은 여성의 국가에 대한 봉사를 출산률 제고로 정의했다. 여성의 출산은 '국토의 안전을 보장하는 군인의 의무와 같은 것'으로 묘사되었다.

전쟁은 여성 일반의 생활 환경을 급격히 악화시켰다. 생계를 책임졌던 가장들은 전선으로 징집되었고, 대부분의 국가에서 지급되는 보조금은 남아 있는 가족의 생계를 유지하기에는 턱없이 부족했다. 전쟁에 의한 파급 효과는 우선 여성들의 실업으로 나타났다. 이는 여성이 전통적으로 종사해온 의류 제조나 사치품 생산이 급격히 감소한 까닭이었다. 1914년 8월 프랑스에서는 상업과 산업 분야에서 일자리가 40퍼센트나 부족했다고 한다. 그러나 연합국과 추축국 모두 단기전을 예상하고 시작한 전쟁이 장기화되자, 교전국들은 총력을 다해 전쟁 물자를 공급해야만 했다. 이 때부터 정부나 군부 지도자들은 여성들을 '향토 부대'라 지칭하면서 여성 노동력을 동원하기 시작했다. 남성 직종으

19세기 말 전화국에서 일하는 여성 노동자들. 사무직 여성이 탄생하는 순간이다.

로 알려진 군수품 생산에 여성들이 진입하기 시작했다. 1918년 프랑스의 경우 여성 군수품 생산 노동자는 60만 명이었고, 영국은 100만 명에 이르렀다.[11] 이탈리아의 경우에는 전쟁 관련 산업에 종사하는 여성은 1914년 당시 2만 3000명이었던 것이 1918년 20만 명으로 증가했다. 체신 담당 사무직이나 우편 배달부, 버스 기사, 행정직 공무원으로도 여성이 대거 진입하게 되었다. 그러나 남성 직종에 진입한 여성들 중 주부의 비율은 낮았고, 그 대다수가 이미 고용된 여성들의 일자리 이동으로 이루어진 경우가 많았다.

여권주의 신문들은 여성의 노동력 진출을 낙관적인 어조로 묘사했지만, 전시 노동의 실제 상황은 그런 낙관적인 평가와는 거리가 먼 것이었다. 많은 고용주들은 여성 노동이 덜 생산적이라는 이유로 여성에 대한 저임을 합리화했고, 당연히 저임은 장시간 노동으로 이어질 수밖에 없었다. 그럼에도 불구하고 남성 노동조합원들은 여성 고용이 자신들의 고임금을 위태롭게 할 것을 염려했고, 자연히 여성 고용에 대해 적대적이었다.

농촌에서도 여성은 전장에 차출된 남성들의 노동력을 대체했다. 가축이나 운송 수단들이 차출된 데다, 트랙터 같이 연료를 필요로 하는 농기계들을 사용할 수 없게 되면서 여성들이 대신 중노동에 시달려야 했다. 한편 교육 받은 전문직 여성에 대한 수요가 늘어나면서 여성에 대한 고등 교육의 기회도 상대적으로 늘어나게 되었다.[12]

모성과 마찬가지로 가사노동 역시 군사적 필요에 따라 조직되었다. 군사적 필요에 의해 식량과 1차 소비재는 각 나라 국고에 비축되어야 했고, 따라서 식량과 생필품 가격이 치솟았는데, 이는 독일, 오스트리아, 러시아에서 특히 심각했다. 여성들은 부족한 식량을 마련하기 위해 텃밭을 가꾸거나, 농촌으로 식량을 구하러 다니거나, 도둑질을 하거나, 암시장에서 거래를 해야 했다. 이는 당연히 여성의 노동 부담을 높였고, 가사노동의 성격 자체를 바꾸어 놓았다.[13]

많은 여성 노동자들이 전쟁 기간 동안 자신들이 이룩한 성취에 자부심을 가졌지만, 동시대의 관찰자들은 결혼과 모성의 미래에 대한 우려를 공공연히 표현했다. 그렇다면 전쟁은 가족에게 어떤 영향을 끼쳤을까? 전장으로부터 멀리 떨어져 있었지만, 가정 역시도 전쟁 수행을 위해 동원되었다. 가구는 소비, 여가 활동, 사회적 행동 방식까지 정부의 통제에 종속되는 공적 영역이 되어버렸다. 우선 국가의 존립을 위해서 출산을 늘리라는 압박이 여러 형태의 선전 선동을 통해서 가중되었다. 전시 동안에 국가는 결혼하지 않은 파트너나 군인의 사생아에 대해 가족 수당을 대폭 강화했다. 또한 모성을 위한 공공복지를 더욱 강화하여, 의료 지원이나 모자에 대한 사회 서비스를 현실화하고, 모성을 위한 공공복지의 수혜 기간을 늘렸으며, 지원액을 높이고, 지원 범위를 확대했다. 영국의 경우 이미 1914년 자원입대를 독려하기 위해 독일이나 프랑스보다 많은 가족 수당을 지급했다. 실제로 전시에 가족이 국가를 통해 받는 수입은 가장이 생계비를 벌어오던 전전기보다 높았다고 하는데, 이는 국가와 가족 사이에 새로운 관계가 설정되었음을 의미한다. 여성은 자신의 모성을 통해서 남성이 병역의무에서 겪는 모험, 시련, 자기희생과 동등한 가치의 국가 봉사를 하게 되었다.[14]

  출산률을 높이려는 전시의 대대적인 노력에도 불구하고, 남편의 부재로 인해서, 그리고 혼돈과 폭력이 난무하는 시기에 아이를 세상에 내보내고 싶지 않다는 심리 때문에, 출산률은 최저치를 기록했다. 영국과 독일 등지에서는 피임 도구의 사용이 늘어나고 낙태율이 올라갔다. 이에 독일은 1918년에 낙태에 대한 벌금 제도를 만들고 피임 도구의 판매나 선전을 금지했으며, 매춘에 대한 엄격한 통제와 성병에 대한 보고 체계를 강화했다. 1916년 프랑스 역시 피임 도구의 판매뿐 아니라 그에 대한 정보를 퍼뜨리는 것을 범죄화했으며, 낙태 행위나 시도에 대해서도 벌금을 강화했다.[15]

이미 언급한 대로 1914년 1차 세계대전이 발발하자, 여권주의 지도자들은 잠정적으로 여성 참정권을 위한 캠페인을 중지하거나 약화시켰다. 그들은 정부가 여성들의 애국적인 봉사활동의 공로를 인정하고 시민으로서의 권리를 인정해줄 것을 기대했다.[16] 1차 세계대전 중에, 혹은 전후에 주요 국가들에서 여성 참정권이 부여되었지만, 이를 전쟁에서 여성이 행한 애국주의적 공헌의 결과로만 평가하기는 어렵다. 국가마다 상황과 맥락이 달랐기 때문이다. 영국의 경우 1918년에 기간의 재산에 따른 제한 선거권을 폐기하고 21세의 모든 성인 남성에게 참정권을 부여하게 되었으나, 여성 유권자가 남성 유권자보다 많아질 것에 대한 공포 때문에 결국 여성에게는 30세 이상에게만 투표권을 허용했다. 그나마 하원이 이런 법안에 동의한 것은 여성 참정권론자들의 소란한 행동이 재개될 것에 대한 우려 때문이었다. 이에 비해 독일에서는 제정이 폐지되고 사회민주당 우파가 집권하는 바이마르 공화국이 들어서면서, 새로운 민주주의 체제의 실험의 일환으로 양성 모두에게 선거권이 부여되었다. 그러나 프랑스에서는 상원의 반대로 여성이 선거권을 획득할 수 없었고, 여성들은 또 다른 "전쟁"을 거쳐 1944년에서야 목표를 달성할 수 있었다.[17] 이에 비해 러시아에서는 1917년 3월 혁명 직후 임시정부가 20세 이상의 남녀 모두에게 선거권을 부여하여, 서구 자본주의 국가들보다 더 선진적인 면모를 보여주었다.[18]

이제 앞에서 던졌던 질문으로 되돌아가 보자. 1차 세계대전은 여성의 해방에 기여하였는가? 많은 역사가들은 이 전쟁이 어떤 분야에서는 여성의 지위를 변화시켰지만, 젠더 위계 구조는 여전히 온존했고 여성은 남성에게 종속적이었다고 주장한다. 그러나 일시적일지라도 전쟁은 전통적으로 여성의 영역을 제한하던 많은 장애물을 파괴했고, 여성은 보다 폭넓은 노동 참여를 통해서 독립을 누리고 가족 수입을 통제할 수도 있게 되었다. 전쟁에서의 시련을 통해서 여성은 정부 내에서 중요한 역할을 수행하게도 되었다. 그러나 무엇보다도 전쟁은 여성에게 국민국가의 새로운 구성원 자격을 얻게 해주었다는 점에 주목할 필요가 있다.[19] 이러한 잠정적인 결론에 도달한다 하더라도, 우리는 이후의 간전기間戰期, inter-war period에 일어난 여성 지위의 퇴행이나 다시 2차 세계대전을 통해서 일어나는 새로운 변화라는 보다 긴 역사적 주기 속에서 이 질문에 대한 해답을 다시 찾아야 할 것 같다.

또한 여성과 전쟁의 관계에 대한 성찰 속에서 망각해서는 안 될 부분은 점령지에서 진행된 여성에 대한 비인간적인 착취이다. 벨기에, 세르비아, 몬테네그로, 폴란드, 리투아니아 등지에서 약탈과 징발 외에도 여성들은 강제 노동에 동원되었다. 이들 중 몇몇은 수용소에 억류되어 노동력을 착취당하기도 했고, 매매춘을 강요당하거나 점령군에 의한 성폭행으로 심리적 손상을 입거나 적의 아이를 낳아야 하는 고통을 겪기도 했다.[20] 전쟁이 끝난 후에도 피해 여성들에게 강요된 침묵을 통해 많은 쓰라린 경험들이 역사 서술에서 은폐되었다는 사실도 환기되어야 한다.

여성과 전쟁의 관계 속에서 우리는 현대 전쟁에서는 젠더가 전시 정책의 중요 구성 원리로 작용함을 알 수 있었다. 그러나 미국이나 유럽 모두에서 여성을 대체하는 역할로만 생각했다는 점, 즉 여성의 전시 노동만을 염두에 두었다는 점을 확인할 수 있었다. 이제는 전쟁사 서술도 젠더화된 시각에서 쓰여질 필요가 있다.[21]

신여성의 출현 – 간전기 間戰期의 여성들

1차 세계대전의 종결과 더불어 구미에서는 민주정부가 들어서기 시작했다. 독일제국과 오스트리아-헝가리제국 그리고 차르 치하의 러시아제국이 붕괴되었고, 폴란드, 헝가리, 체코슬로바키아, 유고슬라비아 등의 국가가 새로이 탄생했다. 이런 국가들에서 민주주의는 불안정하기 짝이 없었지만, 그래도 도처에서 민주주의를 향한 노력들이 진척되었다. 이러한 간전기의 민주화 분위기 속에서, 영국, 독일, 네덜란드, 스페인, 체코슬로바키아, 스칸디나비아 국가들에서는 여성에게 참정권이 허용되었다. 또한 참정권 여부와 상관없이, 각국에서 여성들은 공적 영역에서 점점 활발해지고 있었다. 여성들은 자발적인 협회, 사회복지 기관, 사회운동 등을 통해 다양한 방식으로 새로운 질서의 형성에 기여하기 시작했다.[22] 이러한 가시화는 오히려 반여성주의적 퇴행의 사회 분위기를 만들어내기도 했다. 눈에 거슬릴 정도로 양성적인 이미지의 현대여성을 가리키는 '후라퍼 flapper'라는 용어가 등장하기도 했다.[23]

간전기 inter-war period 동안 결혼, 성, 가사노동, 양육에 대한 관점은 근대적인 방향으로 변화했는데, 이는 심리학, 기술, 의학의 발전에 기초한 것이었다. 그러나 간전기의 가정 문화는 전쟁의 상흔에 의해 지배되었다. 전장에서 돌아온 군인들은 그 사이 자신들에게는 주어지지 않았던 시민적 생활을 질시하며, 여성에 대해서는 의심의 눈초리를 거두지 않았다. 이에 놀란 정책 입안자들은 전시의 여성 노동자들을 가정으로 복귀시키고 제대 군인들을 재사회화하는 수단으로서 결혼을 옹호하고 가족들을 적극적으로 지원했다.[24]

그러나 몇몇 국가들에서 여성 유권자들은 오래 추구해온 여권주의의 목표, 즉 부부 관계 내에서의 남녀 평등권을 실현하고자 했다. 1920년대 스칸디나비아 국가들에서는 완전한 법적 평등이 이루어졌고, 1938년 프랑스에서는 아내에게 남편의 허락 없이 재산을 통제하고 여권을 신청하거나 법정에서 증언할 수 있는 권리를 부여하는 법안이 통과되었다. 이미 1880년대에 여성에게 재산 통제권을 허용했던 영국에서는 1925년 아내에게도 그 자녀에 대한 후견권을 동일하게 허용했다. 그러나 헌법이 남녀 간에 완전한 평등을 허용한 독일과 체코슬로바키아에서는 보수적인 여론 때문에 어떤 변화도 허용되지 않았다. 여기서 우리는 법적 변화에 상관없이, 문화가 부부 관계를 재규정하고 있음을 알 수 있다. 간전기의 문화는 사랑, 낭만, 동반자적 관계 등을 강조하면서도, 19세기까지 강조되었던 결혼의 종교적, 도덕적 의무를 그대로 유지하고자 했다. 범람하는 영화나 소설 그리고 여성 잡

1920년대 유럽의 신여성을 묘사한 독일 화가 오토 딕스의 그림. 신여성은 대학 교육을 받고, 경제적으로 독립한 미혼인 경우가 많았다.

지들이 성공적인 부부 관계의 기준으로서 정서적, 성적 만족의 중요성을 강조했지만, 그런 새로운 결혼관이 평등한 관계를 의미하는 것은 결코 아니었다.[25]

간전기에 경험한 엄청난 변화는 여성의 일상생활에도 영향을 미쳤다. 서구에서는 이미 1890년대부터 산업적이며 도시적인 생활 방식이 전통적인 소규모 공동체 생활을 능가하기 시작했다. 여성과 남성은 모두 소비와 쾌락을 제공하는 공적인 공간에 출입하게 되었다. 1920년대에 들어오면서 이런 경향은 더욱 가속화되어, 댄스홀, 오락 시설을 갖춘 공원, 극장, 영화관 등은 많은 이들을 가정에서 불러내어 이 새로운 활동 무대로 들어오게 했다. 특히 도시의 젊은 여성과 남성들은 보다 손쉽게 가족이나 이웃의 감시의 눈초리로부터 벗어날 수 있게 되었다. 젊은 노동계급 여성들은 화려한 의상, 야간 유흥, 사교춤에 대한 탐닉으로 오랫동안 악명을 떨쳤다. 이들은 근무가 끝난 후 댄스홀에 몰려가서 젊은 또래 남성들이 사주는 술을 마시며 기성세대가 보기에는 '끈적끈적한 춤'을 추었다. 이들의 짧은 머리와 활동적인 옷차림은 전통적인 여성상의 그것과 거리가 멀었다. 이는 기성세대를 자극했고, 그래서 이들은 '쾌락과 자율성을 찾는 독신녀'라 지칭되었다.[26] 이미 1910년대부터 나타나기 시작한 이런 여성의 이미지는 1920년대에는 말괄량이$_{frapper}$ 이미지로 강력히 자리 잡게 된다.

도시화와 산업화가 광범하게 확산되면서, 갈등으로 점철된 컨텍스트 속에 들어가게 되었던 또 다른 여성 집단으로 '신여성'을 들 수 있다. 신여성은 대학 교육을 받고, 미혼인, 그러면서 경제적으로 독립적인 생활을 영위했던 집단이었다. 이들은 결혼을 하지 않거나 늦게 했고, 대체로 자녀를 적게 낳았다. 당대인들을 깜짝 놀라게 한 이들은 자율성과 개성을 지니고 있었다. 독립적인 전문 직업을 가진 이들은 의상 스타일에서부터 시작하여 새로운 생활 방식을 창출하고 있었다.[27]

간전기의 사회적 변화 속에서 부부 관계도 변화했다. 우선 평균수명이 늘어나고, 자녀 수가 감소하면서, 남녀 모두 부부 관계에 더 많은 에너지를 투여하게 되었고, 함께 여가 활동에 참여할 기회도 늘어났다. 이러한 변화는 남성의 아성이자 노동운동 문화의 상징이었던 영국의 선술집_pub_이 여성에게 개방되었던 데서도 잘 드러난다. 새로이 등장한 미디어인 영화와 라디오도 부부가 함께 즐길 수 있는 새로운 오락이었다. 이 시기에 이르러 사회과학자, 사회사업가, 언론인, 법률가들이 한 목소리로 작은 가족을 옹호하고 '가정생활이 정서적 친밀감과 개인적인 성적 표현을 위한 특별한 영역'이라고 주장하기 시작하는 데 대해 주목할 필요가 있다.[28]

이런 개방적 시대에 대한 불안감은 종종 이성애에 대한 찬미와 더불어 동성애에 대한 탄압 강화로 나타났다. 19세기까지는 동성애를 규제하는 법이 남성에게만 적용되었다면, 이제는 레즈비언도 흉물스럽고 유혹적인 것으로 폄하되고 탄압받기에 이르렀는데, 이 과정에는 새롭게 등장한 성 의학 등의 과학이 주요한 역할을 했다.[29]

결혼이나 섹슈얼리티의 경우와 마찬가지로 이제 가사노동도 과학적 분석의 대상이 되었다. 19세기만 해도 체통을 갖춘 가정이라면 최소한 한 명의 하녀는 거느리고 있었다. 그러나 간전기에 이르면 하녀의 공급은 감소하고, 대신 엔지니어나 디자이너들이 개발한 가전제품과 노동력을 절약해주는 새로운 스타일의 부엌이 등장하게 된다. 이런 노동 절약적인 부엌은 부유한 가정뿐 아니라 노동 계급을 위해 설계된 공공 주택에도 도입되게 되었다. 미관상으로 깔끔하고, 기술적으로도 진전된, 위생적인 부엌은 현대화를 향해 치닫는 당대 공장의 축소판이었다고 할 수 있다. 가사노동이 전통적으로 하녀에게나 적합한 손을 놀리는 노동이었다면, 이제 그것은 교육받은 여성조차도 기쁨과 성취감을 느끼며 할 수 있는 숙련된 기예로 재구성되었다. 이런 근대적인 기술은 단지 소수의 간전기 여성들만 이용 가능했고, 1960년대까지도 여성 다수에게까지 이르지는 못했다. 가사노동의 기계화는 국가에 따라, 계급에 따라 약간의 시간적 지체가 있었음을 감안해야 한다.[30]

일부 여권론자들은 과학기술이 가져온 새로운 변화가 가사노동을 극대화한다고 비난했지만, 많은 여성조직들은 이를 열광적으로 환영했다. 새로운 지불 방식으로 월부 구매가 시작되면서, 여성들은 열광적으로 이 새로운 도구를 구입하기 시작했다. 그러나 보다 수준 높은 위생과 안락함에 대한 기대 때문에, 노동절약 도구의 도입은 여성의 가사노동 시간을 감소시키기보다는 오히려 증가시켰다. 단지 기술의 진보가 가정의 청결도와 질서의 수준을 높이고 가사노동의 효율성을 높였을 뿐이었다. 1920년대 동안 가정 바깥에서 노동하는 기혼 여성의 수는 현저히 감소했다. 그럼에도 불구하고 이 새로운 방식의 가내 역할은 인기를 끌었다.[31]

또한 간전기 문화는 기혼 여성의 가장 중요한 책임으로 육아를 강조했다. 출생율과 유아 사망률이 줄고 아동 노동의 금지와 의무교육이 법제화되면서, 아동기는 연장되고 육아에는 많은 비용이 들게 되었다. 육아 전문가들이 물리적 건강보다 아동의 심리적 건강을 강조하기 시작하면서 가정에서는 아동 중심적 문화가 형성되었다. 특히 중산층 어머니들은 전문가의 처방에 따라 섭생과 육아의 스케줄에 적응해야 하게 되었으며, 자녀 교육에서 계급 간 격차가 드러나기 시작했다. 몬테소리를 위시하여 과학적 방법에 따른 보육 시설들이 생겨났고, 교육자나 여성운동가들에 의해 공공 보육 시설을 건립하려는 캠페인이 전개되었지만, 정부의 지지는 보잘 것 없었다. 여성들은 간전기에도 여전히 육아 담당자로서 가정에 머물러야 했다.

이미 앞에서 우리는 전쟁의 결실로 여성의 사회적 노동에의 참여가 증대되고, 전형적인 남성 직종으로의 여성 진출이 늘어났음을 언급했다. 그렇다면 간전기 여성들은 전시에 쟁취한 고용의 기회를 얼마나 누리고 있었는지 분석해보아야 할 것이다. 남성들의 전사로 과부가 된 여성이나 독신으로 남은 여성의 수가 증가했음에도 불구하고, 정부와 민간 기업들은 여성을 전시의 직장으로부터 가차 없이 내몰았다. 프랑스는 1918년 11월부터 여성들에게 동원해제령을 내리면서, 군수산업에 종사하는 여성 60만 명 중 80퍼센트 이상을 해고했다. 여성은 1918년 프랑스 철강 산업 노동자의 30퍼센트 이상을 차지했으나, 1921년에는 14퍼센트에 불과했다. 반면 전쟁으로 큰 피해를 겪은 농촌의 경우에는 여성의 수가 더 많았다.[32]

그러나 1930년대에 이르면, 전쟁에서 남편을 잃은 나이 든 여성을 제외한 젊은 여성들은 남성들이 사라져버린 농촌을 버리고 도시로 일자리를 찾아 이동해갔다. 도시로 간 이농 여성들은 가내 서비스 분야의 일자리를 찾기도 했지만, 젊은 여성들은 공장 노동을 더 선호했다. 그러나 화학 산업을 예로 들자면, 여성 노동자들은 남성보다 20~50퍼센트 정도 적은 임금을 받았다. 남성 노조 조합원조차도 여성 노동자들에 대해 우호적이지 않았다. 독일 사회민주당이 지원하는 자유노조의 강령은 동일노동, 동일임금이었지만, 실제로는 대다수 노조 지도자들이 여성은 남성보다 생산성이 낮으므로 더 적은 임금을 받아야 한다고 생각했다.[33]

간전기에 여성 고용이 현저히 늘어난 분야는 우체국, 오피스, 소매업, 전화국 등의 사무직이었다. 이 기간 동안 낮은 직급의 사무직들은 종래의 전형적인 남성 직종으로서의 특성을 잃고 여성 직종으로 새롭게 규정되었다. 엘리트 여성들은 전문직, 독립된 생활력, 높은 생활 수준, 사회적 존중, 개인적 만족 등을 열망하게 되었다. 전쟁의 여파, 높은 인플레이션, 세제 개혁 등으로 수입이 줄어들어 더 이상 유복한 생활을 계속하지 못하게 된 상층의 젊은 여성들도 직업 세계로 나오게 되었다. 이와 병행하여 1920년대에는 여대생의 숫자도 급증했는데, 프랑스에서는 대학생의 17퍼센트, 독일에서는 10퍼센트가 여성이었다. 단 영국의 경우는 대륙의 국가들에 비해 여대생 비율이 상대적으로 낮았다.

중·상층 여성들은 전문 교육을 받은 후 교사, 간호사, 사회복지사 등으로 취업할 수 있었다. 그러나 모든 직종에서의 평등한 취업 기회라는 법 조항에도 불구하고 여성들은 특정한 전문직에의 진입이 여전히 제한되어 있었다. 예를 들면 대학의 교수직, 변호사 등의 직책에서 여성은 형식적인 평등의 원칙에도 불구하고 남성들의 저항에 부딪혔다. 특히 전후의 보수화 풍조 속에서 우익 단체들은 실직 가장이나 그들의 절망적인 가정 상황에 대한 책임을 취업 여성에게로 돌렸다. 이러한 선전 선동은 일하는 아내를 '자신의 사치와 높은 생활 수준을 위해 자녀들의 복리를 희생하고 남편의 남성적 자긍심을 희생하는 사악한 요부'로 희화화했다.[34] 일부 중앙정부나 지방정부는 헌법에 명시된 평등한 공직에의 취업권 보장에도 불구하고 이 특권적인 지위에 여성이 접근하는 것을 제한하는 법안을 통과시키기도 했다. 또한 많은 국가의 의회에서는 소위 '이중 소득자$_{double\ earner}$'나 남편이 공직에 있는 여성 공무원은 사퇴할 것을 규정하는 법 제정을 둘러싸고 오래 논쟁을 벌이기도 했다. 이런 사회적 움직임에 대해 가장 적극적으로 저항한 것은 스웨덴 여성운동이었고, 그 결과 1938년 스웨덴은 여성을 결혼 여부나 모성 때문에 해고하는 것을 금지하는 법령을 통과시켰다.[35]

결국 간전기의 반反여권주의적 반작용은 시계추를 되돌리지 못했다. 정부나 출산 장려주의자들의 선전과 압박에도 불구하고 기혼 여성들은 가정으로 되돌아가기를 거부했다. 1921년 당시 35.2퍼센트였던 프랑스 기혼여성의 취업률은 1936년에 41.4퍼센트로 늘어났다.[36] 비록 선거 정치에서는 제한된 성공을 거두었을 뿐이지만, 이제 가족이 공적 관심의 대상이 되면서, 여성들은 공공 영역에서 스스로의 자리를 만들어냈다. 유급 노동과 모성의 병행에 대한 여성의 권리 옹호는, 20세기 후반으로 이어지는 노동력 재구성에 큰 초석을 놓은 것으로 평가할 수 있다.[37]

현실 사회주의 속 여성들의 삶

1917년 러시아의 2월 혁명은 사회혁명당도, 멘셰비키도, 볼셰비키도, 자유주의적 여권론자들도 미리 예기하지 못한 사태였다. 그러나 일단 혁명이 발발하자, 볼셰비키는 차르 체제의 붕괴를 낳은 도시의 식량 폭동에서 여성의 정치적 행동주의가 지녔던 역할의 중요성을 인식하기 시작했다. 이제 볼셰비키는 노동 파업이나 가두시위 등을 통해 다양하고 적극적으로 움직이는 기층 여성들의 행위에 부응해야만 했다.[38]

그러나 러시아의 혁명가들이 급진적인 여성 정책을 실현하고자 한 것은 여성들의 수적 우위와 영향력 때문만은 아니었다. 볼셰비키들의 여성관은 19세기 사회주의 사상가들의 유토피아 사상에서 기원했다. 마르크스의 동지이자 협력자인 엥겔스는 서구에서 실행되는 결혼을 자본주의 체제와 연계하여 비판했다. 그에 따르면 부르주아 결혼은 진정한 남녀 간의 사랑에 토대를 둔 것이기 보다는 사유재산에 기초한 정략적인 것이며, 이는 노동계급 여성의 빈곤·착취와 함께 필연적으로 간통과 매춘을 수반할 수밖에 없는 것이다. 따라서 여성의 해방은 사회주의 혁명에 의한 자본주의 체제의 붕괴와 더불어 실현될 수 있는 것이었다. 새로이 탄생하는 사회주의 사회에서는 모든 여성이 사회적 노동에 참여하게 되고, 가사노동의 부담은 사회화를 통해 해결해가게 될 것이었다.[39] 이런 입론에 근거하여, 이제 소련의 공산주의 체제는 여성의 일상생활과 지위를 향상시켜야 할 부담을 안게 되었다. 권력을 장악한 혁명가들은 대체로 도시 지식인 그룹 출신이었는데, 이들은 혁명을 통해 사적 관계의 혁명도 가능하다는 것을 증명하고 싶어 했다.[40]

그러나 후진적인 러시아 사회에서 혁명적 이상을 현실화하는 것은 쉽지 않았다. 우선 사회 곳곳에 도사리고 있는 봉건적 족쇄로부터 인민을 해방시키는 문제가 절실했고, 나아가 낙후된 경제 구조, 특히 전쟁과 내란으로 파괴될 대로 파괴된 제반 인프라를 효율적으로 재구축하고 생산력을 높여야 할 과제가 엄연히 놓여져 있었다. 이 두 상반되는 과제를 어떻게 균형 있게 처리할 것인지, 그 과정에서 어떻게 사회의 혁명적 전환을 신속하게 진행할 것인지 하는 문제로 혁명정부는 고심하게 되었다.

혁명 직후 볼셰비키 정부는 봉건적이고도 가부장적인 가족법의 전면 개정에 착수하여, 적어도 법적인 측면에서 완전한 양성평등을 보장하려 했다. 1917년 12월에 제정된 이혼법과 1918년에 제정된 가족법에 따라 결혼 절차는 간소해졌고,[41] 사실혼도 법적으로 등록된 결혼과 마찬가지의 자격을 받게 되었으며, 이혼도 용이해졌다. 이혼을 어렵게 만드는 심리적인 억압 장치들도 제거되었다. 또한 혼외 관계에서 출생한 자녀도 정식 부부 사이의 자녀와 동일한 법적 대우를 받게 되었고, 여성들은 아이의 아버지에 대해 자녀 부양비를 청구할 수도 있게 되었다. 이제 새로운 가족법에 따라 부부 사이는 평등한 관계여야 했고, 그들의 자식에 대해서도 마찬가지였다.[42] 1920년 11월에는 낙태 합법화에 대한 법이 제정되어, 자유롭게 낙태를 결정하고 무료 시술을 받을 수 있게 되었다.[43] 이처럼 혁명기 러시아는 여성 정책과 관련하여 당시 세계에서 가장 선진적인 제도를 갖추고 있었다.

그러나 법률적인 측면에서 평등을 보장 받았다고는 하지만, 사회주의자들이 제시한 유토피아와 현실 사이에는 거리가 있었다. 대다수의 여성들이 여전히 가사와 육아에 매여 있었고, 남성에 비해 정치적으로 각성되지 못하여서, 자칫 내란기의 상황에서는 혁명의 저해 요인으로 돌변할 가능성도 있었다. 특히 광대한 농촌 지역이나 중앙아시아 이슬람교 지역의 여성들은 여전히 혁명이라는 대변혁의 과정에서 소외되어 있었다. 이에 콜론타이 Aleksandra Kollontai는 여성의 일상적 삶을 실질적으로 개선하고 그들을 가사노동의 부담에서 해방시키는 것을 통해서 소비에트 체제에 대한 여성의 지지를 얻을 것을 주장했다.[44] 이러한 목표를 달성하기 위해, 여성 혁명가들은 여성 문제에 대한 깊은 공감대를 가지고 있었던 레닌의 협력을 얻어 기존의 모스크바 여성위원회를 당 중앙위원회 산하 여성부 Zhenotel로 승격시켰다. 여성부의 활동은 첫째로 내란의 혼란 속에서 소비에트 체제를 안정시키는 과업에 여성을 동원하는 일이었다. 둘째로는 여성에 대한 대대적인 정치 교육을 시도했다. 촌락, 도시, 단위 공장이나 작업장에서 선출된 여성대표자들을 여러 곳에 견학시켜 견문을 넓히고, 이들의 정치나 사회의식을 향상시키고자 했다. 셋째로는 여성들의 생활상의 이익을 실현하는 일이었다. 이에 여성의 가사노동을 해결하는 방안으로서 탁아소, 거주 공동체, 공동 취사 및 식당을 운영했다. 넷째로는 농촌 지역을 위시한 벽지 여성들을 전통적인 억압의 굴레로부터 해방시키는 활동을 수행했다.[45]

레닌은 지속적으로 여성부를 지원했지만, 많은 남성들은 여성부를 '여편네 센터 tsentro-baba'로 조롱하거나 여성부에 대해 실질적인 권한을 부여하지 않았다. 특히 레닌과 가까웠던 첫 번째 여성부의 장인 이네사 아르망이 사망하고, 뒤이어 임명된 콜론타이가 축출(1922년)된 후, 그다지 정치적 비중도 없는 인물들이 여성부를 맡게 되면서 여성해방보다는 여성 동원의 기능을 담당하는 기구로 전락해버렸다. 특히 1928년 이후 농업 집단화와 산업화가 전면적인 과제로 등장하면서, '여성부는 지나치게 여성의 일상생활 향상에 치중하면서, 정치 교육을 소홀히 한다'는 비난을 받게 되었다. 그 배경에는 농업 집단화에 가장 맹렬하게 저항했던 집단인 농민 여성들을 제대로 설득하지 못한 여성부의 한계가 있었다. 결국 1930년 당 중앙위원회의 여성부는 폐지되었고, 관련 업무는 선동 및 대중 캠페인부 산하로 편제되었다.[46]

여성의 직업 훈련을 제고하고, 당이나 정부에의 여성 참여율을 높이며, 문화 개혁을 통해 핵가족을 공동체적 가구로 대체하고자 했던 여성부의 시도는 많은 여성들의 호의와 지지를 얻었지만, 그 실행에는 한계가 있었다. 1922~1926년 사이, 경제에 대한 국가 규제를 완화하고 이윤 창출 기업을 허용하는 신경제 정책이 실시되면서, 탁아소 건립을 위한 재원은 조달되지 않았다. 결국

출산을 독려하는 동독·서독의 선전 포스터.

콜론타이가 시도했던 모범 고아원이나 모범 탁아소는 현실화될 수 없었다. 또한 신경제 정책은 임금 차별을 강화시켰는데, 그 주된 피해자는 여성 노동자들이었다. 전쟁 후 남성의 동원 해제로 인해서도 많은 여성 노동자들이 직장을 잃었다. 그 결과 1928년에는 여성 노동자들이 전체 노동자의 24퍼센트를 차지하는데 그쳤다. 이는 1914년보다 16퍼센트나 줄어든 수치였다.[47]

스탈린이 권력을 잡은 후 레닌의 신경제 정책이 포기되고, 1928년부터 산업화의 가속화 정책이 추진되면서, 당은 더 많은 노동력이 필요해졌다. 따라서 여성 노동력을 중공업에까지 적극적으로 견인하기에 이르렀고, 그 결과 1940년에는 중공업 노동자의 43퍼센트를 여성이 차지하게 되었다. 그러나 성별 직종 분리는 해소되지 않아서, 여성이 다수를 차지하는 직종은 더 낮은 임금을 받았고, 여성들은 하위직에 머물러 있는 경우가 많았다.[48]

1934년에 동성애는 형사처벌 대상이 되었고, 1935년부터 출산장려 정책과 가족주의 정책에 해당하는 여러 조처가 되살아나기 시작했다. 1936년의 신新 가족법에 의해 낙태의 자유가 폐기되었고,[49] 이혼의 경우 까다로운 소송절차와 소송비용을 부담해야 했다. 최대 다산자에게는 영웅 칭호가 부여되었고, 미혼모에게는 상당수의 보조금이 지급되었다. 반면 독신자나 아이 없는 부부에게는 별도로 세금을 부과했다. 1953년 스탈린이 사망하자,

가부장적이고 억압적인 여러 조치도 조금씩 완화되어, 1955년에는 낙태가 자유화되고, 1968년 제정된 신 가족법은 합의 이혼 조항을 다시 복원시켰다.[50]

그렇다면 우리는 러시아 혁명 이후 공산주의 체제하의 여성의 삶을 어떻게 평가할 수 있을까? '사회주의 모국'을 자임하는 소련은 전 세계를 향해 스스로를 '성적 평등이 완벽하게 실현된 유토피아'로 내세웠다. 또한 1945년 이후 공산화된 동구권 국가들도 소련을 따라 여성 정책을 실행하면서 마찬가지로 스스로의 계몽 정치를 뽐내었는데, 그 안에서는 가족, 작업장, 교육 제도, 정치 등에서 젠더 평등이 이루어졌다는 것이었다. 일부 서방의 여성주의자들도 동구 여성의 지위를 이상화했다. 특히 노동시장과 교육제도의 재구조화와 결합하면서, 이러한 개혁은 놀랄 만한 성과를 거두었다. 여성의 문자 해독률은 급격히 향상되었고, 교육의 질적 제고도 급격히 진행되었으며, 여성 고용은 현저히 늘어났다.

대부분의 동구 공산권 국가들에서는 여성의 전일 지불 노동 비율이 거의 남성의 수준에 육박했다. 여대생의 숫자도 거의 남성의 경우와 비슷해졌다. 헝가리의 경우 1980년 남성중 90퍼센트가 전일제 노동자였다면, 여성은 83퍼센트에 이르렀다. 체코슬로바키아의 경우 1950년에 전체 학생의 20퍼센트에 불과했던 여대생 비율은 1989년에 44퍼센트로 늘어났다. 그러나 여성은 교육, 의료 서비스, 복지 부문에 집중되었고, 이렇게 전형적으로 여성 직종으로 간주된 분야에서도 여성은 정상의 위치에 도달하지 못했다. 대체로 여성의 평균수입은 남성의 삼분의 이 정도였다. 공산권 국가들은 여성이 노동을 통해 해방되었다며 체제의 성과를 뽐내었으나, 그것은 여성들이 자발적으로 선택한 것이 아니라 경제적 압박과 궁핍 때문에 강요된 현실을 받아들인 결과라는 주장도 제기되었다. 그러나 분명한 사실은, 공산권 국가들에서는 서구 자본주의 국가들과 달리 여성이 모성과 전일 노동을 결합하도록 국가 정책이 설계되었다는 것이다. 분명 공산주의 사회에서 국가와 가족은 가부장제적이었다. 그러나 공산권 국가의 여성들은 종종 그들의 종속적 지위에 대해 불만을 표하면서도, 가족과 결혼은 성차별주의적이고 억압적인 제도라는 서구 페미니스트의 주장에 동조하지 않았다. 동구권의 여성들은 가족 제도에 대해 반발하지 않았고, 오히려 많은 이들이 이를 향유할 수 있기를 바랐다.[51]

 여성들은 정치조직에도 참여했다. 그러나 실질적인 권력은 소수 남성에 집중되어 있었다. 동구 공산권 국가에서 내로라 할 만한 여성 지도자는 거의 없었고, 대부분이 '알리바이 여성 token women'이기 십상이었다. 여성의 출세는 주요 남성 정치가와의 관계를 통해 가능한 경우가 적지 않았다. 오히려 지방 정치에서는 여성의 대표성이 높았는데, 이는 여성들이 집단농장의 행정단위의 책임자로 참여하는 경우가 많았기 때문이었다. 공산주의 국가의 여성에 대한 지원은 이들을 충성스런 시민으로 편입시키기 위한 것이었기 때문에 동구 공산권 국가에서 그들의 정치적 에너지가 페미니즘으로 발전해가지는 않았다. 그러나 여기에서 환기해야 할 점은 일부 국가, 알바니아나 유고슬라비아 등에서는 전통적으로 여성의 지위가 대단히 낮았다는 것이다. 이런 점을 고려한다면 공산주의 체제에서 동구 여성의 생활 개선에 상당한 진전이 있었음을 추정할 수 있다. 전체적으로 보자면 서구 여성과 동구 여성들의 지위는 대체로 비슷했지만, 후자가 더 종속적이거나 정형화된 여성적 역할을 하고 있었으므로 전자보다 지위가 더 낮았다고 평가하는 시각도 있다.[52]

공산주의 사회에서는 그래도 상대적으로 진보적인 가족법이 살아남았다. 혼외 관계에서 출생한 자녀의 완전한 법적 보호, 사실혼의 인정, 결혼 중 취득한 재산의 부부 간 분할 소유 등이 그것이다.[53] 젠더 평등은 한 번도 실행되지 않았는데, 그것은 가구, 가사노동, 육아의 완전한 재구조화 없이는 불가능한 일이었다. 1950년대부터 출생률이 급격히 하락하면서, 이에 대한 대응책으로 육아 수당의 증대와 모자에 대한 의료 혜택이 광범하게 주어졌다. 1960년대 동독의 경우, 생후 5달에서 3세 이하의 아동의 63퍼센트가 종일 보육 시설에 다닐 수 있었고, 3~6세 아동의 경우 91퍼센트가 종일 탁아소를 방문할 수 있었다. 이는 서독의 수치를 훨씬 상회하는 긍정적인 결과였다. 그러나 보육 시설을 제외하고는, 국가는 가사노동과 관련된 서비스를 제공해주지 않았다. 특히 구 공산주의 국가에서 여성들을 괴롭힌 것은 소비재의 부족과 생필품 구입을 위해 줄 서서 기다리는 데 소요되는 시간이었다. 또한 노동을 절감해주는 가사 용구의 부족과 낮은 품질은 '가사노동의 사회화'라는 공산주의 국가의 기치를 무력하게 만드는 것이었다.[54] 국가는 가정 내 남성의 가부장적 군림에 대해 어떠한 효과적인 공격도 하지 않았는데, 이는 국가와 남성 시민 사이의 암묵적인 합의 같은 것이었다.[55] 공산주의 국가에서 '가정주부'라는 용어는 사라졌지만, 여성은 지불노동과 가사노동의 이중부담에 시달려야 했고, 이는 반공주의적 비판의 주요 항목으로 떠오르기도 했다. 생활 수준도 서구보다 낮았다, 국가는 결혼을 권장했지만, 이혼율은 대단히 높았다. 그러나 낙태가 합법화되어 있었고, 이와 관련한 의료 서비스를 받을 수 있었던 점은 서구보다 훨씬 진전된 발전이었다고 말할 수 있다.[56]

여성해방이 새로운 자의식을 가진 사회집단인 여성들이 전개하는 길고 지난한 문화혁명의 과정이라는 점을 염두에 둔다면,

공산주의 체제하에서의 여성의 지위에 대해서는 비판할 점이 한두 가지가 아니다. 또한 서구 자본주의 국가 구성원들이 볼 때, 탁아소의 열악한 환경 등은 비판될 여지가 없지 않다. 그러나 가사노동의 사회화 조치 등은 서구에 비해 월등히 진전된 것이었다고 말할 수 있다.[57] 이런 평가는 1980년대 말 페레스트로이카 이후 동구 공산권 국가들이 몰락하면서 나타난 여성들의 열악해진 현실을 보면, 보다 명확하게 이해할 수 있다.

2차 세계대전과 파시즘 속 여성들

소련의 공산주의와 히틀러의 파시즘은 양자가 지닌 명료한 차이에도 불구하고 여성 문제에 있어서 하나의 공통점을 보여준다. 국가와 집권 정당이 여성의 지위를 규정하고 삶을 구성해간다는 전제가 그것이다.[58] 그래서 파시스트 지도자는 공적으로는 여성을 찬미하고, 모성에게 보상을 주고, 가족을 보호해주는 것처럼 보였다. 그러나 실제 파시스트 정책은 사적 영역에 개입하고 개인의 결정에 파시스트 이데올로기를 삽입하려 했다. 그런 점에서 파시스트 여성 지도자는 실제로 가족의 자율성을 해소하는 데 참여했다고 볼 수 있다.[59]

이탈리아와 독일의 파시스트들은 가정성 domesticity과 모성에 기반을 둔 전통적인 여성상을 지지했다. 나치 정권의 핵심 인물이었던 괴벨스는 "여성에게 가장 적합한 장소는 가족이며, 가장 중요한 의무는 국가와 민족에게 아이를 선물하는 것"이라고 강조했다. 진정한 민족국가라면 '자연스러운' 남녀의 영역을 다시 한 번 더 분명하게 구별하고, 더 이상 여성해방이라는 명분으로 여성의 타고난 업무를 등한시해서는 안 된다는 점을 강조했다.[60]

이미 앞에서 언급한 대로, 1920년대에는 젊은 여성들이 새로운 일자리와 함께 공공 영역에 진출했고, 새로운 대중문화의 주체로 떠오르고 있었다. 기성세대들은 이들의 향락적이고 자율적인 태도와 대중문화에의 탐닉을 서구 문명의 몰락의 증거로 받아들였다. 이런 현상에 대해 가장 격렬한 반응을 보인 곳은 독일이었다. 나치는 변해가는 남녀 관계를 재정립함으로써 미래에 대한 국민의 불안과 불확실성을 제거하겠다는 약속을 통해 대중의 도덕적 위기감을 교묘히 활용했다.[61]

이런 관점은 파시즘 운동의 창시자인 무솔리니에게도 예외가 아니었다. 그는 경제가 침체하자, 여성의 가정 밖 노동은 국가와 가족을 해치는 일임을 강조하면서 여성의 노동력 참가를 제한하는 조치를 취했다. 1934년 제정된 법은 여성들이 특정 업종에 취업하는 것을 금지했고, 또 다른 법은 정부나 민간 기업의 특정한 사무 직책에 대해 여성 취업율을 10퍼센트로 할당하도록 규정했다. 마찬가지로 나치 정권 역시 여성을 직장이나 대학 그리고 정치권에서 물러나도록 했다. 낮은 이자로 대출해주는 결혼 자금의 경우에도, 아내 될 사람이 결혼과 더불어 직장을 사직한다는 서명을 해야 가능했다.62 그러나 이런 정책은 오래 지속될 수 없었다. 전쟁 준비로 치달으면서 숙련 전문직 여성에 대한 수요가 늘어났고, 그래서 1936년에는 여대생에 대한 할당제가 폐기되었다. 공식 통계에 따르면, 1939년에는 노동 연령에 있는 여성들의 50퍼센트가 일자리를 가졌고, 그들 중 24퍼센트 이상이 자녀가 있었다.63 이런 현상은 전쟁 말기로 갈수록 더 심해졌으리라 추정된다.

결국 파시스트 정권의 여성 정책은 큰 모순을 드러냈는데, 이는 전통적인 가부장적 입장과 근대적인 요구가 내부에서 갈등한 결과였다고 할 수 있다. 그들은 당대 사회에서 진행되는 새로운 변화를 막으려 했지만, 전쟁에 대비하

행진하는 나치 소녀단원들.

기 위한 자원 총동원의 필요성에 따라, 바로 자신들이 비난하며 저지하려 했던 변화들을 가속시키고 말았다. 전쟁 말기의 상황은 오히려 공·사 영역 혹은 남녀의 역할 구분을 흐리게 하는 방향으로 전개되었다. 결과적으로 볼 때 파시스트 여성은 완전히 새로운 인간형이었다. 이 여성은 국가가 요구하면 언제라도 일터를 떠나 집으로 귀환하고, 국가가 요구하면 언제라도 다시 일터로 나가는 그런 유연성을 발휘할 수 있어야 했다. 이런 정책에 부응하여 나치는 여성에게 '화이트칼라'나 '블루칼라'가 아닌 '핑크칼라'라는 신조어를 만들어주었다.⁶⁴

뿐만 아니라 파시스트 정권은 국가적 '부흥'에 여성이 참여하도록 권유하면서, 어린 시절부터 여성들을 관리했다. 또한 농가

나치 강제수용소에 갇힌 여성들.

주부, 여성 노동자, 소녀단 등을 계급 별로 나누어서 관리했다. 이탈리아의 경우, 1939년에 당의 지원을 받는 조직에서 활동하는 여성과 소녀들은 318만 명에 이르렀다고 한다. 이를 통해 정권은 파시스트 조국에 대한 흔들리지 않는 사랑을 심어주고자 했다. 이 조직에 참가한 여성들은 사회적 역할을 인정받으면서, 더욱 더 자율적인 선전 활동을 벌여 나갔다. 나치 독일에서도 수백 만 명의 여성이 동원되었고, 그중 수 십 만의 여성이 지도적 위치를 부여 받았으며, 이를 통해 국가 차원의 권력 행사에 가담할 수 있었다. 외국인 관찰자들은 여성에 대한 정치적 동원이 놀라울 정도였다고 증언하고 있다.[65]

파시스트 정권과 나치 정권은 여성관이나 정책에 있어서 많은 공통점을 가지고 있었다. 그러나 나치 정권에는 특별히 철저한 인종 차별주의racism 관점까지가 더해져 있었다. 그런 점에서 나치의 이데올로기나 실천에서 젠더는 어떤 일관된 의미를 가진 것이 아니었다. 나치 정권하에서는 개인적 지위의 결정 요소로서 젠더보다 인종이 우선성을 지니고 있었다. 따라서 나치하에서의 여성의 역사는 역사가들에게 매우 논쟁적인 주제가 된다. 유태인과 집시 여성은 희생자였고, 그들은 자신의 남편들과 운명을 같이 했다. 나치하에서 독일 여성은 한편으로는 피해자였지만, 다른 한편으로는 나치의 정책을 지지하고 집행하는 가해

전범 재판을 받는 나치 강제수용소 여성 간수들.

자 역할을 하기도 했다. 상당수의 독일 여성단체와 여성 종교조직들이 나치 정권을 실질적으로 지원했다. 집단 학살과 관련해서도, 여성은 희생자로서 고통을 당하는 한편, 가해자로서 참여하기도 했다. 대체로 집단 수용소 감시인의 10퍼센트가 여성이었는데, 특히 여성들만을 수용하면서 이들을 강제 매춘에 동원했던 라벤스브뤼크Ravensbrück 수용소의 생존자 증언에 따르면, 여성 간수들도 남성에 못지않게 야만적이고 잔인했다고 한다. 이런 측면들을 종합해볼 때, 파시즘 체제 아래에서는 민족성이 젠더보다 더 중요한 척도였음을 알 수 있다.[66] 이런 사실을 통해 우리는 20세기 초에 이르러 여성 참정권 운동 지도자들은 해방과 사회로의 통합을 결합할 수 있는 시민권의 이상을 꿈꾸었지만,

권위주의 국가나 파시스트 국가에서의 시민권은 자유와 민주주의 그리고 사회 정의의 실현이라는 비전과 거리가 멀었다는 것을 추측할 수 있다.[67]

독일과 같은 파시스트 국가에서 인종 차별주의는 여성의 재생산권을 가장 잔인한 방법으로 유린했다. 이미 1933년 '유전병 예방법'은 의학이 규정하는 유전병과 연루된 여성들에게 강제적인 불임 시술을 행하게 했다. '민중의 어머니'로 인정된 여성들만이 자녀를 낳을 수 있었고, '종의 특질을 잃은' 여성들에게는 출산이 금지되었다. 시술의 대상으로는 유태인, 집시, 슬라브족, 흑인, 정신질환자 등이 해당했는데, 독일 내무부의 집계에 따르면 이는 국민의 20퍼센트에 달했다. 나치 정권은 체계적이고도 철저하게 강제 불임 시술을 시행했다. 1943년까지 그 수치가 약 30만 명에 이르렀다고 한다. 이 과정에서 사망한 희생자의 약 90퍼센트가 여성이었다.[68]

서양의 역사에서 전쟁은 남성들의 일이었고, 거기에 여성이 개입한다면 고작해야 주변적인 부분에서였다. 이미 1차 세계대전부터 전통적인 전투 방식, 즉 남성은 전장으로 떠나고 여성은 집에 남는 방식은 종말을 고했다. 총력전으로 변한 전쟁에서, 여성은 시민적 노동자civilian worker로서 전쟁 물자 공급과 사회생활 유지에 주요한 역할을 했지만, 여전히 재난은 남성이 당해야 했다.

그러나 1938년부터 시작된 2차 세계대전은 고향과 전선의 구분을 무너뜨렸다. 군인보다 많은 민간인이 희생되었고, 여성과 남성 모두가 전사, 노동자, 폭력과 집단 학살의 희생자가 되었다.

징집된 여성 대다수가 비전투 부대에 배속되었지만, 남성과 나란히 전투에 참여하기도 했다. 영국의 경우 사회 여론은 여전히 여성 징집에 대해 비우호적이었음에도 12만 5000명이 징집되었고, 43만 명의 여성이 군 복무에 자원했다. 그러나 여성의 배치는 전통적인 태도에 의해 제한되었다. 우선 영국의 여론은 여성이 죽음에 노출되는 것은 참을 수 있어도 여성이 포로가 되는 것은 용납할 수 없었는데, 이는 여성의 몸 자체가 민족적 정체성의 확인과 밀접히 연결된다고 여겼기 때문일 것이다.[69] 그래서 여성은 주로 본토 방위에 배치되었다. 이에 비해 독일에서는 전쟁이 끝날 때까지 여성을 전투에 동원하는 것을 기피했다.[70] 러시아로부터의 독립을 위한 전쟁과 내전을 겪었던 핀란드는 일찍이 여성 보조군단을 만들었는데, 시민 경비대로 불린 이 부대는 1943년에 17만 3000명에 이르렀고, 전쟁 기간 동안 중요한 역할을 담당했다. 마찬가지로 소련도 광범하게 여성 전사를 동원했다. 흔히 여군들은 그들의 열렬한 애국심으로 인해 사회적으로 크게 존경받았으리라 생각할 것이다. 그러나 실제로는 종종 성희롱이나 강간 등의 대상이 되곤 했다. 여론에서 여군들은

부정적이고 성적으로 정형화되어, 이들은 매춘부나 다를 바 없다는 의심을 받기도 했다.[71]

전장과 후방의 구분이 없어진 2차 세계대전에서 여성은 전시 노동에 동원되었다. 영국의 전시 관련 산업에서 여성의 숫자는 1939년에 이미 60만 2000명에 달했고, 전체 노동력에서 여성의 비중은 1943년 44.5퍼센트에 이르렀다. 17~45세 사이의 여성들이 노동력으로 징발되었다. 여권론자들은 지속적으로 남성과 동일한 임금을 요구했음에도 불구하고, 일반적으로 여성 임금은 남성의 50~70퍼센트 정도였다. 미국에서도 1944년 당시 취업 여성은 2000만 명에 이르렀으며, 전시 영화나 포스터를 통해서 여성의 노동력 참여를 독려했다. 여성의 참여를 이끌어내기 위한 아이콘으로 부지런하고 아름다운 여성 노동자의 이미지, 항공기 부품 공장 노동자 리벳공 로지 Rosie the Riveter 를 만들어내어 대대적으로 선전하기도 했다.[72] 반면 여성의 군 징집을 꺼려했던 독일은 여성을 전시 산업에 동원하는 일에도 주저했다. 여성 동원에 실패한 독일은 주로 점령지의 외국인 남녀들을 강제 노동에 징발했다.[73] 스탈린 독재 치하의 소련에서는 조국 수호에의 요구가 너무나 명백해서, 미국이나 영국에서처럼 여성을 노동력으로 유인하기 위한 선전 선동도 불필요했고, 여성들의 개인적인 선택권도 없었다. 이미 스탈린의 집중적인 산업화 정책에 따

전쟁에 나간 남성을 대신하는 여성 노동자를 강조한 나치 체제의 선전 포스터(왼쪽)와 1940년대 일하는 애국 여성을 상징하는 리벳공 로지(오른쪽)

라 기혼 여성까지도 사회적 노동력으로 강제 동원되었던 소련을 제외한다면, 다른 참전 국가에서는 전쟁이 여성 노동력의 배치에 많은 변화를 가져왔다.[74]

대전 시기 공습으로 인한 피해나 부모와 자녀의 이별, 점령지에서의 착취 등은 여성의 일상적인 삶을 피폐하게 만들었다. 2차 세계대전 중 여성이 겪은 고통과 관련하여 또 한 가지 주목해야 할 부분이 나치에 의해 자행된 강제수용소 구금과 집단 학살genocide이다. 몇몇 역사가들은 나치에 의해 자행된 대참상holocaust에서 젠더 이슈가 핵심적인 문제라고 주장하기도 한다. 그러나 많은 역사가들은 홀로코스트에서 성차를 거론하는 것은 적절하지 않다고 말한다. 군사작전이 적의 의지와 전투력을 파괴하는 데 목적을 두고 있다면, 집단 학살의 목적은 모든 사람들이 이 지상에서 사라지도록 절멸시키는 것이다. 집단 학살에서는 나이도, 성별도, 사회적 지위도 중요하지 않다. 나치가 자행한 인종 청소 과정에서, 유대인, 집시, 여호와의 증인을 비롯한 많은 수용자들은 집단수용소에서 고통스러운 시간을 보내야 하였다. 수용소 내에서 행정을 담담하면서 나치의 하수인 역할을 했던 유대인 위원회의 지도자는 대개 남성이었지만, 그 안에서 남아 있는 가족의 생계를 책임진 것은 여성들이었다. 로즈Lotz 게토의 경우 노동력의 60퍼센트가 여성이었고, 여성이 남성보다 더 오래 생존했다고 한다.[75]

전쟁이 끝난 후에는 구 동독 지역에 진주한 소련 군인에 의해 약 200만 명의 여성이 강간을 당하기도 했는데, 이는 전후의 보복 행위나 추방에서 여성들이 중요한 피해자가 되었음을 보여준다. 최근에는 이에 대한 관심이 전쟁 책임과 관련하여 떠오르고 있는데, 아직까지 많은 연구 성과가 나오지는 못했다.[76]

마찬가지로 독일의 점령지 국가들, 독일 내에서 그리고 집단수용소에서 일어난 나치에 대한 저항에서도 여성은 중요한 역할을 했다. 지역의 활동가나 전문적인 사회 서비스 분야에 종사하던 여성들은 유대인과 그 가족을 돕거나 숨겨주는 일 등을 했고,

대부분 사적인 혹은 인간적인 이유로 도움을 주는 경우가 많았다. 여성들은 무장 레지스탕스 운동에도 참여했는데, 그럼에도 불구하고 여성이 군사 행동에 참여하려 할 경우 이는 반발을 불러 일으켰다. 이들은 대개 물자 공급, 연락책, 무기 반입, 정보 수집 등에서 유용한 조력자 역할을 했다. 한편 여성들 중에서도 무장투쟁에서 명성을 날린 소수의 여성 지도자가 있었다.[77]

앞서 1차 세계대전과 관련해 했던 질문을 다시 반복해보자. 2차 세계대전은 여성사와 젠더 관계에 결정적인 변화의 전환점이 되었는가? 어떤 역사가들은 전시의 변화는 잠정적인 것이었다고 말한다. 전쟁이 끝난 후 다시 가부장제적 복고의 시기가 오기 때문이다. 물론 단기적으로는 그러하지만, 장기적인 국면에서 보자면, 전쟁은 성별 분리의 이데올로기를 완화하고 여성과 남성을 경제나 문화생활의 많은 영역으로 통합시키는 역할을 했다. 전시의 상황은 새로운 형태의 젠더 간 단결을 만들어내기도 했다. 남녀 모두가 함께 싸우고, 고통을 겪고, 죽었기 때문이다. 여전히 거부감은 있었지만, 여론 역시 여성의 노동력 참여에 대해 불황기 때보다는 우호적으로 바뀌게 되었다.[78]

전후 서구 자본주의 사회의 여성

베티 프리단Betty Friedan의 《여성의 신비The Feminist Mystique》가 출간된 이래, 역사가들은 전후시대 1945~1970를 정치적인 보수주의와 연결했는데, 이는 가정성의 부활과 전통적인 성별 역할로의 회귀로 나타났다. 미국의 경우 1944년에 1800만 명의 여성이 일자리를 갖고 있었고, 이들 중 85퍼센트가 자신들의 일자리를 지키기를 원했다. 그러나 1100만 명의 군인이 동원에서 해제되어 귀환하자, 당국은 여성들을 가정으로 돌아가도록 설득했다. 1946년 초에 이르면, 고임금의 전통적인 남성 직종에 종사하던 400만 명의 여성들이 직장을 떠났다. 그러나 전후의 문화적 분위기 속에서 여성은 모순적인 메시지를 받았다. 이는 한편으로는 가족을 찬미하고, 다른 한편으로는 개인주의와 개인적 야망, 높아지는 기대치를 자극했다. 그 결과 새로이 번영하는 사회 속에서 '행복한 주부' 모델은 취업, 교육, 자기실현을 둘러싼 많은 기회와 충돌하고 있었다. 특히 냉전이 자리 잡아가면서 보수적 분위기는 더욱 공고해졌고, 미국식 모델이 그 핵심적 가치로 자리 잡게 되었다. 번영하는 경제력을 통해 형성된 미국식 낙관주의는 다른 나라에 영향력을 행사하게 되었다. 정부와 대중매체는 번영하는 서구의 자유주의와, 억압과 결핍으로 상징되는 어두운 공산주의 사회를 대비시켰고, 라디오, 잡지, 광고 포스터, 텔레비전은 기술의 진보가 여성의 가사노동을 대신할 것이라는 장밋빛 청사진을 보여주었다. 간전기에는 부자들만 소유할 수 있었던 가전제품이 이제 평균치 정도의 수입을 가진 사람들에게도 제공되었다. 1962년 서독 가구의 14퍼센트가 전화를, 36퍼센트가 텔레비전을, 그리고 24퍼센트가 자동차를 소유했다면, 불과 20년 안에 서독 가정의 64퍼센트가 자동차를 소유하고, 대다수의 가정이 전화, 텔레비전, 진공 소제기, 세탁기를 소유하게 되었다.[79]

그렇다면 새로운 소비문화는 여성의 지위에 어떤 영향을 끼쳤는가? 물론 새로운 가전제품에는 여성의 노동력을 절약시켜주는 측면이 있다.[80] 그러나 어떤 의미에서, 그것은 여성의 가정적 역할을 강화하는 데 기여하기도 했다. 베티 프리단에 따르면, 새 가전제품을 가동하면서 미소 짓는 행복한 가정주부를 보여주는 광고는 이 시기를 상징하는 이미지인데, 이는 여성의 가정 내 역할을 강화하는 기능을 했다. 광고는 남편에게 아내의 세탁을 돕기 보다는 세탁기를 사줄 것을 촉구했다. 광고는 이런 식으로 여성의 전통적인 의무를 더 확대하고 있으며, 그런 점에서 새로운 기술은 가정 내 노동 분업을 바꾸지 않았다는 것을 알 수 있다.[81] 이런 새로운 소비는 필요성만이 아니라 사치와 편안함의 끝없는

레코드 가게에서 음악을 듣고 있는 여성들. 자본주의 사회의 여성들은 고등 교육을 받고 생활이 윤택해지면서 소비의 객체가 되어 갔다.

추구라는 부정적인 측면을 지녔지만, 동시에 여성의 소망과 욕구에 부응하는 것이기도 했다. 여성이 새로운 상품 구매를 통해 가족의 생활 수준을 높이려 하면서, 이를 위해 직업을 갖는 것이 합리적이라고 생각하게 된 점은 여성에게 해방적인 측면이었다고도 볼 수 있다.[82]

새로이 등장한 백화점은 소비와 사회성이 어울리는 공간이었다. 여기에서는 새로운 대중문화가 접합되고 전달되었다. 백화점은 고객으로서의 여성과 여성 판매원이 만나는 장소였으며, 새로운 소비 패턴이 소개되고 확산되는 공간이었다. 과거에는 할머니들이 손수 정성 들여 만든 갓난아기 배내옷이나 기저귀 등의 출산용품 등이 판매되었다면, 이제는 매력적인 기성용품이 판매되었다. 당시 유행한 소설이나 영화는 음모와 술수를 구사하는 뻔뻔한 경쟁자를 물리치고 승리를 이루는 해피엔딩 스토리나 현실에서는 불가능한 성공적인 사랑 이야기를 통해, 젊은 여성들로 하여금 장밋빛 인생을 꿈꾸게 했다.[83]

또한 여성은 점점 더 소비의 객체가 되어갔다. 보다 높은 교육열과 보다 윤택해진 생활로 인해 효과적인 가정 관리가 가능해지면서, 이제 여성은 남편의 마음을 사로잡기 위해, "남성의 성욕에 반응하는 하나의 제품"이 되기 위해, 자신의 외모를 가꿔야 하게 되었다. 성적 소비의 대상으로서 화류계 여성이나 성매매 여성은 늘 존재해왔지만, 이제 성적 만족은 보통 여성들 사이에서도 가정을 지키는 한 요인으로 당당하게 자리 잡았다. 20세기 초에 등장한 미용 학원과 미용 산업은 점점 더 번창했고, 의복이나 화장품 같은 여성의 미와 관련된 산업들이 대거 등장하게 되었다. 여성의 아름다움은 주로 남성의 욕구에 부응하는 것이었으나, 점차 여성 스스로의 즐거움과 자기만족을 위해서도 필요하게 되었다. 그런 점에서 아름다움은 이제 의무이자 권리가 되었다. 미의 산업은 육체미와 여성성을 강조했는데, 이는 제반 속박으로부터 해방되어 가는 여성에게 새로운 족쇄로 작용하기 시

작했다.[84]

'성적 대상으로 취급되는 여성상'은 1953년 발간된 잡지《플레이 보이》를 통해서 더욱 가시화되었다. 이는 여성의 아름다움에 대한 기준을 남성들의 재량권에 맡기는 한편, 사회적으로 성공한 중산층 남성에게 여성의 아름다움을 즐길 것을 권유한 셈이었다. 그러나 같은 해 알프레드 킨제이 Alfred Kinsey가 출간한 미국 여성들의 성적 본능에 대한 조사 보고서는 큰 반향을 불러 일으켰다. 그에 따르면 조사 대상이 된 여성들 중 절반 가량이 혼전 성경험이나 결혼 후 다른 남성과의 성경험을 가지고 있었다. 이를 통해 성욕에 있어서는 양성 모두 유사하다는 점이 드러났다. 이러한 시대적 분위기 속에서 프랑스의 인기 여배우 브리지트 바르도 Brigitte Bardot는 성적 대상인 동시에 성적 주체로서의 여성의 모습을 대변하는 존재로 자신을 드러냈다.[85]

1차 세계대전이 끝난 후 몇몇 국가에서는 여성에게 참정권이 주어졌고, 2차 세계대전 이후에도 또 다른 국가들, 예를 들면 프랑스, 이탈리아, 벨기에 등에서 계속적으로 여성이 참정권을 얻게 되었다. 그리스에서도 1952년에 이것이 현실화되었다. 이렇게 여성은 참정권을 획득했지만, 여성의 정치 참여는 오히려 현저히 약화되었다. 1946년 프랑스에서는 여성의원이 6.48퍼센트에 불과했고, 스칸디나비아 국가들에서는 5퍼센트, 서독의 연방

의회에서는 7퍼센트에 불과했다. 게다가 전후의 냉전 상황은 페미니즘 확산이나 여성의 단결에 비우호적인 환경을 조성했다. 프랑스와 이탈리아에서는 공산당이 많은 노동 계급 여성들을 견인했으나, 공산당의 남성 지도자들은 결코 여성들의 이슈에 우선권을 부여하지 않았다. 공산당보다 사회민주당의 영향력이 컸던 영국, 서독, 스칸디나비아 국가들에서는, 당의 주된 정치적 목표가 사회복지의 확대와 강화에 놓여 있었다. 따라서 진보적인 여성들은 논쟁과 분열을 가져올 젠더 문제를 제기하는 것을 주저했다. 우파는 좌파보다도 페미니즘에 더 비우호적이었는데, 전후 독일, 이탈리아, 프랑스 등에서 보수당이 더 큰 영향력을 행사하고 있었던 점도 페미니즘의 발전에 저해요소로 작용했다.[86]

 전후 시기 여성의 유급 노동 참여는 계속해서 늘어났다. 특히 기혼 여성의 노동이 늘어났는데, 프랑스의 경우 1954~1962년의 기혼 여성 노동 참여율은 28퍼센트였으나, 1968년에는 53퍼센트로 증가했다. 영국에서도 1931년에는 기혼 여성의 단 10퍼센트가 노동력으로 참여했으나, 1960년에는 30퍼센트, 1980년에는 67퍼센트로 증가했다. 경제협력개발기구 OECD는 1970년에서 1980년 사이에 서구의 모든 나라에서 여성의 일자리가 남성보다 6배나 더 많이 늘어났다고 한다. 또한 1950년대에는 아내의 취업을 남편이 제한할 수 있게 하는 법 조항들이 폐기되었다.[87]

그렇다면 이 시기에 왜 여성은 취업을 선택했는가? 이제 여성에게 취업은 19세기처럼 가난의 상징이 아니라, 보다 높은 수입과 보다 높은 교육의 상징이었다. 소비생활의 발달도 여성이 더욱 많은 돈을 벌고 소비를 극대화하려는 욕구를 자극했다. 그러나 이에 못지않게 중요한 것은 많은 여성들이, 계급에 따라 차이는 있지만, 직업을 통한 자기실현을 꿈꾸게 되었다는 것이다.[88] 20세기 후반부에 이르면, 많은 여성들이 자신의 정체성을 어머니와 아내에서 발견하기보다 돈을 버는 직업인이라는 사실에서 발견하게 되는데, 이는 역사 이래 여성들에게 일어난 가장 큰 변화라고 할 수 있을 것이다. 또한 평균 수명이 길어지면서 여성들은 자신의 생을 20년씩 3단계로 나누어 인식하게 되었다. 그 결과 여성들은 학교 교육이나 직업 훈련, 출산과 육아, 경력 쌓기 및 유급 노동이라는 각 단계를 거치게 되었다. 이제 양육에 소요되는 시간은 여성의 일생에서 단지 한 부분에 불과하게 되었다.

그러나 여성의 취업률 제고가 양성 평등을 전제하는 것은 결코 아니다. 여전히 여성의 교육이나 직업 훈련은 젠더 유형화를 벗어나지 못해서, 여성의 노동은 주로 교사, 사회사업, 아동 교육, 의료 서비스 등에 집중되어 있었다. 동일노동·동일임금 역시 제대로 실현되지 않고 있었다. 1960년 서독 여성의 평균 수입은 남성의 60퍼센트였고, 1984년에는 72퍼센트였다. 따라서 여전히 여성 노동의 가치는 낮았으며, 여성은 가사노동과 유급노동의 이중 노동을 지고 있었다고 결론 내릴 수 있다.[89]

1945년 이후 가족과 여성의 삶에 가져다준 다른 변화는 효과적인 산아제한 기술의 이용 가능성이 높아진 것이었다. 이 시기에 일어난 군사기술의 발전은 전쟁에서 머리수의 중요성을 약화시켰다. 전후의 베이비붐도 인구 감소에 대한 공포를 완화시켰다. 아울러 피임이 결혼을 더욱 행복하게 하고 부부 관계를 조화롭게 만들며 보다 좋은 어머니가 되게 해줄 것이라는 사고가 확산되었다. 이미 스칸디나비아 국가들에서는 간전기에 피임을 합법화했다. 미국에서는 1960년부터 피임약이 시판되었고, 1965년에는 피임이 합법화되었다. 프랑스에서도 1967년에 피임약의 공급이 합법화되었다. 그러나 피임은 의사의 통제 하에 허용되었고, 그에 대한 선전은 제한되었으며, 미성년자들은 부모의 동의를 필요로 했다. 그러나 1974년에 이르면, 보건장관 시몬느 베이유 Simone Veil는 부모의 동의 조항을 폐기하고, 사회복지 기금을 통해서 피임 비용을 환불해주도록 했다.[90] 전후의 베이비붐이 끝나고 서서히 출생률도 감소하기 시작했다. 19세기 중반 서구 여성들이 평균 5~6명의 자녀를 낳았다면, 이 시기에는 2명으로 줄어들었다.[91] 1960년대 동안 서독과 영국에서는 남성 동성애자를 범죄시하였던 법들이 폐기되었다.

그러나 낙태는 지금까지도 해결되지 못한 첨예한 문제로 남아 있다. 낙태는 여성에게 자신의 몸에 대한 권리를 상징하고 구체화하는 것이다. 그것은 여성운동의 이슈 가운데서도 가장 대중을 결집시킬 수 있는 이슈이다. 해마다 많은 불법 낙태가 행해지고, 이 과정에서 수많은 여성들이 죽음에 이르고 있는 만큼 낙태는 피임보다 더 절박한 이슈였다. 프랑스의 페미니스트들은 매년 40만 건에서 100만 건 사이의 낙태가 이루어진다고 보았다. 이탈리아에서는 매년 100만 건에서 250만 건의 낙태가 이루어졌으며, 그중 2만 건은 사망에까지 이르렀다고 추정되었다. 페미니스트들은 보다 독창적이면서도 창의적인 투쟁 형태를 택했다. 1971년 4월 5일 343명의 프랑스 여성들은 주간지 《르 누벨 옵세르바 Le Nouvel Observateur》에 선언문을 기고했는데, 자신들의 낙태 사실을 밝히고 자신들이 법을 위반했음을 고백하면서, "피임 방법에 대한 자유로운 접근과 자유로운 낙태"를 장하게 주장했다. 여기에는 시몬 드 보부아르 Simone de Beauvoir, 카트린 드뇌브 Catherine Deneuve, 프랑수아즈 사강 Françoise Sagan 같은 여성명사들도 참여했다.[92] 여성운동은 정치적·법적 투쟁에 머물지 않고, 여성들의 낙태를 지원할 수 있는 조직적 네트워크를 구축했다. 임신 22주까지는 임신중절이 허용되는 영국이나 네델란드에 여성을 보내는 방식 등을 통해서 낙태 시술을 필요로 하는 여성들을 지원했다. 이런 격렬한 집단행동 덕택에 영국 여성들은 1967년부터, 프랑스는 1979년부터 낙태가 허용되었다. 이탈리아에서는 1978년에 임신 3개월 이내의 자유로운 낙태가 허용되었다. 옛 동독 여성들은 이미 1972년부터 낙태가 가능했지만, 서독에서는 1995년까지 치료 목적의 낙태만을 허용했다.[93]

2차 대전이 끝난 후 20~30년 동안에 가족 관계는 큰 변화를 겪게 되었다. 위에서 언급한 대로 우선 출산율이 저하되기 시작했다. 이어서 혼인율도 급격히 하락하여, 1965년 이래 20년 사이에 스웨덴에서는 50퍼센트나 떨어졌고, 프랑스, 독일, 이탈리아에서는 약 35퍼센트나 떨어졌다. 이혼율도 증가하여, 스칸디나비아 국가들에서는 1970년에 24퍼센트였던 이혼율이 1990년에는 42퍼센트로 늘어났다. 이보다는 덜했지만, 프랑스의 경우에도 1965년 이전에는 10퍼센트였으나 1980년에는 31.5퍼센트에 이르렀다. 결혼은 수적으로도 감소했을 뿐 아니라 점점 더 불안정한 결합이 되어가고 있었다. 이에 비해 동거율은 높아져서, 스웨덴 44퍼센트, 프랑스와 영국 24퍼센트, 네델란드 23퍼센트, 독일과 벨기에는 18퍼센트에 이르렀다. 혼전 동거 여부와 상관없이 결혼은 점점 늦어졌다. 이에 따라 미혼율도 높아졌다. 1970년 미국의 24세 여성의 미혼율은 36퍼센트였는데, 1980년에는 51퍼센트로 증가했다. 가족제도의 변화는 사생아의 비율을 높였다. 1965년 프랑스와 미국의 사생아는 전체 신생아의 6퍼센트 미만이었으나, 1980년에 이르면 프랑스는 20퍼센트, 미국은 28퍼센트로 늘어났다. 스웨덴의 경우 1972년에는 네 명 중 한 명이었으나, 1980년에는 두 명 중 한 명이었다. 이렇게 결혼하지 않고 아이를 낳는 경우가 많아진 것과 마찬가지로, 아이는 부모가 이혼을 결정하는 데 장애가 되지도 않게 되었다. 그 결과 한부모 가정의 수가 늘어나서, 미국에서는 1970년에 전체 가족의 13퍼센트에 불과했던 것이 1985년에는 28퍼센트에 육박하게 되었다. 독신자 가정도 꾸준히 늘어나서, 1980년대 중반 서유럽과 북유럽에서는 30퍼센트 가까이 육박했다.[94]

위에서 열거한 여러 통계치들을 통해서 우리는 기존의 가부장제 가족이 해체되고 있음을 눈치 챌 수 있다. 이제 가족 관계는 그 동안 군림해온 일반적인 룰에서 벗어나, 애정 관계에 따라 끊임없이 재구성되는 '조립 세트 가족'이 되었다. 이런 가족제도의 변화에 동인이 된 것은 여성들이었다. 여성들은 자신을 압박해온 가부장제를 뒤흔들었고, 가족제도를 자유화했다. 이혼이 자유로워지자, 여성들은 도처에서 이혼 요구의 주도권을 쥐었다. 그러나 자유는 대가를 요구하기도 했는데, 이는 1970~1980년 사이 미국에서 이혼한 여성의 생활 수준은 평균 73퍼센트 내려간 데 반해, 남성의 생활 수준은 42퍼센트 상승했다는 수치에서 잘 드러나고 있다. 공식적인 결혼 관계이든 동거 관계이든 새로운 가족 안에서는 양성 관계가 비교적 평등해졌는데, 특히 여성이 직장을 가진 경우에는 더욱 그러했다. 그러나 여전히 해결되지 않은 채 남아 있는 문제는, 대부분의 가정에서 가사노동의 부담이 여전히 여성들의 몫이라는 사실이다.[95]

이렇게 전일 취업 여성이 늘어나자, 서구의 국가들은 출생률을 높이고 사람들의 요구에 부응하기 위하여 사회복지 서비스를 확대하기 시작했다. 이런 복지 정책의 목표와 실행 방식은 국가마다 달랐는데, 스칸디나비아 국가들에서처럼 계급적 차이를 균등화하려는 목표와 함께 출발한 제도가 있는가 하면, 서독이나 영국, 프랑스처럼 계급적 차이는 유지하면서 공공 의료 서비스나 가족수당, 유급 모성휴가 등의 다양한 정책을 펼치는 경우도 있었다. 이런 복지 정책은 가족들에게는 크게 도움이 되는 것이지만, 여성에게는 이율배반적인 결과를 가져다주기도 했다. 여러 가지 방법을 통해서, 복지국가는 남성 가장의 역할을 강화하는 한편, 젠더 불평등을 조장하고 있다. 프랑스, 이탈리아, 서독을 포함한 많은 국가들에서는, 어머니가 유일한 수입자인 경우를 제외하면 가족수당은 주로 아버지에게로 지급되었다. 이런 경우 일하지 않는 기혼 여성은 의존적인 위치에 들어가게 되었다. 1920년대 이래 페미니스트들이 국가의 지원을 여성의 세력화_empowerment_ 전략과 연계해온 덕택에, 단지 영국과 스칸디나비아 국가들에서만 가족수당이 어머니에게 직접 지급되었다. 벨기에와 프랑스에서는 어머니가 직장을 떠날 경우에만 추가수당을 지급하고 있다. 일부 국가들에서는 대가족일수록 높은 가족수당을 받게 되는데, 자녀수가 두 명 혹은 그 이상으로 많을수록 지급액이 기하급수적으로 늘어난다. 이런 조치는 출생율을 높이기 위해서는 효과적인 정책일 수 있지만, 자녀가 한 명인 한 부모 가구의 가장들이 가난에서 벗어나기 어렵게 한다.[96]

새 여성운동과 대안 문화

양차 세계대전을 전후하여 유럽의 많은 국가에서 여성에게 선거권이 부여되자, 자유주의 여권운동은 활력을 잃기 시작했다. 보수 세력의 득세와 더불어 유럽 사회민주당의 여성운동도 급속히 약화되어 갔다. 성차별에 대한 저항은 오랜 침묵의 기간을 지난 후, 1968년 학생 및 민권운동의 와중에서 다시 시작되었다. 세계적으로 이미 100여 개 국가들에서 여성에게 선거권이 주어지고 제반 법적 평등을 달성했음에도 불구하고, 왜 성 평등은 실현되지 않는가? 이런 질문 외에도 여성들은 '진보 세력'을 자처하는 학생운동이나 민권운동 내에서조차 성차별과 성역할 분리가 존재함을 인식하기 시작했다. 그 안에서조차, 남성들이 밤새 토론을 하고 성명서를 작성하는 동안 여성들은 커피를 끓이고 타자를 치는 주변적 역할을 했던 것이다. 흑인을 조직화하기 위해 들어간 슬럼에서도 유사한 성차별주의가 목격되었다. 이에 여성운동가들은 기존의 남성 중심의 운동에서 분리된 독자적인 여성 조직의 결성을 선언하게 되었다.[97]

'동등권$_{equal\ right}$' 대신에 '해방$_{emancipation}$'이라는 용어를 사용하는 '새 여성운동'은 이전의 여성운동과는 몇 가지 점에서 구별되었다. 종래의 여성운동이 정치적으로나 사회적으로 남성과 동등한 권리를 누리는 데에 관심을 집중했다면, 대체로 새 여성운동은 여성이 지니는 남성과의 차이$_{difference}$를 강조했다. 이전의 여성운동이 주로 국가를 상대로 정책적 과제를 제기하는 것에 치중하면서 기존 정치 이론의 범주에 머물렀던 데 반해 새 여성운동은 전통적인 정치와 사고방식 그 자체에 도전했다. 이들은 여성의 불평등이 사회적 제한의 결과가 아니라, 통제되고 조직화 된 남성 중심적인 의미 체계에서 비롯된다고 주장했다. 이들은 동등한 배분을 주장하기보다는 사회의 가치 체계 모두를 문제 삼았다. 마찬가지로 과거의 여권론이 여성이 생산 영역에 진입할 기회를 높이는 생산의 권리와 관련되었다면, 새 여성운동은 출산이나 가사노동 같은 재생산의 권리를 강조했다. 이것은 경험·차이·재생산 등등의 이슈를 여성운동 안으로 끌어들였으며, 사회심리학의 정통 이론이나 성별 정형화에 대해 이의를 제기했다.[98]

새 여성운동의 이러한 여성 문제 인식에 지적 자극을 제공한 것은 급진적 페미니즘 radical feminism과 사회주의 페미니즘 socialist feminism이었다. 급진적 페미니스트의 일부는 여성 억압의 근원을 생물학적 차이에서 찾고, 과학 기술의 발전을 통해 그것을 극복할 것을 주장했다. 그러나 급진적 페미니스트 다수는 남녀의 기질·역할·지위는 본질적으로 사회적·환경적·문화적으로 만들어진 것으로 파악하고, 성차별의 종식을 위해서는 기존의 모성, 사랑의 개념, 결혼, 가족제도 등은 파괴되어야 한다고 주장했다.[99] 이들에 따르면, 모성은 맹목적인 희생을 강요하는 것이고, 사랑은 자신의 무력한 상황을 간파하는 것을 방해하기 위해 여성에 의해 만들어진 자기방어 방식에 불과하기 때문이다. 급진적 페미니스트들은 결혼 제도를 본질상 불평등한 것으로 간주하고, 적어도 회원의 삼분의 일 이상이 결혼을 거부하는 쿼터제의 실시를 강령으로 내걸기도 했다. 이론을 경시하고 실천을 강조하는 경향이 있는 급진적 페미니즘은 실천 대상을 주로 사적인 세계에서 찾았다. 또한 이들은 위계 구조가 없는 조직을 추구했는데, 그래서 급진적 페미니스트 사이에서는 공식적인 직책을 추첨으로 결정하여 경험이 없는 회원에게도 골고루 직위가 배당되는 평등한 여성 조직이 시도되었다.

급진적 페미니스트들의 주장 가운데 가장 혁명적인 것은 이성애적인heterosexual 성 제도를 남성에 의한 여성의 지배를 고착화하는 기본적인 방식으로 간주하고, 그것을 거부하는 태도이다. 육체적 쾌락은 양성 모두 자위를 통해서 얻을 수 있다고 주장하는 이들은 그 실천적 대안으로 레즈비어니즘Lesbianism을 내세웠다. 이러한 시도는 현재 서구 여성운동 내에 폭넓게 확산되어 있다. 그러나 급진적인 페미니즘과 레즈비어니즘을 동일한 것으로 파악해서는 안 된다. 오히려 후자가 전자의 일부를 형성한다는 것이 더 정확한 표현일 것이다.[100] 그렇지만 페미니스트 사이에서 자매애sisterhood를 강조하는 것은 아주 일반적인 현상이다.[101]

급진적 페미니즘과 사회주의 페미니즘은 다양하고 활발한 여성운동이 뒤이어 등장할 수 있도록 지적인 자극을 제공했다. 새 여성운동이 불러일으킨 열기와 그것이 제공한 여성해방에 대한 인식의 전환은 그 동안 침체되어 있었던 자유주의 여권운동의 대중적 확산도 자극했다. 새 여성운동이 최초로 등장했던 미국에서 1968년, 전국 여성 조직NOW: National Organisation of Women이 결성되었다. NOW는 자유주의적 여권론자들의 새로운 결집이라는 평가가 더 적절할 것이다. 그러나 실천의 측면에서는 자유주의 여권론자들과 급진적 페미니스트들의 활동이 뒤섞이면서 진행되었다. 1972년에서 1982년 사이에 NOW의 회원은 6만 5000명에서 23만 명으로 늘어났고, 의회 진출을 포함한 여성의 정치 참여도 증가했다.

급진적 페미니스트들의 열정과 자유주의 여권론자들의 활성화에 힘입어 많은 여성 단체들이 결성되었고, 많은 대학에서 여성학 관련 강의가 개설되었다. 미국에서는 1972년 봄에 이미 600개 이상의 강의가 진행되었다. 특히 여성학 강의의 확산은 젊은 여성들 사이에 페미니즘을 대중적으로 확산시키는 데 크게 기여했다. 여성들은 페미니스트 극단과 록 그룹을 설립하고 페미니스트 영화를 제작했다. 또한 낙태 금지법 철폐를 위해 행진을 했고, 반反여성적인 여성 잡지사 앞에서 항의 시위를 했다. 여성의 신비를 영속화한다는 이유로 미스 아메리카의 꽃수레 앞에서 피켓을 들고 시위를 벌이기도 했다.[102]

그러나 여성에 대한 성차별의 증거들은 여전히 산재해 있다. 노동력은 성에 따라 분리되어 있었다. 새 여성운동이 가장 활발했던 미국에서조차, 1979년 당시 초·중등 교사의 80.3퍼센트, 간호사의 96.8퍼센트가 여성이었다. 여성의 궁핍화도 빠른 속도로 진행되어 빈민 복지 대상자의 81퍼센트가 여성이었다. '빈곤의 여성화Feminisation of Poverty'라 불리는 이런 현상은 신新우익이 대거 등장하는 1980년대 말 이후 점점 심각해지고 있다. 이러한 현실은 새 여성운동이 여성의 지위 개선에 크게 기여했을지라도, 그것이 경제적 평등과 결합하지 못하는 한 그 자체로 한계를 가질 수밖에 없음을 자명하게 보여준다.[103]

미국에 비하면, 유럽에서 일어났던 새 여성운동은 조직된 좌파운동과 훨씬 밀접히 연계되어 있었다. 과거 여성운동과의 차별성을 주장하는 유럽의 새 여성운동은 이념 면에서 사회주의와 성해방을 결합하고자 했다. 여성의 경제적 평등은 단지 사회 구조의 변혁을 통해서만 가능하다는 인식, 제3세계 여성의 해방에 관심이 없는 선진국 여성운동에 대한 회의, 과도하게 위계적인 사회나 좌익 엘리트주의에 대한 반발, 기존의 사회주의 여성 운동에 대한 비판 등은 여성해방 운동의 새로운 사상을 일깨우는 계기가 되었다. 특히 이들은 사회주의 혁명이 남성에 의한 권력 혁명에 불과했으며, 그 결과 가부장적 관계는 도전받지 않았다고 보았다. 사회주의자들은 여성의 억압이 생산 영역에서 일어난다고 말하지만, 여기에서 말하는 생산은 공적 부문을 의미할 뿐, 전통적인 사회주의 이론은 사적 영역에서 행해지는 가사노동을 간과하고 있다는 것이다. 새 여성운동에 참여한 여성들은, 가사노동이야말로 공적 영역에서 여성이 열등한 지위를 갖게 하

1976년에 처음 개설된 베를린 여성 여름대학은 해마다 1만 명 이상이 참가해 여성 문제를 놓고 토론을 한다.

며 성별 분업을 고착시키는 기능을 한다고 보았다. 이런 맥락에서 유럽에서는 이론적으로 페미니즘과 사회주의를 대등하게 결합한 '사회주의 페미니즘'이 영향력을 행사했다. 이 이론은 여성의 진정한 해방을 위하여 자본주의와 가부장제를 동시에 타도할 것을 주장했다.

  독일에서 새 여성운동은 다양한 실천 방식을 개발했다. 그것은 우선 자기 경험 모임 구성, 여성 프로젝트, 제도화의 세 단계로 나뉘어 진행되었다.104 그 결과 여성 간의 연대감을 높이는 다양한 문화 행사를 통해 여성 대중을 폭넓게 조직할 수 있었다. 1976년 이래 해마다 개최되는 베를린 여성 여름대학에는 1만 명

이상의 여성이 참가하여 여성 문제에 대해 토론하였다. 여성 출판사, 여성 잡지사, 여성 서점, 여성 카페, 여성 술집, 여성 여관, 여성 휴가지 등의 설립으로 여성해방적인 반문화가 구축되었고, 이는 새 여성운동 내부에 고유한 기간 구조를 만들어 냄으로써 사회운동으로서의 안정성을 획득하게 했다. 그 밖에도 새 여성운동은 반전·반핵 평화 운동이 뜨거운 이슈로 떠오르자 이 문제에 대해 적극적인 대응 주체로서 참여했다. 또한 새 여성운동은 여성해방적 입장이 견지된 환경 보호 운동이나 평화 운동을 또 하나의 대안적인 운동으로 발전시켰다.[105]

이와 같이 여성 중심적 사고, 여성 독자 조직의 설립, 사적 세계의 근본적인 변혁을 내세우는 점에서 유럽의 새 여성운동은 북미 대륙의 그것과 많은 부분을 공유하고 있었다. 그러나 유럽의 새 여성운동은 북미의 여성운동에 비하면 정치화에 훨씬 높은 관심을 보였다. 남성으로부터뿐 아니라 기존의 정치 조직이나 기구로부터도 철저히 분리되기를 주장하는 자율적인 여성운동도 강력했지만, 여성만의 독자 조직을 가지면서 동시에 기존의 정치 구조에 들어가서 여성 문제를 끊임없이 제기해야 한다는 입장도 있었다. 후자는 지난 20여 년 동안 사회주의 계열 정당과 노동운동 조직 내에서 여성해방적 사고를 확산시키고, 여성부·여성국을 강화하고, 여성 할당제를 관철하는 데 크게 기여했다. 정치 조직의 틀을 활용하면서 여성들의 요구를 관철해가는 여성운동가들의 활약은, 독일의 경우 녹색당의 창립으로 그 절정에 달했다. 여성들은 독자적인 세력화를 통해 녹색당 내에서 많은 요직을 차지할 수 있었다.[106]

그러나 최근 유럽 내에서는 새 여성운동에 대한 비판적 평가들도 나오고 있다. 새 여성운동은 자율적인 소그룹 활동을 통해 한편으로는 여성주의적 반문화의 창조와 대중적 확산을 자극했지만, 다른 한편으로는 뿔뿔이 분산되어 자신들만의 저변 문화에 자족한 채 바깥 세상에 대한 사회적 영향력을 상실해가고 있다는 것이다. 1980년대 후반 이래로 자율적인 여성운동의 일부가 '전통적인 운동이나 정부 조직으로부터 거리 두기'에서 탈피하고 개입의 전략을 구사하기 시작하면서, 국가의 지원에 종속되는 경향을 보인다는 우려도 제기되고 있다. 학문과 예술 분야뿐 아니라 보건 정책을 포함한 사회복지 분야에서 여성들이 수행해온 자율적인 프로젝트들이 국가의 지원을 받기 시작했는데, 이와 더불어 여성운동 내에서도 운동에 대한 열정보다 전문성이 강조되면서 '가부장제 구조의 변혁'이라는 여성운동 원래의 목적이 점점 소홀히 취급되게 되었다는 것이다. 이 과정에서 국가나 지방 자치 정부는 오랜 실무력의 축적을 통해 전문화된 여성 인력을 저렴한 인건비로 활용할 뿐 아니라, 여성운동가들이 내놓은

아이디어로부터 이득을 챙기고 있다는 비판도 제기되었다.[107]

전체적으로 볼 때 지난 20년 동안 서구에서 일어난 여성의 지위 향상과 여성 의식 성장은 괄목할 만한 것이며, 새 여성운동이 여성해방 의식의 확대나 운동의 대중화에 끼친 공로는 결코 과소평가될 수 없다. 그것은 '여성이 동등한 법적 지위를 달성하면 여성은 해방되리라' 믿었던 자유주의 여권운동이나 '사회 문제가 해결되면 여성 문제는 자동적으로 해결된다'고 믿었던 과거 사회주의자들의 한계를 넘어서서, 여성들에게 새로운 통찰력과 전망을 열어 주었기 때문이다. 특히 새 여성운동이 여성들에게 가져다준 열정과 참여는 참으로 인상적인 것이며, 그 성과는 서구 사회에 큰 문화혁명을 초래했다. 이후 남녀 관계와 성관계는 눈에 띄게 자유로워졌고, 사회 도처에 산재해 있었던 가부장제적 관행이나 의식구조를 타파하는 데도 적절하게 기여했다. 그것은 68학생운동과 더불어 서구 부르주아 사회에 내재된 권위주의를 탈각시키기도 했다. 그럼에도 불구하고 페미니즘 운동은 한 번도 다수 여성의 지지를 받아본 적이 없었다.

결론적으로 정리하면, 자유주의 여권운동에서 사회주의적 여성운동에 이르는 '여성운동 제1의 물결'에서 68학생운동의 문제의식에서 태동하는 '여성운동 제2의 물결'에 이르기까지, 서방 선진국과 사회주의 진영 내에서 진행된 여성운동은 여성의 해방을 위한 사상적 단초나 운동 모델을 제공해주었다. 그러나 지금은 유럽과 북미에서 발전된 후기 산업 사회가 만들어낸 복지 국가에 의한 여성운동의 과제 계승, 소모임 중심의 저변 문화에 안주한 페미니스트들의 전략적 실패, 그리고 사회운동 전반의 약화로 인해 여성운동 역시도 침체의 늪에서 헤어 나오지 못하고 있다. 이에 더해 '지구화'의 물결이 여성의 삶을 더욱 열악하게 만들면서, 여성운동은 새로운 도전에 직면하게 되었다.

페레스트로이카에서 도메스트로이카로
- 현실 사회주의 체제 붕괴와 여성

고르바초프가 시도한 페레스트로이카와 더불어 동구 공산주의 체제가 무너지면서, 사회주의 혁명과 여성해방을 결합하고자 했던 구 공산주의 체제의 여성들은 '생존'의 문제로 몸부림치게 되었다. 이후 지난 몇 년 동안 유럽에서 여성들의 경제적 독립성과 정치적 영향력은 급격히 약화되었다. 여성의 실업도 엄청나게 증가했다. 이런 위기적 징후를 수치로 표현한다면 더 현실감이 있을 것이다. 공산주의 체제가 붕괴되면서 러시아에서는 전체 실업자 중 80퍼센트를 차지하는 여성들이 가정으로 돌아가는

"도메스트로이카domestroika"가 진행되었다.108

1991년 7월 소련 통계청의 집계에 의하면 실직자의 70~80퍼센트가 여성이었는데, 이것은 전체 남성 실직자의 4배에 해당하는 수치이다. 옛 동독의 경우에도 전체 취업 인구에서 여성이 차지하는 비율은 1989년의 49퍼센트에서 불과 3~4년 사이에 30퍼센트로 떨어졌다. 이는 그 사이에 거의 200만 명의 여성이 취업 전선에서 도태되었음을 의미한다. 달리 비교를 하자면 옛 동독 여성의 취업률은 약 45퍼센트에 불과했는데, 이는 통일 이전에 비해 절반으로 감소된 것이다.109 이는 서부 독일의 여성 취업률 50퍼센트에도 미치지 못하는 수치다. 이러한 높은 실업률에는 국영기업의 몰락, 탁아소의 폐쇄나 비용 인상이 주요 원인으로 작용했다. 특히 존립을 위협 당하는 집단은 45세 이상의 여성이다. 그들의 숙련 기술과 직업 경험이 노동시장에서 평가절하되었기 때문이다. 옛 동독 지역에서의 설문 조사 결과에 따르면, 응답 여성의 50퍼센트 이상이 경제적인 이유가 아니더라도 취업을 강력히 희망하고 하고 있다.110

그러나 문제는 취업에만 있지 않다. 취업을 하더라도 여성은 모성보호나 생계비가 보장되지 못하는 고용 관계에 들어가게 된다. 위의 설문에 응답한 여성들의 75퍼센트가 전일 취업을 원함에도 불구하고, 그중 이분의 일 가량만이 기회를 얻고 있다. 마찬가지로 많은 여성들이 기꺼이 더 높은 교육을 받고자 하지만 직업 훈련의 기회는 제한되어 있었고, 어쩔 수 없이 미숙련 노동자의 지위를 감수해야 했다. 이처럼 흡수통일 후의 급격한 변화는 여성을 가난으로 몰아넣고 있다. 45세 이상의 여성을 대상으로 한 면담조사는 그들이 생계에 대한 위협의 공포뿐만 아니라 정체감의 위기를 겪고 있음을 잘 보여준다.[111]

여성의 몸에 대한 통제권도 약화되고 있다. 공산주의 체제 이후의 많은 국가들에서 산아제한에 대한 기술과 정보는 제한되고 있고, 그 결과로 이들 국가들에서 대략 기혼 여성의 41퍼센트가 피임을 하지 못하고 있다고 한다. 가톨릭이 지배적인 폴란드에서는 교회의 지원을 받는 보수 정치가에 의해 낙태가 불법화되었으나, 여론조사는 국민의 20퍼센트만이 이런 조치를 지지하고 있을 뿐이다. 결국 가톨릭 교회 신자가 지속적으로 감소하자, 교회는 강간이나 근친 간 임신, 모친의 건강 문제와 관련해서만 낙태를 허용하는 타협안을 수용했다. 그리하여 낙태를 허용하는 국가에 가서 수술을 받는 '낙태 관광산업'이 현재 성황을 누리고 있다. 뿐만 아니라 재생산에 대한 여성의 선택권 제한은 가장 가난하고 취약한 여성에게 그 부담을 가중시킨다. 결과적으로 불법 낙태가 늘어나게 되었고, 아이를 양육할 능력이 없는 여성들을 대상으로 아동 매매가 횡행하게 되었다.[112]

공산주의 국가였던 대부분의 나라들에서 나타난 또 하나의 변화로 권력으로부터 여성의 조용한 배제를 들 수 있다. 여성의 정치로부터의 배제는 우선 공산주의 체제 붕괴와 뒤를 이은 이행 과정에서 급격히 이루어졌다. 옛 동독의 체제 전복에 결정적인 역할을 했던 1989년 10월, 11월의 공개적인 데모에서 여성 참여율은 대단히 높았다. 그러나 민주적인 저항운동이 본격적으로 형성되는 라이프치히 시위에 이르면, 여성은 야유나 휘파람 소리와 더불어 연단으로부터 밀려났다. 또한 베를린 장벽 붕괴 이후 옛 동독 지역에 새로운 정치 구조가 만들어지는 과정에서 여성은 철저히 배제되었다.[113] 헝가리에서도 시위 당시 여성들이 거리를 메웠으나, 이들은 구체제와의 협상 테이블에서 사라져버렸다. 1980년, 1981년 폴란드의 '단결' 노조에서도 여성은 노조원의 절반을 차지하고 있었다. 그렇다면 새로운 권력이 형성되는 시점에서 왜 여성들은 정치권력으로부터 배제되었는가? 이에 대한 해명이 최근 몇몇 여성학자들에 의해 시도되었다.

우선 공산주의 체제하에서도 가부장제가 굳건히 남아 있었고, 페레스트로이카 이후 시장경제의 도입과 더불어 가부장제가 여성의 지위를 더욱 불리하게 만드는 방향으로 작동했다는 주장이 있다. 사실상 동구의 공산주의 국가들에서 가부장제는 한 번도 비판적인 숙고의 대상이 되지 않았다. 아버지와 같은 국가가 복종을 요구했기 때문이다. 될링I. Dölling은 공산주의 국가의 대대적인 사회정책(가사노동의 사회화)은 임금과 가사노동 사이의 갈등을 축소하는 방식으로 여성 문제를 은폐시킬 뿐 아니라, 전통적인 남녀 관계를 고착시키는 데 기여했다고 주장한다. 오히려 케네디Michael Kennedy는 임금노동과 가사노동의 이중적 부담이 여성해방적 의식의 결여에 기여했다고 주장한다. 즉 과중한 노동부담은 여성이 자신의 상황을 돌아볼 여유를 허락해주지 않았다는 것이다.[114] 그 외에도 그는 자발적인 조직의 결여, 경제적인 위기, 서방의 페미니즘 사상에 대한 거부반응, 그리고 폴란드의 경우 가톨릭 교회의 영향을 중요한 요인으로 지적한다.

공산주의 체제하에서의 가부장제의 존속과 관련하여 왓슨Peggy Watson은 페레스트로이카 이후 여성의 지위 악화를 흥미 있는 방식으로 분석한다. 우선 그는 과거 공산주의 국가에서 가족이나 개인들 사이의 정체감에 기반을 둔 사적인 영역이 대단히 중요했음을 지적한다. 즉 정체성은 개인과 사회적 조직 사이의 변증법적인 상호작용 속에서가 아니라, 후자에의 자발적인 참여가 차단된 상태에서, 즉 사적인 세계에서 형성되었다는 것이다. 아래로부터 올라오는 자율적인 조직이 결여된 공산당 지배하에서, 사람들은 공적인 세계에서의 박탈감을 전통적인 남녀 관계가 그대로 유지되는 내밀한 사적 세계에서 보상받고자 했기 때문이라는 것이다. 그 때문에 양성은 모두 국가에 대해 불만을 가졌다. 특히 남성은 보호자적인 국가가 만들어낸 탈股 남성화에 반발했던 까닭에, 페레스트로이카 이후 변화를 위한 투쟁을 즉각적으로 개시했다. 즉 여성보다는 남성이 공적인 영역의 제한, 자신들의 수동성과 무기력을 더 강렬하게 인식했던 만큼 새로운 저항의 지도부를 빠른 속도로 장악했다는 논지이다.[115] 어쨌든 페레스트로이카 이후 몇 년 사이에 여성의 지위는 현저히 나빠지게 되었다.[116]

이후 공적 영역으로부터 여성이 축출되었는데, 새로이 구성된 의회에서 여성 의원이 급격히 감소한 현상이 그 좋은 예이다. 1991년 선거로 구성된 폴란드 의회에서 여성은 460명 중 44명이었다. 이것은 페레스트로이카 이전에 여성 대의원이 차지했던 비율의 절반에 불과한 수치이다. 루마니아에서는 여성 국회의원 비율이 34.3퍼센트에서 3.5퍼센트로, 불가리아에서는 21.5퍼센트에서 8.5퍼센트로, 그리고 헝가리에서는 20.9퍼센트에서 7퍼센트로 감소했다. 소련의 경우 1988년 당 중앙위원회에서 여성 대표는 4퍼센트를 차지했고, 1992년 새 헌법에 따라 선출된 하원에서는 여성이 겨우 15.7퍼센트를 차지했다.[117] 옛 동독의 경우에는 그 수치가 32.2퍼센트에서 20.5퍼센트로, 비교적 작은 비율로 감소한 편이다. 의회가 실질적인 사회적 권력 점유를 측정하는 척도가 되는 곳 어디에서나 의회는 남성의 영역이 되고 있다.[118] 이전의 공산주의 체제하에서도 여성의 정치적 대표성이 높다고 할 수는 없었지만, 당시 많은 국가들에서는 30퍼센트의 할당제를 지키고 있었다. 그러나 공산주의 체제가 붕괴된 이후 그러한 할당제는 사라진 것으로 보인다.[119]

사실 과거 공산주의 국가에서 여성들에 대한 해방은 위로부터의 선물이었을 뿐, 여성들이 적극적으로 추구한 것은 아니었다. 그러나 새로운 페미니즘의 기치가 떠오르면서 과거의 하향식 공산주의 여성 조직을 혐오했던 여성들은 조직을 떠나, 그 동안 갈구해왔던 프라이버시를 찾아 사적 세계로 돌아갔다. 혹은 공산주의자였던 여성 중에서 페미니즘을 거부하는 경우도 있었는데, 그들은 스스로가 남성들과 함께 일해 왔던 과거에 대해서 강한 자부심을 느끼고 있었다. 이행기의 양극화된 정치 분위기 속에서 서구 페미니스트와 동구 여성들 사이에는 어떤 합리적인 대화도 가능하지 않았다. 새로이 부활되는 가톨릭과 그리스 정교의 영향력 속에서 여성들은 종교나 민족주의로 기울었고, 이에 부응하여 새롭게 결성된 많은 여성 단체들은 가족이나 모성의 가치를 강조했다. 민족주의는 여성에게 아이를 낳아 줄어드는 출산율을 높일 것을 강요했고, '민족의 역사적 과업을 실현하기 위해서 아들을 위해 헌신하는 영웅적인 모성'을 요구했다.[120] 이러한 이행기의 분위기 속에서 과거 공산주의 국가의 여성운동과 서구 페미니스트들 사이에는 불화가 계속되어왔다. 이제 젊은 세대 여성들이 서구의 페미니즘 이론을 수용하면서, 서서히 새 여성운동의 싹으로 올라오고 있다.[121]

지구화는 여성의 삶에 어떤 영향을 줄까?

사용하기 시작한 지 채 20년도 되지 않은 '지구화globalization'라는 단어는 정치·사회·경제의 구조가 세계적으로 복잡하게 연루된 현실을 설명하는 동시에, 세계 인류가 처한 현재의 운명을 가장 실감나게 드러내는 상징어이다. 지구화는 의사소통 기회의 확산, 국제적인 이주의 증가, 국제무역의 엄청난 확대, 자본시장의 국제화로 요약될 수 있다. 이제 공간적인 거리는 의미를 상실하게 되었고, 인구 이동과 사상·문화의 전파가 빠른 속도로 이루어지면서 규범화된 소비 패턴이 전 세계에 걸쳐 형성되고 있다. 1993년에 이르면 정치적 망명객의 수가 850~900만 명에 이르고, 노동 이민은 거의 1억 명에 육박했다.

그렇다면 이 지구화는 여성의 삶에 어떤 영향력을 행사하고 있는가? 최근의 연구 조사들에 따르면, 여성은 세계화로 인해 '잃은 자'인 동시에 '얻은 자'이기도 하다.[122] 물론 이는 여성 간에도 지구화가 다양한 파급효과를 가져올 수 있다는 것을 암시하지만, 보다 일반적으로 말하자면 여성은 잃은 자가 될 가능성이 더 크다고 하겠다.

《세계화의 덫》에서는 세계 자본주의가 머지않아 '2대 8의 사회'를 가져올 것이라고 경고하고 있다. 고도의 지식과 기술을 지닌 소수의 선택받은 집단과 대다수의 미숙련 노동자들로 사회가 양분된다는 것이다. 여기에서 백인과 남성으로 이루어진 전자는 민족국가의 경계를 뛰어넘어 전 세계를 넘나들며 풍요로운 삶을 구가할 것이고, 여성과 유색인종이 주를 이루는 후자는 빈민, 노숙자로 전락해 갈 것이라는 것이다.[123]

이런 지구화의 추세 속에서 남녀 관계에는 몇 가지 근원적인 변화가 일어나고 있다. 첫째, 고도의 기술과 정보산업의 발달은 사회 구성원의 20퍼센트만을 노동력으로 요구함으로서, 남성이 곧 생계부양자라고 하는 모델은 더 이상 통용되기가 어려워졌다. 둘째, 남성 가장의 실직으로 비공식 부문에서의 여성의 노동이 증대하고, 고도로 발달한 자동화가 저렴한 여성 노동력을 선호하기 시작하면서, 공·사 영역의 분리는 더 이상 의미가 없어지게 되었다. 셋째로, 중산층 내에서 전문직 여성이 증가하면서 남녀 간의 차이는 줄어들었으나 여성 내부의 빈부 격차는 점점 더 커지고 있다. 특히 이런 차이는 국내적으로는 전문직 여성과 영세화된 비공식 부문 여성 종사자라는 계급 간의 차이로 나타나지만, 국제적으로는 인종이나 민족에 대한 차등화의 결과로 나타나고 있다. 넷째로, 세계화는 현금·금융 사회와 노동 사회로의 사회적 분화를 수반하는데 전자에는 남성, 후자에는 여성이 주로 종사하는, 새롭게 이원화되고 성별 분리가 된 사회를 만들어 내고 있다.[124]

지구화가 가져온 이런 변화들에는, 한편으로는 공·사 영역의 분리 추세가 완화되게 하고, 소수 여성의 전문직 진출을 늘리며, 그를 통해 특정 부문 여성의 사회적 참여 기회도 높여주는 긍정적 효과가 있다. 그러나 다른 한편으로는 대다수 여성과 가난한 가족의 영락을 재촉하고 있으며, 그 부담은 고스란히 여성들에게로 돌아오게 된다. 이제 지구화의 추세는 여성운동이 끌어안고 고민해야 할 가장 중요한 과제가 되었다. 오늘날 지구화가 가져온 위기 상황의 주된 피해자는 제3세계 여성들이다. 이미 우리는 다국적 기업에 의한 동남아에서의 여성 노동력 착취나, 무분별한 개발과 자원 착취로 인한 환경오염과 토지자원 고갈로 고통을 겪는 아프리카 여성들을 목도하고 있다.[125]

그러나 서구 여성들이라고 해서 지구화로부터 안전한 것은 아니다. 서구 국가들의 신자유주의 정책으로 인해 많은 나라들이 조세 감축, 예산 삭감, 공공 부문 축소를 실시하게 되었으며, 정부는 공공 부문의 책임을 개인에게로 돌리고 있다. 이미 유럽의 많은 나라에서도 탁아소, 쉼터, 지역 센터, 교육 센터, 도서관 등의 시설에 대한 지원이 끊기고 있다. 지구화는 개별 국가 안에서도 양극화를 초래할뿐더러 지역 간 편차도 넓히고 있다. 서유럽 국가들에서 여성의 지위가 상당 부분 개선되었다면, 포스트 공산주의 국가들인 동구권에서는 여전히 이런 조치가 이루어지지 못하고 있다.

특히 지구화가 낳은 엄청난 이주의 물결 속에서 성매매와 포르노 산업을 위한 인신매매가 대규모로 이루어지고 있는 점도 서구가 겪고 있는 심각한 문제 중 하나이다. 공산주의 체제 붕괴 이후 인신매매자들은 주로 러시아와 동유럽 여성들을 그들의 범행 목표로 삼고 있다. 이에 여성운동은 각국 정부에게 인도주의에 반하는 성 산업을 중지시키고 알선자를 처벌하고 피해 여성의 사회 복구 프로그램을 시행할 것을 제안하고 있다. 1999년 스웨덴 정부는 더 나아가 모든 성매매를 성적 착취로 규정하고, 성 구매자를 벌금이나 구금의 방식으로 처벌하는 법안을 통과시켰다. 그러나 이 문제에 대한 정부의 역할은 대단히 제한적이다.[126]

지구화와 더불어 성매매를 둘러싼 인신매매는 더 이상 단일국가 내의 문제가 아니게 되었다. 그만큼 국제적인 여성운동도 중요해진 것이다. 다국적 자본의 끊임없는 착취와 이동에 대해서도 국제적 차원의 연대와 대응이 중요해졌다. 특히 개별 국민국가의 정치적 조정력이 약화되고, 이에 비해 IMF, WTO, 세계은행과 같은 국제기구들이 무제한의 권력을 행사하게 되면서, 세계경제에서 주체가 되어야 할 여성이 주변화되고 있다. 이제 NGO에 의한 지구적 차원의 대응이 중요해졌고, '전지구적 협치 global governance'가 중요한 개념으로 떠오르고 있다.

여성운동 내에서도 전지구적인 조직 결성의 필요성이 제기되었다. 그 일환으로 1975년 멕시코 여성대회에서 시작하여 1995년 베이징 세계 여성대회에 이르기까지, 유엔이 매개가 되어 정부 간, 민간 여성 기구 간 대화가 활성화되었고, 특히 베이징 여성대회에서는 행동 강령이 발표되어 각국에서 이를 실행에 옮길 것을 권고했으며, 이후 각국의 여성 정책에 대한 평가도 이루어졌다. 여성들이 유엔이라는 국제기구나 국제NGO를 통해 국민국가를 압박할 수 있는 가능성도 높아졌다. 이 회의를 통해서 민간 여성 단체 간의 네트워크가 더욱 강화되었고 여성운동의 활성화가 이루어졌다.[127]

서구 사회뿐 아니라 서구의 여성운동이 부딪히는 또 다른 난관은 이주 migration를 둘러싼 갈등이다. 지구화가 노동력 이동을 가속화할수록, 기존 시민들 사이에는 외지인에 대한 과장된 방어 본능이 나타나게 된다. 대부분의 유럽 국가에서 여성운동은 민족 공동체나 국가 공동체의 구성원으로서의 권리를 요구해왔고, 그런 점에서 페미니즘은 애초 민족지적인 배경을 깔고 있었다고 볼 수 있다. 독일의 경우 인구의 9퍼센트를 차지하는 730만 명의 외국인이 살고 있는데, 그중 330만 명이 이슬람인이다. 이들은 몇몇 도시 지역에 집중해서 거주하기 때문에 그 존재가 가시화되기 쉽고 비난의 대상이 되기도 쉽다.

이주민을 둘러싼 사회적 갈등은 전 유럽에서 일어나는 현상인데, 이를 둘러싼 대표적인 사례가 프랑스의 히잡 사건이다. 자유·평등·박애를 실현한 프랑스 혁명 200주년 행사를 성대하게 치른 1989년 10월에, 히잡을 착용한 세 명의 무슬림 여중생들이 수업 시간에 이슬람식 스카프를 벗는 것을 거부하여 학교에서 쫓겨났다. 이 사건은 결국 '프랑스 대 프랑스 전쟁'으로 번졌다. 미디어는 이를 대대적으로 보도했고 여론은 쪼개졌다. 결국 이 사건은 약 일주일 후에 가족과 학교 당국 사이에 벌어진 협상이 성공적으로 이루어지면서 일단락되었다. 수업 시간에만 히잡을 어깨 위에 걸치는 방향으로 조정되었고, 프랑스와 이슬람교 사이에 화합을 모색하는 여러 조치를 취하기로 했다. 그러나 이 과정에서 페미니스트들은 히잡 착용이 '아버지나 남편의 소유물로

치부된 여성의 신체의 자율성을 무시하는 처사'라 규정하며 그것에 대해서만 논쟁을 벌였을 뿐, 당사자인 소녀들이 퇴학을 당한 일은 거론조차 하지 않았다. 그러나 아랍인 여성들의 입장에서 본다면 히잡은 여성을 경멸하고 여성의 신체를 악용하는 '서구 문화에 대한 저항이자 이슬람 문화와 도덕에 대한 애착을 표현하는 하나의 상징'이었다. 혹은 이 어린 소녀의 입장에서 히잡은 자신을 배제하는 또래 집단에 저항하면서 자신의 정체성을 지키는 방편일 수도 있었다. 이 사건은 여성들이 자신의 의견을 명확하게 표현하지 않을 때, 서로 대립하는 이해 집단에 의해 여성들의 경험이 어떻게 자의적으로 해석되거나 무시될 수 있는지를 보여주었다.[128]

위의 사례에서 주목할 점은 우선 문화적 차이를 둘러싼 갈등이 문화적 전통의 유지와 재생산을 담당하는 여성 혹은 여성의 몸에 근거하여 진행된다는 점이다. 그 다음으로 제기되는 점은 여성 내에서 드러나는 '차이$_{difference}$'를 이해하고 수용하는 문제이다. 이는 지구화 시대에 국제주의적 연대를 표방하는 페미니스트들이 안고 가야 할 난제 중의 하나이다. '차이를 통한 연대'는 지구화의 위협 속에서 극도로 불안해진 여성들의 삶을 지키는 여성운동의 새로운 전략이 되어야 할 것이다.[129]

여성해방을 위한 발걸음

1990년대에 들어선 후 서구에서 여성해방이 상당한 진전을 보았다는 데에는 대체로 이론의 여지가 없다. 이제 길어진 평균수명과 출생률 하락은 여성들이 생의 삼분의 일 정도만을 자녀를 위해 바치게 만들었다. 생의 대부분을 노동시장에서 보내는 여성들에게 유급노동은 정체성의 주요한 구성 요소가 되었다. 그러나 분명 많은 기회가 여성들에게 열렸음에도 여전히 불평등은 남아 있다. 사회복지를 통해 여성의 삶을 개선하고자 하는 국가 페미니즘의 약속에도 불구하고 현실적인 성과는 미미한 것이었다. 그런 점에서 여성해방은 여전히 유예된 꿈이라고 말할 수 있다.

1989년 덴마크와 핀란드에서 여성은 의석의 30퍼센트를 차지하고 있었으나, 서독은 16퍼센트, 프랑스는 5.7퍼센트, 영국 하원은 6.5퍼센트에 불과했다. 여성은 정치권에서 여전히 명목상의 의원일 뿐이다. 1970년대 여성운동이 인습적인 정당정치를 불신하고, 대안적인 그리고 반문화적인 정치운동을 벌였다면, 1980년대의 페미니즘은 여성의 정치적 역할에 대해 보다 실용주의적인 입장을 선택했다. 더불어 유럽공동체에 가입된 많은 국가들에 여성 관련 부처들이 생겨나면서, 페미니즘은 이제 반反문화에서 주류로 진입하고 있다. 그럼에도 여성의 대표성은 여전히 낮을 뿐 아니라, 그나마 의회 정치에 들어간 여성들이 페미니스트들의 이상과 거리가 있는 경우도 적지 않다.[130]

유럽공동체의 경우 여전히 여성은 남성보다 15퍼센트나 적은 급여를 받고 있다. 2002년의 통계에 따르자면, 취업 여성의 41퍼센트 정도가 비정규직인데 비해 남성은 10퍼센트만이 그러하다. 성별에 따른 직종 분리도 여전하다. 여성은 주로 공공 부문에, 남성은 고액의 연봉을 받는 사기업에서 일하는 경우가 많다.[131] 여성의 성별 역할은 한 세기 동안 굉장히 변화해왔지만, 이에 상응하는 남성의 역할은 1900년 당시에 비해서도 크게 다를 바가 없다. 오늘날 가정은 남편과 아내 양자의 수입으로 꾸려지게 되었지만, 그러한 현실의 변화에도 불구하고 의식과 관행은 바뀌지 않고 있기 때문이다. 이미 앞서 언급한 대로 스칸디나비아 국가들, 독일, 프랑스 등 서구의 복지국가들이 그 철학의 차이에 따라 서로 다른 여성 정책을 집행하고 있다. 덴마크의 아이들은 90퍼센트가 탁아소를 이용하고 있는 반면, 프랑스는 3세 미만 어린이의 8.8퍼센트만이 탁아소의 혜택을 보고 있다. 이들 국가에서 나타나는 공통의 특징은 여전히 아이는 어머니의 책임이라는 것이다. 그럼에도 불구하고 이제 여성들은 아이를 갖기 전에 먼저 안정된 직장과 경제적 독립을 달성하기를 원한다. 이런 까닭에 높은 직업적 성공을 거둔 여성일수록 출산률도 높은

것으로 나타난다.[132]

최근 평균수명이 늘어나면서, 연금 생활자의 수적 증가와 그에 소요되는 비용이 기하급수적으로 증가하고 있다. 노인 문제의 비용을 해결하는 방안은 퇴임 연령과 출생률을 높이고, 실업 상태에 있거나 파트타임으로 일하고 있는 노동 연령층 성인들을 노동력으로 견인하는 것이다. 뒤의 두 해결 방안은 여성 문제와 직결되어 있다. 사회의 주변화된 집단으로 존재하는 여성을 견인하고 빈곤을 감축하기 위해서는, 해당 여성들에게 괜찮은 수입이 보장되고 안정적인 고용이 유지되도록 해야 한다. 바로 이런 맥락에서 유럽공동체와 유엔은 성 주류화 gender mainstreaming 정책을 기치로 내걸고 있는데, 이는 곧 여성과 남성에게 동일한 기회를 제공하는 것을 통해서 여성을 모든 정책 분야의 통합적인 일부로 만들고자 하는 것이다.[133]

그러나 비교적 공공 보육 시설이 잘 발달한 스칸디나비아 국가들에서조차도 노동시장의 성별 분리와 임금 격차는 여전히 엄존하고 있다. 앞으로는 전통적인 해방의 개념, 즉 여성이 남성의 삶의 패턴에 동화되는 방식을 벗어나야 한다. 이제는 남성들도 전통적으로 여성이 해오던 역할을 맡도록 하는 새로운 성 평등의 개념이 만들어지고 확산되어야 할 것이다.[134]

주註

들어가는 말

1) Joan Wallach Scott, Gender and Politics of History, New York, 1988, 31면.
2) Georg G. Iggers, "Modern Historiography from an Intercultural Global Perspective", G. Budde/ S. Conrad/ Oliver Janz (ed.), Transnationale Geschichte, Goettingen, 2006, 89면.
3) 조지 이거스, 임상우/김기봉 옮김, 《20세기 사학사》, 푸른역사, 1999, 200~203면.
4) 하비 케이, 오인영 옮김, 《과거의 힘. 역사의식, 기억과 상상력》, 삼인, 2004, 208면.
5) 같은 책, 236면.

1장 여성 억압의 기원을 찾아서 – 원시·고대사회의 여성들

1) Uwe Wesel, *Der Mythos von Matriarchat. Über Bachofens Mutterrecht und die Stellung von Frauen in frühen Gesellschaften*, Frankfurt/M, 1980, 78면; Sheila Lewenhak, *Frauenarbeit. Ihre soziale Stellung von der Steinzeit bis heute* (원저는 Women and Work

로 Glasgow에서 출판), München, 1981, 8면.
2) Johann Jakob Bachofen, *Das Mutterrecht*, 2 Bde., hg. v. Karl Meuli, 1948. 참조.
3) 모건, 최달곤·정동호 공역,《고대사회》, 현암사, 1997. 참조.
4) Wesel, 위의 책, 27면 참조.
5) Friedrich Engels, *Der Ursprung der Familie, des Privateigentums und Staates*, Berlin, 1977 (13 Aufl.), 8면.
6) 같은 책, 29~35면.
7) 이러한 형태는 매일의 실제 생활에서 반드시 전체적으로 혼음하는 것을 의미하는 것은 아니고, 자식이 생겨날 때까지는 두 남녀가 결합한 상태로 남아 있는 것을 의미하며, 매춘이나 훗날의 관습에 의해 생겨난 제한들이 아직은 존재하지 않았다는 의미에서 난혼이라고 표현될 수 있을 뿐이다.
8) 같은 책, 45~46면.
9) 같은 책, 46~55면.
10) 같은 책, 50면.
11) 같은 책, 62면.
12) 같은 책, 58면.
13) 같은 책, 63~66면.
14) 같은 책, 77~78면. 이러한 엥겔스의 주장에 대해서는 물론 많은 반박과 문제 제기가 있다. 특히 계급 철폐와 노동의 사회화가 가져온 영향력은 여성들의 삶을 크게 바꾸었지만, 그것만으로는 여성의 지위를 설명할 수 없다는 것이 그것이다. 물질적 관계 자체가 여성 억압에 매우 중요한 요인이긴 하지만, 물질적 관계 형성에 관여하는 비물질적인 요소가 함께 얽히는 과정을 보아야 여성 억압에 대한 제대로 된 이해에 도달할 수 있다는 것이다. 홍찬숙, 〈엥겔스의《가족, 사유재산, 국가의 기원》에 대한 여성주의적 재검토〉,《서양사연구》, 제39집, 2008, 43~36면.
15) 같은 책, 72면. 집단혼 단계에서 남녀는 개인적인 성애Individuelle Geschlechtsliebe를 느낄 수 없었으므로, 일부일처제를 통해 최고의 도덕적 진보인 근대적인 성애性愛로 발전할 수 있는 조건이 실현된 셈이다. 그러나 사유재산과 그 상속을 위한 부권의 이익에 기반을 둔 일부일처제는 역사적으로 고찰해볼 때 양쪽의 계급적 지위에 따라 정해지는 정략결혼으로 시종일관했다. 따라서 엥겔스는 개인적 성애에 기반을 둔 진정한 의미의 일부일처제는 자본주의 생산 양식과 재산 소유 관계의 폐지를 통해서 비로소 실현될 수 있을 것이라고 전망했다. 같은 책, 79, 86, 93면.
16) 심정인,〈여성운동의 방향정립을 위한 이론적 고찰〉,《여성》1호, 창작과비평사, 1985.

17) 박정열, 〈여성 모순의 본질에 관한 해부〉, 《석순》 4호, 1987, 26~52면.
18) 결국 박정열은 가족 형태의 이행 동력을 푸날루아혼까지는 자연도태, 푸날루아혼에서 대우혼으로의 이행은 잉여 생산물 출현과 남성의 생산력 장악, 대우혼에서 일부일처제로의 이행은 생산 수단의 사유와 계급의 발생으로 보고 있다. 대우혼 이전에 여성이 종속되지 않았던 것은 바로 이런 이유에서라는 것이다. 또한 박정열은 엥겔스처럼 여성에 대한 차별화가 사유재산/계급의 발생으로 보기보다는 차별적 분업관계에서 찾았다. 생산을 둘러싼 남성과 여성의 생물학적 역할 분담 및 노동 영역상의 성별 분업은 생산력이 발전함에 따라 차별화되기 시작했다. 이와 더불어 우월한 생산 수단을 소유할 수 있는 영역에서 일하는 남성과 그렇지 못한 영역에서 일하는 여성 사이를 가르는 가부장제적 기제가 작동했는데, 박정열은 이런 차별적 분업관계가 사회적으로 제도화된 최초의 표현 형태가 바로 대우혼이라고 보았다. 그는 엥겔스가 "여성모순의 기원을 노동 영역상의 성별분업 관계가 생산력 발전에 직접적으로 조응하면서 차별화되었던 것으로부터 찾지 않고, 사유재산 제도에 의한 계급관계의 발생으로부터 찾는다"고 비판한다.(같은 글, 34-35면) 여성 억압이 나타나는 시기를 계급모순의 등장과 무조건 일치시키려는 성급함이 대우혼으로의 이행 동력에서 스스로 자기모순을 노정하도록 만들었다는 것이다. 여성 억압이 생산력 발전에 직접 조응했다는 방식으로 설명하는 데 엥겔스가 실패했음을 지적한 박정열의 주장은 타당해 보인다.

이미 앞에서 암묵적으로 밝힌 대로 엥겔스는 생산력의 발전, 계급 발생과 여성 억압 사이의 구체적인 연관성의 틀을 발견하거나 정교화시키지 못한 데서 오는 혼란을 스스로 극복하지 못했던 까닭에, 박정열은 상기한 두 가지 점에 착안하여 엥겔스 논리의 허점을 탁월한 수준에서 지적해내고 있다. 그 외에도 상속제도는 계급 발생 이전에도 이미 존재했었다는 데 착안하여 제기한 양자의 선후관계 문제, 혹은 초기 상속 과정에서의 소유 현상 및 생산 수단의 사유 현상을 구분해서 다루어야 한다는 주장 등은 일견 새로운 주장 같아 보이지만, 사실상 논리의 정합성이나 따지는 언어유희 이상을 벗어나기 힘들다. 왜냐하면 사유재산이나 계급이 발생하는 과정은 긴 시간에 걸쳐, 각 씨족마다, 각 지역마다, 각기 다른 생활 조건에 따라 다양한 형태로 표출되는 것을 추상화·이론화한 까닭에 세부적인 각각의 과정을 가지고 논란을 벌이자면 끝이 없는 것이기 때문이다. 오히려 각각의 경우가 가지는 사소한 차이를 접어두고, 역사를 긴 주기로 볼 때 여성 억압이 구체적으로 어떤 보편적인 경향을 띠고 나타났는가 혹은 그런 보편성이 발견될 수 없다면 적어도 어떤 유형론으로 정리될 수 있을까를 모색하는 것이 중요할 것이다.

19) 조옥라, 〈여성해방에 대한 인류학적 접근〉, 《오늘의 책》 No. 7(1985년 가을호), 30~49면.
20) 이를 위해서는 조옥라, 〈'성차별의 기원' 주제의 강의지침〉, 《여성학 연구》, 1986, 30~34면 참조.

21) 조옥라, 〈여성해방에 대한 인류학적 접근〉, 31면.
22) 그러나 조옥라는 "모계 사회에서 권력의 분배가 여성에 의하여" 이루어지는 모권제 사회는 존재하지 않았지만, "모계제 사회에서 여성의 간접적인 영향력은 컸으며, 남성들이 독점하고 있는 공식 기구의 구성과 결정 내용에 영향을 줄 수 있는 방법은 존재했다"고 주장하고 있다. 조옥라, 〈'성차별의 기원' 주제의 강의지침〉, 30면.
23) 같은 글, 33면.
24) 같은 글, 32면.
25) 같은글, 33면.
26) 조옥라, 〈여성해방에 대한 인류학적 접근〉, 37~38면.
27) 같은 글, 36~39면. 지금까지 언급한 조옥라의 성차별의 기원에 관한 글들은 기존의 주장들을 조심스러우면서도 성실하게 소개해준다는 점에서 일정한 기여를 하고 있다. 그러나 이 글은 이 주제에 관해서 뿐 아니라, 우리 사회의 여성학 연구가 당면하고 있는 몇 가지 방법론적 약점을 보여준다. 우선 위의 글에서 지적되어야 할 첫 번째 약점은 원시시대 여성의 삶이나 성차별의 기원에 대한 구조화된 해답을 제시하지 못하고 있다는 것이다. 흔히 역사적 진실을 재구성하는 과정에서 요구되는 '구조화'나 '총체성'을 '도그마'나 '교조주의'로 오해하는 경향이 있는데, 그러나 이 두 가지는 별개의 것이다. 우리가 성차별의 기원에 관한 논의를 시작할 경우, 우선은 '전체'라는 것에 대한 다소 상식적으로 알려진 개괄에서 출발할 것이다. 그러나 다양한 구체적인 것들로부터 추출되는 단편적인 규정들은 점차로 작은 규모의 추상에 이를 것이고, 이러한 추상이 구체성 속에서 역으로 반영·재검증되는 과정을 거치면서 여러 추상적인 것들 사이의 내적 관련성이 규명될 것이다. 이러한 역동적인 발전을 거치면서 우리는 다양한 구체적인 사실이나 관계들의 총체성에 도달하게 된 것이다. 그리고 이런 과정이 반복되면서 초기의 상식적인 개괄은 끊임없이 수정될 것이다. 위의 글에서 보이는 이러한 역동성·총체성·구조화의 결여는 암묵적으로 그들이 가지고 있는 학문적 다원주의(多元主義, Wissenschaftspluralismus)와 관련된다. 학문적 방법론으로서의 다원주의는 단지 방법론의 차원에 머무는 것이 아니라 가능한 의미들의 다원성을 뜻한다. 하나의 학문은 사회의 기본적인 갈등을 표현하고 이를 정치적으로 은폐시키지 않기를 요구하는 가운데서 그 본연의 역할을 수행하게 된다. 그러나 다원주의는 이러한 갈등을 중립화시키는 메커니즘을 만들어낸다. 다원주의자는 이러한 중립성으로부터 논쟁 대신에 논쟁적이지 않은 다양성, 즉 방법론의 다양성을 슬쩍 밀어 넣는다. 그렇게 되면 학문적 다원주의는 특수한 진행 방식으로서의 방법론이 다원적으로 나타나고, 그 자체로서 독특하며, 그 어느 것도 그 자신만으로 유일하거나 독점적인 것이 될 수 없게 되는, 그런 진부한 결론에 도달할 수밖에 없는 것이다.(Margherita v. Brentano, "Wissenschaftspluralismus.

Zur Funktion, Genese und Kritik eines Kampfbegriffs", Das Argument 66/1971. Berlin, 1971, 476면.) 역사적으로도 이미 구미의 국가들이 오래 전부터 학문의 다원주의 그리고 정치적 이해 집단의 다원화를 표방하고 있지만, 실질적인 힘이나 이권들은 중앙화된 정치·경제적 권력이나 그 배후의 집단에게로 집중되고 있으며, 슬로건으로서의 '다원주의'는 이를 은폐하는 역할을 하고 있다.

28) Wesel, 위의 책, 71~74면과 Paula Webster, "Matriarchy: A Vision of Power", Rayna R. Reiter (ed.), *Toward an Anthropology of Women*, N. Y. / London, 1975, 141~142면.
29) Heide Göttner-Abendroth, "Matriarchale Mythologie. Ausgewählte Beispiele aus Mythos, Märchen, Dichtung", Brigitte Wartmann (Hg.), *Ästhetik und Kommunikation*, Berlin, 1980, 202~204면 참조.
30) 이러한 총체적 접근을 잘못 이해한 대부분의 인류학자들이 개개의 원시사회 연구 결과를 분절화시키고, 기존의 발전 단계설이 맞지 않는다는 주장을 공허하게 되풀이하고 있다.
31) Göttner-Abendroth, 위의 글, 202면.
32) Engels, 위의 책, 50면.
33) Wesel, 위의 책, 33~34면.
34) 같은 책, 34~35면.
35) 같은 책, 78면.
36) Richard B. Lee/Irven De Vore, "Problems in the Study of Hunters and Gatherers", Lee/Dei Vore (ed.), *Man the Hunter*, 1968, 3~12면.
37) Marshall Sahlins, *Stone Age Economics*, 1972, 32면, Wesel, 위의 책, 79면에서 재인용.
38) Kathleen Gough, "The Origin of the Family", Reiter (ed.), 위의 책, 51~76, 62면; Wesel 위의 책, 80면.
39) 같은 책, 81~82면. 그 외에도 모건, 《고대사회》, 3부 4장 참조.
40) Gough, 위의 글, 69면.
41) Wesel 위의 책, 83면; Patricia Draper, "Ikung Woman: Contrasts in Sexual Egalitarianism in Foraging and Sedentary Contexts", Reiter (ed.), 위의 책, 77~190면 참조.
42) Gough, 위의 글, 72~73면.
43) 같은 글, 70~71면.
44) 이 시기를 역사적으로 점검해보자면 서기 전 9000~1만 년 사이의 북아프리카, 메소포타미아, 북시리아 그리고 북아나톨리아를 들 수 있겠다. 빙하기 마지막에 북유럽의 빙하가 사라지면서 남쪽의 기후가 건조해지고 한발이 식물과 짐승을 얻는 것을 어렵게 함으로써 경제적 위기가 왔다. 이 때 인구증가와 더불어 목축과 농업이 시작되었고, 서쪽을 향해 즉 지

중해를 거쳐서 그리스와 북구로의 이동이 이루어졌다. 이 역사적 실례는 남아나톨리아 çatal Hüyük의 고고학적 발굴을 통해 입증되는데, 이들은 주로 모처제와 모계제를 토대로 하고 있었다. Wesel, 위의 책, 91면.

45) 같은 책, 96~99면; Claude Meillassoux, *Femmes, Greniers et Capitaux*, 1975, 독일어판 *Die Wilden Früchte der Frau*, Frankfurt/M, 1976, 32~35면.
46) 이를 위하여, Wesel, 위의 책, 135면과 Meillassoux의 위의 책을 전반적으로 참조할 것.
47) 그러나 혈통에 의해 선출되거나 전임자에 의해서 임명된 사회의 경우에는 대표자의 권력이 비교적 강했다. 그는 노동하지 않고 집단에 의해 먹여 살려졌다. Wesel, 위의 책, 104면.
48) 같은 책, 106면.
49) 같은 책, 107~118면; Engels, 위의 책, 96~111면.
50) 즉 이로쿼이족의 경우는 여타 여성중점적 사회보다 여성의 지위가 약간 더 우세하긴 했지만, 그렇다고 해서 이 사회를 모권제 사회라 보기는 어렵다는 것이다.
51) Judith K. Brown, "Iroquois Women: An Ethnohistoric Note", Reiter (ed.), 위의 책, 235~251면을 참조할 것.
52) George Peter Murdock, *Ethnographic Atlas*, 1967, Wesel, 위의 책, 126면에서 재인용.
53) Alice Schlegel은, 이러한 사회에서는 여자의 남자 형제들과 다른 씨족에서 온 남편들 사이의 힘의 균형을 통해 권력이 상호적으로 지양되어버려서, 결코 남성적인 권력이 존재할 수 없었다고 주장하고 있다. 이러한 상황은 모계제 사회의 거의 절반 이상에서 실제로 찾아볼 수 있다. Alice Schlegel, Male Dominance and Female Autonomy, 1972, 71, 82면과 Wesel, 위의 책, 129면에서 재인용.
54) 샌디는 그의 연구에서 "여성의 생산에의 참여가 높을수록 여성의 지위는 나아진다"는 주장이 옳지 않음을 지적하고 있다. 여성의 생산 참여도가 상당히 높음에도 여성의 지위는 열악한 많은 사회들이 있기 때문이다. 따라서 그는 이를 수정하여 여성의 생산 노동에의 참여 정도가 적어도 50퍼센트를 넘을 경우에만 여성의 지위가 우세했다고 주장하고 있다. Peggy R. Sandy, "Female Status in the Public Domain", Rosaldo/Lamphere (ed.), *Woman, Culture and Society*, Stanford, 1974, 189~206, 199면.
55) Gough, 위의 글, 67면.
56) Bachofen, 위의 책 참조.
57) Herodotus, *Historien* Ⅰ, 173면. Wesel, 위의 책, 36면에서 재인용.
58) Felix Jacoby, *Die Fragmente der griechischen Historiker*, 3 Teile, 1923~1964, Nr. 90, Fragment 103.
59) *Fragmenta Historicorum Graecorum*, Band 2, 217면, Wesel, 위의 책, 38면에서 재인용.

60) Wesel, 위의 책, 37~40면 참조.
61) Herodotus, *Historien* Ⅱ, 35면. Wesel, 위의 책, 41면에서 재인용.
62) Wesel, 위의 책, 41~42면.
63) Erwin Seidl, *Einführung in die altägyptische Rechtsgeschichte bis zum Ende des neuen Reichs*, 3 Aufl., 1957, 57~58면. Walsh는 가장 주요한 여신인 이시스가 대지의 여신이기 때문에, 대지는 여성으로 대변되었고 그래서 동양적 전제군주 국가인 이집트의 전 국토는 혈통을 계승한 왕녀의 소유였다고 주장하고 있다. 이에 비해 통치 권력은 남성 즉 그녀의 남편에게 주어졌다. 기원전 3000년에서 1000년 사이의 이집트는 이러한 왕가의 남매혼 즉 이중군주제와 남성들로 이루어진 강력한 종교-군사 계급으로 특징지어지는데, 이것이 바로 '보다 초기의 여성중심의 체계가 남성화되어가는 과정이 아닌가' 라는 추측을 불러일으키고 있다. 그래서 Walsh는 이러한 왕가의 관행은 일반 서민에게도 내려가 남매혼이나 여성의 사유재산권 확보가 일반화되었다고 보고 있다. 그러나 여성이 사유재산을 소유했다는 주장은 근거가 약해서 쉽게 받아들이기 어렵다. 단지 여성이 비교적 평등한 지위를 누렸던 사회였다는 데에는 의심의 여지가 없다. Elizabeth Miller Walsh, *Women in Western Civilization*, Massachusetts, 1981, 21면.
64) Diodor, Historische Bibliothek Ⅰ, 27. 2, Wesel, 위의 책, 43면에서 재인용.
65) Wesel, 같은 책, 44면.
66) Anna Hohenwert-Gerlachstein, *The Legal Position of Women in Ancient Egypt*, Wiener Völkerkundliche Mitteilungen, Bd. 3, 1955, 91면.
67) Wesel, 위의 책, 46면.
68) Bachofen, 위의 책, 160면.
69) Wesel, 위의 책, 48~52면.
70) 같은 책, 51면.
71) Lewenhak, 위의 책, 84~85면.
72) 같은 책, 85면.
73) 차전환, 〈기원전 2세기 전반 로마의 농장경영 -카토의 농업론을 중심으로〉, 서울대학교 석사학위논문, 1986, 참조.
74) Pomeroy, Sarah B., "Women in Roman Society", Stanley Chodorow (ed.), *The Other Side of Western Civilization. Readings in Everyday Life*, Vol. 1, N.Y., 1973, 49~51면.
75) 차전환, 위의 글, 40~45면.
76) Pomeroy, 위의 글, 53면.
77) 상속재산의 양에 비추어볼 때는 남성이 여성보다 우월한 대접을 받았지만, 공동귀속된 재

산에 대해서는 남녀 사이에 어떤 차별적 조치도 이루어지지 않았다는 점에서, 적어도 재산 소유의 측면에서는 고대여성이 근대여성에 비해 상대적으로 유리한 지위를 누렸다고 해석할 수도 있다. 최자영, 〈고르틴 법을 통해서 본 고대 그리스 여성의 재산권 - 크레타섬과 그리스 본토의 사회체제 비교에 대한 일고〉, 《서양사론》, 107호, 2010, 136~138면 참조.

78) 같은 글, 43면; Elizabeth Miller Walsh, *Women in Western Civilization*, Vol. 1, Cambridge (Massachusetts), 1981, 35면.

79) 물론 중·하층 여성의 경우에는 물 긷는 일, 장 보는 일 그리고 그 외 노동의 필요성에 따라 바깥과의 접촉이 잦을 수밖에 없었다.

80) Wesel, 위의 책, 60~61면; Walsh, 위의 책, 45~46면.

81) 플라톤은 《국가》에서 여성을 방위자로 허용하여 여성도 공적 생활에 들어가게 해야 한다고 주장함으로서 선진적인 측면을 보여주었다. 그러나 다른 곳에서 플라톤이 여성에 대해 한 발언들에 비추어볼 때, 그에게는 여성의 지위에 대한 관심보다는 국가의 이익을 위해 여성을 적극 동원하려는 뜻이 더 강했던 것 같다. 문혜경, 〈플라톤의 《국가》에 나타난 여성상〉, 《서양사학연구》, 제9집, 2003, 15~16면.

82) Walsh, 위의 책, 40~42면; Sarah B. Pomeroy, Goddesses, *Whores, Wives, and Slaves. Women in Classical Antiquity*, New York, 1975, 230면. 그러나 그리스인들은 '명예와 수치'의 규범을 통해서 절제를 강조했기 때문에, 아테네인들은 미소년에 대한 동성애적 사랑을 거부하지는 않았지만 이를 영속적으로 수용하지도 않았다고 한다. 그들에게는 미소년에 대한 정신적인 사랑이 강조되었 것 같다. 문혜경, 〈고전기 아테네인이 성 규범과 태도〉, 《서양고대사연구》, 제23집, 2008, 95면. 그 외에도 그리스인의 성에 대해서는 Mark Golden/Peter Toohey (ed.), *Sex and Difference in Ancient Greece and Rome*, Edinburgh, 2008 참조.

83) Wesel, 위의 책, 60~61면.

84) Pomeroy는 여성이 남성의 절반에 불과했을 것이라고 평가한다. Sarah B. Pomeroy, 227면.

85) 특히 헬레니즘 시대 스파르타에서의 여성 지위는 상당히 높았다. 상대적으로 여성의 지위가 높았던 이집트 왕실 여성들과 유사했다는 지적이 있다. 같은 책, 48~49면; 윤진, 〈헬레니즘 시대의 스파르타 여성에 대한 고찰〉, 《서양고대사연구》, 제10집, 2002, 47~54면.

86) Wesel, 위의 책, 69면; Sarah B. Pomeroy, 229면. 최근 로마 가족사 연구는 주관적일 수밖에 없는 가족적 정서 문제에 관심이 집중되는 경향도 보인다. 그러나 기원전 2세기에서 기원후 2세기 사이에 로마의 가족 관계가 점점 더 자유롭고 애정에 찬 관계로 발전해갔다는 연구 결과에 대해서는 회의적인 시각도 없지 않다. 윤진, 〈로마 가족 내에서의 부모-자

녀 관계〉, 《서양고대사연구》, 제7집, 1999, 64~66면.
87) Lewenhak, 위의 책, 108~111면.
88) Wesel, 위의 책, 54~55면.
89) 조옥라, 〈여성해방에 대한 인류학적 접근〉, 40~41면. 그 외에도 신화의 기능에 대해서는 문혜경, 〈그리스 사회에서 신화의 기능〉, 《서양고대사연구》, 제10집, 2002, 1~29면 참조.
90) Göttner-Abendroth, 위의 글, 209~217면.
91) 아마존의 실재를 믿는 사람들은 이를 모권제의 유습으로 본다. 아마존이 점점 더 강력하게 타도의 대상이 되는 것이 그리스 사회의 호전성 증대를 드러내는 것이라는 최혜영의 해석도 흥미롭다. 최혜영, 〈남성적 젠더의 여성: 아마존과 아테나 여신〉, 《서양사연구》, 제39호, 2008, 6~10, 23~24면.
92) Wesel, 위의 책, 30면과 Dieter Behrendt 외, *Geschichte. Lehrbuch für Klasse* 5, Berlin (O), 1983, 30면과 *Politische Ökonomie, Lehrbuch*, Bd. 1, Zentraler Arbeiterverlag, Berlin (O), 1981, 26면 참조.

※발표 지면 : 이 글은 [정현백, 《여성》 2호, 창작과비평사, 1988]에 수록된 글을 수정·보완한 것이다.

2장 성녀에서 마녀까지 – 서양 중세 여성의 재발견

1) Elizabeth Fox-Genovese, "Placing Women's History in History", *New Left Review*, No. 133 (May-June), 6면
2) Joan W. Scott, ed .Learning About Women: Gender, Politics and Power (Ann Arbor: The University of Michigan Press, 1987)
3) Margaret L. King, "Book Reviews of Women, History and Theory by Joan Kelly", *The Journal of Modern History*, Vol. 58, No. 2. (June 1986), 538면.
4) Caroline Bynum, *Holy Feast and Holy Fast:The Religious Significance of Food to Medieval Women*(University of California Press,1987) 277면~299면, 이종경·김진아, 〈'차이'와 '과정' : 중세 초 남성 중심의 세계에서의 세 여성〉, 《한국중세사연구》, 2010. 10, 1~2면에서 재인용.
5) 주디스 버틀러, 조현준 옮김, 《젠더 트러블》, 문학동네, 2008.
6) Eileen Power, *Medieval Women*(Cambridge Univ. Press, 1975), 9면.

7) Maurice Godelier, 〈현실적인 것 안의 관념적인 것〉, Raphael Samuel and Gareth Stedman Jones (ed.), 《홉스봄기념논문집》, 청계연구소, 1987, 53~54면.

8) Clark, E., "Devil's Gateway and Bride of Christ: Women in the Early Christian World," Religion Ascetic Piety and Women's Faith: Essays on Late Ancient Christianity, Studies in Women and Religion, vol 20, Lewiston, New York: Edwin Mellen Press, 1986, 김재현, 〈중세 여성 신학자들〉, 프린스턴 신학 세미나 자료. 23쪽에서 재인용.

9) 위의 문제들에 대한 바울의 해석은 다음 성경 구절들에 잘 표명되어 있다. 디모데전서 2 : 11~15, 고린도전서 11 : 3~9, 고린도전서 14 : 33, 35.

10) 이종경 · 김진아, 앞의 논문, 6면~7면.

11) Godelier, 위의 글, 53면.

12) Thomas Aquinas, Summa Theologica, Vol. I, 717~718면 ; Schulamith Shahar, The Fourth Estate(Methuen, 1983), 24면에서 재인용.

13) Shahar, 위의 책, 12면.

14) 그리젤다의 남편은 중년에야 첫 결혼을 한 이탈리아의 귀족이다. 그는 그리젤다의 여성다움과 충성심, 인내심을 확인하기 위해 몇 차례의 실험을 한다. 그녀에게 첫째 아들과 둘째 자식인 딸을 죽이자고 하고, 교황으로부터 이혼 허락을 받았으니 새 신부를 위해 집을 비우라고 요구한다. 그녀는 주저없이 자식들의 죽음을 받아들이고, 새 신부에게 신의 축복이 있기를 기도한다. 마침내 아들이 살아 있으며, 신부는 오빠와 함께 아주머니 집에서 자란 그들의 딸임이 밝혀진다. 이로써 그리젤다의 여성다움은 부족함이 없다는 것이 증명된다.

15) Anselm of Canterbury, Cur Deus Homo, PL vol. CL Ⅷ, Col. 364; Shahar, 위의 책, 24면 에서 재인용.

16) Elizabeth Miller Walsh, Women in Western Civilization(Schenkman Publishing Company, 1981), 124~125면.

17) 당시 민중들의 신앙 표현은 아베마리아 기도, 성모 예배당 설치, 마리아의 유골을 모신 성당 건립, 로카마두르Rocamadour와 라옹Laon 등지로의 대순례 따위로 나타났다. 한편 중기와 후기 중세 예술에서는 임신한 마리아상, 팔에 어린 아들을 안고 얼르는 성모상, 십자가에 못박힌 그리스도의 시신을 안고 고통스러워 하는 마리아상(피에타) 등이 조각과 회화의 가장 대표적인 테마 중 하나였다.

18) Shahar, 위의 책, 26면; Walsh, 위의 책, 125면.

19) William Monter, "Pedestal and Stake: Courtly love and Witchcraft", Renate Bridenthal and Claudia Koonz (ed.), Becoming Visible Women in European History(Houghton Mipplin Company, 1977), 119면.

20) Joan Kelly-Gadol, "Did Women have a Renaissance", 같은 책, 142면.
21) E. Power, 위의 책, 20면.
    대부분의 궁정 문학에서 여성에 대한 사랑은 남성들의 영웅적 행위를 위한 영감의 원천이며, 그들의 모든 도덕적 특성을 고양시키는 원인으로 제시된다. 여성에게 부여된 것은 정신적 도덕적 훈련의 결정자로서의 역할이며, 그 훈련을 통해 기사는 완전한 덕을 성취하는 것이다. 따라서 사랑에 의한 여성 잠재력의 완전한 발현은 무시되었고, 여성은 아무리 찬미를 받을지라도 본질적으로 주체가 아니라 객체로 남아 있었다. S. Shahar, 위의 책, 161~162면.
22) E. Power, 위의 책, 19면.
23) Susan Stuard (ed.), *Women in Medieval Society*(University of Pennsylvania Press, 1976), 8 ; S. Shahar, 위의 책, 33면.
24) 중세인들은 고대인들과 마찬가지로 좋은 마술과 나쁜 마술의 존재를 믿었고, 그들에게 마법witchcraft은 남에게 해를 끼치기 위해 마술적 수단을 사용하는 것maleficum을 의미했다. 몇몇 남녀들은 마법을 실행하기도 했고 어떤 사람들은 억울하게 혐의를 받기도 했는데, 게르만 왕국들과 이후의 세속법은 바로 그 나쁜 마술을 금지하고자 했고, 그것에 대해 기소했다. 14세기 이전까지 마법과 관련된 재판은 많지 않았으나, 14세기 교회는 마녀를 악마의 공범자로 규정하기 시작했고, 남에게 해를 주는 행동은 악마 숭배와 동일시했다.
25) 1480년에서 1700년까지 다른 모든 죄목의 범죄자를 합한 것보다 많은 수의 여성이 마법 혐의로 처형되었다. W. Monter, 위의 글, 133면. 예컨대 남서부 독일의 경우 기소자 중에서 여성의 비율은 82퍼센트였고, 영국의 에섹스는 92퍼센트, 카스틸르 지방은 72퍼센트였다.
26) 같은 글, 127면.
27) 예를 들어 툴Toul 시(1584~1623)의 경우 배우자 없는 여성은 기소된 모든 여성의 63퍼센트, 과부는 55퍼센트를 차지했다. 또 에섹스(1645)에서 배우자 없는 여성은 57퍼센트, 과부는 전 여성의 41퍼센트였다.
28) 주로 마녀사냥의 초기에 실제적 혹은 가상의 정치적 음모와 관련해서 소수이지만 상층계급의 여성과 남성들이 기소되기도 했다. Brian P. Levack, The Witch-hunt in Eearly Modern Europe(Longman Inc., 1987), 136면.
29) 미셸에 따르면 여성들은 중세말 정치, 종교, 경제 등 모든 삶의 영역에서 이전의 역할을 상당히 박탈당했으며 이에 맞서 적극적으로 저항했다. 귀족 여성들이 문화적 관할권을 확보하고자 했던 궁정식 사랑, 대안적인 삶의 한 형태로서의 베긴 운동, 특히 카타르 운동을 비롯한 이단 운동, 농민 여성들과 도시 소상인 여성들의 농민반란과 도시반란에의 참여가 그

예이며, 교회는 이에 대해 마법과 이단재판으로 대응한 것이다. Andrée Michel, *Le Féminisme*(Press de Universitaire de France, 1979), 34~36면.

30) Levack에 따르면 마녀사냥의 원인으로서 제시되어온 것들은 다음과 같은 이유들이다. 첫째로, 마녀사냥이 빈곤이 확산되는 시기에 행해졌음을 통해서 알 수 있듯이 근대 초의 정세적 변화가 대규모의 마녀사냥을 야기시키는 데 일정한 역할을 했다. 15세기부터 17세기까지의 인구 급증, 실질임금의 하락과 인플레이션, 수년 간의 흉작과 기아, 주기적 흑사병과 다른 전염병 등이 몰고 온 빈곤은 마녀사냥의 희생이 된 사회의 주변적인 사람들에게 가장 심각한 영향을 미쳤다(가난한 여성들은 생존을 위해서 마술적 치료제를 팔거나 자신의 보잘 것 없는 재산을 빼앗아가려는 사람들에게 복수의 한 수단으로서 마술을 사용할 수도 있었을 것이다. 그러나 실제로 악의적인 마술을 행하지 않고도 그녀들은 이웃들 사이에 분개심과 빈곤한 이웃을 돕지 못한다는 죄의식을 야기시켰다. 그 결과 많은 빈민 여성들이 마법재판에 처해지기도 했을 것이다). 정치적으로, 또 심리적으로 통치 엘리트들은 종종 종교적 불일치, 민중의 반란, 빈곤의 만연, 자본주의 정신의 발생과 같은 사회적 불안을 사탄과 그의 공모자의 탓으로 돌리면서 마녀사냥을 통해 일시적으로나마 전체 공동체가 공동의 적에 관심을 집중하게 하고, 보다 심각하고 보다 현실적인 문제로부터 눈을 돌리게 함으로써 위험한 사회적 분열을 치유하고자 했다. 심리적 요인은 평민들에게서도 찾아볼 수 있는데, 그들은 마녀를 공격함으로써 불안을 치유하는 효과를 얻었다. 즉 경제적 동요와 불안, 종교적·정치적 변화의 당혹스러운 상황, 주기적인 기아, 전염병의 발생 등에 직면한 농민과 노동자들은 마녀사냥을 통해서 그들이 겪고 있는 심리적 고통에서의 해방을 느낄 수 있었던 것이다. 또한 마녀사냥은 종교개혁기 개혁자들의 도덕적 가르침의 한 결과로도 볼 수 있다. 즉, 개혁자들의 가르침은 사람들로 하여금 악마에 대한 적대감과 구제의 필요성을 강하게 인식하게 했으며, 그들은 마녀사냥에 참여함으로써 자신의 도덕적 신성함과 궁극적 구제에 대한 확신을 얻었다. 요컨대, 마녀사냥은 통치 엘리트뿐 아니라 불행을 겪고 있는 사람들까지 포함한, 사회의 모든 구성원들이 자신을 보호할 지위나 수단을 갖고 있지 못한 여성들을 속죄양으로 만듦으로써 현상을 유지하고자 이용한 수단이었던 것이다.

31) 마녀재판은 교회 법정에서 이루어지기도 했으나 일반적으로(특히 1550년 이후) 세속 법정에서 행해졌고, 기소자의 반 정도는 처형을 당했다. Levack, 위의 책, 1면.

32) *Malleus Maleficarum*(Frankfurt, 1582), Part I, 6, 90~105면; S. Shahar, 위의 책, 279~280에서 재인용.

33) 예를 들어 파리의 한 부르주아 남성은 남편에 대한 아내의 사랑을 주인에 대한 개의 충성에 비유하고 남편의 모든 명령은 옳건 그르건 중요하건 하찮건 지켜져야만 한다고 주장하기도 했다. Power, 위의 책, 16면.

34) Chaucer, 김진만 역, 《캔터베리 이야기》, 정음사, 1972, 140면.
35) 〈바스 아내의 이야기〉의 줄거리는 대략 이러하다. 아더왕의 부하인 한 수업기사가 하녀를 강간한 죄로 죽게 되었으나 왕비와 궁정 귀부인들의 간청으로 겨우 죽음을 면하게 되었다. 대신 왕비는 기사에게 1년과 하루의 시간을 주어 "여성들이 가장 원하는 것이 무엇인가?"에 대한 답을 찾아오도록 명령한다. 말미로 받은 시간이 거의 끝나갈 무렵 기사는 한 추악한 노파를 통해 "여자들이 너나 없이 원하는 것은 남편들과 정사에 대한 지배권을 갖는 것이고, 무슨 일에 있어서든지 남편 위에 군림하는 것"이란 답을 얻어내고 목숨을 구한다. 해답을 제시해준 노파는 대가로 기사에게 결혼을 요구한다. 원통해하는 기사에게 노파는 못생기고 늙었지만 정숙하고 순박한 아내와 속 썩이지 않고 사는 것과 젊고 아름다워서 뭇 남성들과 법석을 떠는 아내의 모습을 보며 사는 팔자 가운데서 선택할 것을 촉구하는데, 기사가 노파에게 선택권과 지배권을 넘겨주자 노파는 젊고 아름다운 아내로 변신하여 순종적인 아내가 될 것을 맹세한다.
36) W. F. Bolton, "The wife of Bath : Narrator as Victim", ed. Janet Todd, *Gender and Literary Voice*(NY and London : Holmes & Meier, 1980), 64면 ; 안영옥, 위의 글에서 재인용.
37) 같은 글.
38) Power, 위의 책, 12면.
39) Gottlieb은 크리스틴과 나바르의 마가렛Margaret of Navarre의 의식을 논하면서 그들뿐만 아니라 15세기 당시 많은 여성들이 모여서 자신들의 위치에 대해 이야기하고 불만을 나눴을 것이라고 추정한다. Beatrice Gottlieb, "The Problem of Feminism in the Fifteenth Century", Julius Kirshner and Suzanne F. Wemple (ed.), *Women of the Midieval World*(Basil Blackwell, 1985), 385~359면.
40) Christine의 주된 관심은 도덕주의와 애국심에 있었다. 그녀는 여성 문제에 대해서도 글을 남겼는데, *Book of the City of Ladies*, *The Book of the Three Virtues*가 대표적이며, 그 밖의 저작들에서도 여성의 상태를 직간접적으로 언급했다.
41) 그 하나는 1300년경 라틴어로 쓰이고, 70년 후 불역된 Matheolus의 *The Lamentations of Matheolus*인데 불행한 남편의 감정적인 토로로 채워져 있으며, 다른 하나는 Jean de Meun이 쓴 우화적인 인물들의 담화집인 *The Romance of the Rose*이다.
42) 나바르의 마가렛의 여성론도 크리스틴과 유사하다. 그는 모든 여성이 소수 여성의 잘못에 의해 평가되어서는 안된다고 주장하고, 남성들은 성적 만족을 위해 여성들을 속이고 배신했다고 비난했다. 여성들은 천부적으로 순결하므로 남성들의 행동을 순화시키고 양성 간의 관계를 보다 덜 육욕적인 것으로 만들도록 도와줄 수 있다고 보았다. 그는 또 크리스틴

과 마찬가지로 여성은 아내로서 사랑받고 보호받을 권리가 있으나 결혼이 불행해진다 해도 가정의 평화와 안정을 지킬 의무를 갖고 있다고 생각했다. Beatrice Gottlieb, 위의 글, 358~359면.

43) 같은 책, 345면.

44) Shahar, 위의 책, 11면.

45) 결혼 문제의 관활권을 놓고 세속 법정과 갈등을 벌여온 교회는 9세기에 렝스의 대주교 힝크마르Hincmar의 활약으로 결혼문제에 교회법을 적용시키는 데 성공했으며, 그레고리우스 개혁이 이루어지고, 교회법이 만개하는 11세기 말에 이르면 결혼 문제에 대한 교회의 권한이 확립된다. 다시 14세기 이래로 결혼과 관련된 일부 문제들이 서유럽의 몇몇 국가에서 세속 법정으로 이전되기 시작했다. 예를 들어 14세기 이후 프랑스의 파리 의회는 자손의 합법성, 사통, 별거에 따른 자손 문제, 과부와 그 자식들의 권리에 대해 다뤘다. 그러나 결혼의 유효성과 별거권의 인정에 대한 결정은 모든 국가에서 교회 법정의 절대적 권위 하에 있었다.

46) 일반적으로 말해서는 재산의 분리만이 허용되고, 아주 드물게 육체적 별거가 허용되었다. 그러나 실제로 전자의 경우 따로 독립된 세대를 이루는 것이 가능했다. 그것들을 허용하는 구실 가운데는 배우자의 부정, 남편의 불임, 아내의 주벽, 남편의 거친 행동 등이 있었다.

47) 구타 문제는 세속 법정에서 다뤄지고, 교회 법정에서 별거 여부가 결정되었는데, 교회법은 과도한 경우에조차 구타를 인정하기도 했다. 예컨대 교회 법정은 남편이 칼을 들고 구타하여 팔과 늑골이 부러져 별거를 요청하는 아내에 대해, 아내의 버릇을 고치기 위해 구타했다는 남편의 말을 인정하고 별거를 허용치 않았다.

48) 왕이나 영주에 대해서 영지의 영민 및 그들이 소유한 토지나 또 다른 재산에 대해서 부과되던 세이다.

49) 노예제 하에서 노예와 더불어 통제의 대상이었던 자녀, 아내, 며느리에 대한 생사여탈권이 보장되었던 로마시대의 가부장권은 노예의 공급이 끊기고 노예경제의 한계가 드러나는 제정 초기 이후 현저히 약화된다. 대신에 여성들의 권리가 확대되고, 남계친男系親만이 아니라 여계친女系親도 인정된다.

50) 예컨대, 서고트법과 부르군드법은 여성이 자신의 재산을 관리하고 가족 재산의 관리를 분담하고 또한 과부로서 가족 재산에 대한 관리와 감독을 떠맡는 데 대해 아무런 법적 제한도 가하지 않고 있다. 반면 롬바르드법은 토지 관리에 대한 여성의 자유를 비록 완전히 금할 수는 없었어도 제한을 가했다. David Herlihy, "Land, Family, and Women in Continental Europe, 701~1200", Susan M. Stuard (ed.), 위의 책, 32면.

51) 같은 글, 33면. 여성들의 경제적 역할은 950년 이후 특히 뚜렷해지고, 11세기에는 전성기

에 달했다.
52) 중세 유럽에서 상속과 양도의 시기와 내용은 다양했다. 상속 및 양도와 그것에 관련된 제반 문제에 대해서는 Jack Goody, "Inheritance, property and women", in Goody, Thirsk and Thompson (ed.), *Family and Inheritance*(Cambridge Univ. Press, 1976)을 참조할 것.
53) 같은 글, 18~31면.
54) John Day, "On the Status of women in Medieval Sardinia" Kirshner and Wemple (ed.), 위의 책, 304~306면.
55) 예컨대 1330~1475년 사이 영국의 공작 가문에 대한 연구는 출생시 남녀의 평균여명은 각각 24년, 32.9년인데 20살까지 살아남은 남녀의 평균여명은 각각 21.8년, 31.1년이었음을 보여준다. 이 같은 불일치의 원인은 남성의 46퍼센트가 15세 이후 전쟁터에서, 토너먼트 경기에서, 또는 내란시의 처형으로 갑자기 죽었기 때문이다. Shahar, 위의 책, 129면.
56) Goody, Introduction to Family and Inheritance, 2면.
57) Shahar, 위의 책, 91면.
58) Shahar, 위의 책, 29면.
59) David Herlihy에 따르면, 950년 이후 토지 소유자로서의 여성의 빈도가 증가하고 동시에 어머니의 성을 따르는 지수도 증가하고 있는 데서 알 수 있는 것은 적어도 상당한 재산을 소유한 계급 내에서 여성의 부와 경제적 역할이 그들의 명성에 기여하고 자식들로 하여금 어머니의 성을 사용하도록 만들었다는 점이다. David Herlihy, 위의 글, 30면.
60) 예를 들어 배우자가 각각의 상속재산에 대한 독립적인 명의를 가지고 있었던 Sardinia 지방의 Sassari 법령은 남편의 압력에 대한 결정적 예방책의 하나로서 결혼한 여성이 유언을 작성하는 데 아버지나 친척 남성의 권고를 따르게 했으며, 토지의 반 이상을 남편에서 상속하는 것을 금지했다. John Day, 위의 글, 305면 참조.
61) 홍성표, 〈여성의 재산권 행사의 한계와 그 성격〉, 《역사학보》 122집 (1989), 194면.
62) 같은 글, 184면.
63) Shahar, 위의 책, 176면.
64) 도시 여성들의 지참금과 상속재산에 대한 권리와 상속의 문제는 원칙상 촌락 여성들의 재산과 동일했다. 재혼시에 과부가 그의 생존 기간 동안 시민권을 두 번째 남편에게 양도할 수 있는 도시들이 있었으며, 런던에서는 재혼한다 하더라도 과부산의 권리를 유지했다(그러나 남편이 유증한 다른 모든 재산에 대한 권리는 포기해야 했다). 반면 다른 도시들은 여성이 재혼할 경우 첫 번째 남편의 집을 떠날 수 없도록 하는 등의 제한을 가하기도 했다. 같은 책, 182면.
65) 교회는 1065~1215년 사이에 7촌 간의 결혼을 금지했고, 1215년 제4차 Lateran 회의에서

는 제한이 완화되어 4촌 이내의 결혼이 금지되었다. 그러나 이러한 지시는 자주 어겨졌다.
66) 그러나 시칠리나 브라반트 같은 몇몇 지역에서는 법적 요구는 아니라고 하더라도 관습상 여성은 그의 가족 중 남성 한 사람이나 법률가를 법정에 대신 내세워야 했다. 같은 책, 14면.
67) 남편이 동의하면 아내는 계약서나 유언서를 작성하고, 소송 제기를 독립적으로 혹은 대리인을 통해서 할 수 있었다. 혹은 민사 문제는 남편이 아내를 대리했는데, 다양한 재판기록부에서 남편의 동의하에 고소한 예와 남편이 법정에서 아내의 대리인 역할을 한 예를 찾아볼 수 있다. 프랑스의 법률학자 보마뇨르Beaumanoir는 그 같은 제약의 이유를 "농아자, 정신이상자, 여성은 혼자서나 대리인을 통해서나 계약을 맺을 수 없는데 왜냐하면 그들은 타인의 권위에 종속되어 있기 때문"이라고 설명했다. 같은 책, 92면.
68) 같은 책, 19~20면.
69) Andrée Michel, 위의 책, 36면.
70) Pierre Petot, *Sociologie comparée de la famille contemporaine*(Paris : CNRS, 1975) ; Andrée Michel, 위의 책, 37면에서 재인용.
71) Marc Bloch, *La Société féodale*(Paris, 1968), 206면.
72) Pierre Petot, 위의 책, 37면 ; Michel, 위의 책, 38면에서 재인용.
73) Goody, 위의 글, 8면.
74) Eric Wolf, 박현수 옮김, 《농민》, 청년사, 1987, 91~92면. 그러므로 중세에 인간과 토지의 관계는 계속적인 사용권을 결여하고 있는 토지 없는 노동자로부터 '뜰'에 대한 제한적인 권리만을 갖고 있는 사람, 소작인, 지주와 다양한 관계를 맺고 있던 농민들, 부농, 그리고 대지주에 이르기까지 다양했다. Goody, 위의 글, 8면.
75) 이종경 · 김진아, 앞의 글, 3면~5면
76) Herlihy, 위의 글, 24~25면 ; Michel, 위의 책, 27면.
77) 그 외에도 단순히 궁정을 드나들고 사냥을 하는 일을 제외한 모든 농촌 생활을 경멸하는 게으른 사람이었기 때문이라든가 하는 이유에서 장원을 직접 관리하지 못하는 영주가 많았다. Bennet, *Life on English Manor*(1947), 153면.
78) Shahar, 위의 책, 127면. 대부분의 서유럽 국가에서 여성의 봉 상속권이 인정된 시기는 10세기에서 12세기 사이로 보인다.
79) 같은 책, 129면.
80) 아르투어 백작 부인인 마오Mahaut의 예를 들어 보자. 그녀는 1302년 아버지로부터 백작령을 물려받았는데(1303년 과부가 되었다), 통치 기간 동안 영지를 요구해오는 조카와 싸워 그것을 지켜냈으며 가신들의 반란을 진압했다. 왕실 법정에서 자신의 법적 권리를 주장하고, 아르투어 백작이 인정한 특권을 재가했을 뿐 아니라 도시에 새로운 법 절차를 규정

한 특허장을 주었다. 투스카나의 백작 부인 마틸다(Mathilda)는 이탈리아의 가장 부유한 공국 가운데 하나를 40년 이상 통치했다. 상속 외에도 여성들은 과부산의 권리를 통해 봉토를 소유하고, 군사적 의무까지도 수행했다. 지배권이 부여된 경우, 로렌 공작 마튜 1세의 과부로서 공작의 궁정을 관할한 스웨덴의 베르타처럼 그 권한을 행사하기도 했다.

81) 이론상으로는 자유로운 여성이면 누구나 수녀가 될 수 있었다. 그러나 실제로는 수녀원에 갖고 들어가야 하는 지참금 때문에, 소수의 예외를 제외하면 오직 귀족과 부르주아의 딸들만 수녀가 될 수 있었다. 같은 책, 39면.
82) 이곳에서 수녀들과 수도사들은 별개의 건물에 거주하지만 공통의 규칙을 준수하고 동일한 수도원장, 보통 여수도원장에게 복종했다. 이 여수도원장은 광대한 지역에 산재해 있으면서 수천 명의 남녀 수도사를 수용하고 있는 수도원들을 지배했는데, 이러한 수도원은 아일랜드에서 스페인에 이르기까지 전유럽에 걸쳐 존재했다. 같은 책, 31면; Michel, 위의 책, 26면.
83) Shahar, 위의 책, 30~31면.
84) 같은 책, 37~38면.
85) 김재현, "중세 여성신학자들", 《중세영문학》 제11집 1호(2003.6), 한국중세르네상스영문학회, 25쪽~27쪽
86) 그레고리우스 개혁의 핵심은 교회에 대한 여성의 영향력을 배제하는 것이었다. 따라서 성직자에게 독신이 요구되고 교구의 건전한 경제를 꾸리는 데 핵심적인 역할을 수행했던 성직자 아내들의 중요성은 약화되었다. 또 개혁은 성직 수여에 대한 속인들의 영향력을 제거하고 교황의 통제 밑에 위계화된 교회를 수립코자 했는데, 이로써 이전에 귀족 여성들이 귀족 남성들과 더불어 행해온 성직의 배치와 보호의 역할은 없어졌고, 교회에 대한 여성들의 영향력은 사라지게 되었다.
87) 같은 책, 24~31면.
88) Joann McNamara and Suzanne F. Wemple, Bridenthal (ed.), 위의 책, 112~113면. 이 시기에 장원의 형태는 지대장원제로 변화하기 시작했으며, 지대장원 하에서 국왕에게 집중되기 시작한 것은 영주들이 갖고 있던 영민을 지배하는 영유권이며 영주들은 토지 소유권을 근거로 지대 취득자로서 전화해간다.
89) Michel, 위의 책, 32면; Joan McNamara and Suzanne F. Wemple, 위의 글, 112~113면.
90) 그러나 주군들은 중세말까지 여성들이 봉건적 의무를 준수하는 한 여성들에 대한 상속을 크게 반대하지 않기도 했다. 같은 글, 113면.
91) 슐람미스 샤하르, 최애리 옮김, 〈중세 여성의 역사〉, 《제 4신분》, 나남, 2003, 437면~448면.
92) Power, 위의 책, 71면.

93) William Langland(1332?~1400)의 Piers Plowman. 이는 중세 문학에 있어 가난한 마을 사제와 농민들의 입장에서 씌어진 유일한 수작으로, 봉건사회 말기 고통 받는 농민의 모습을 노래하고 교회의 폐해에 대해 비판하고 있다.
94) 슐람미스 샤하르, 최애리 옮김, 앞의 책, 386면.
95) Shahar, 위의 책, 194~195면.
96) Shsan M. Stuard, "Women in Charter and Statute Law", Stuard (ed.), 위의 책, 201~202면. 예컨대 여성은 상속권이 없었으며 또 남편의 부재중에 빚의 해결 기한이 만료되어도 책임지지 않았다. 중세 도시에서 여성의 상속권을 가장 철저하게 제한했던 것은 이탈리아 도시들과 아비뇽이었는데, 라구사의 경우도 결혼 지참금을 받은 딸들은 아버지의 유산을 상속 받을 수 없었다. Shahar, 위의 책, 177면.
97) Stuard, 위의 글, 201~202면.
98) 같은 글, 같은 곳.
99) Power, 위의 책, 50~52면.
100) Shahar, 위의 책, 196면.
101) 여성들은 리본, 가발, 모자 제조 등 의복과 관련된 수많은 직업에 종사했으며, 혼성 길드의 조합원으로서 도구를 예리하게 갈고, 바늘, 핀, 가위 및 칼 제작에도 참여했을 뿐 아니라 대장장이 일도 했다.
102) Shahar, 위의 책, 197면.
103) Power, 위의 책, 61~62면.
104) 중세의 공창에 대한 증거는 많다. 이탈리아와 프랑스의 도시에는 12세기에 공창이 존재했고, 영국에는 13세기의 기록이 남아 있으며 독일과 스페인에는 13세기 이후로 계속 존재했다. J. Bloch, Die Prostitution(Berlin, 1912), 718~729면; Shahar, 위의 책, 208면에서 재인용.
105) 임금의 경우, 14세기 농촌 작업장에서 여성 노동자의 임금은 남성 임금의 4분의 3이었는데 15세기에는 반을 넘지 못했으며, 16세기에는 그보다 못했다. E. Boulding, 위의 책, 489면 ; Michel, 위의 책, 39면에서 재인용.
106) 이행기의 성별 분업과 사회적 생산 노동으로부터의 여성 배제에 대해서는 Roberta Hamilton, 《여성해방논쟁》(풀빛, 1982)을 참조할 것.
107) Christopher Middleton, "The Sexuall Division of Labour in Feudal England", New Left Review, Nos. 113~114 (January-April, 1979), 147~168면.
108) 보유지에 속한 노동력이 많다고 하더라도 차지인의 무거운 노역 봉사 수행을 위해서 여성들이 직영지 부불노동으로부터 완전히 배제된 것은 아니었다. 그러나 차지인의 봉사의

무를 상세히 규정하면서 몇몇 의무는 반드시 남성에 의해 수행되어야 함을 명시한 장원도 있었고, 더 중요한 다른 의무가 있다고 인정해서 노역이 면제되는 특정 범주를 지적한 장원도 있었는데, 가장 먼저 면제의 대상이 된 것이 주부였다. 영주의 의지에 의해 여성이 부역으로부터 배제된 규정이 가장 공통적으로 발견되는 것은 자신의 쟁기팀을 가지고 부역에 참가할 수 있었던 부유한 차지농에 대한 규정인 점에서 알 수 있듯이 무거운 부역의무와 대가족의 결합은 농민 내부에 성별 분업을 만드는 가장 큰 요인이 되었다. 같은 글, 156, 158~159면.

109) Russel에 따르면 13세기 말, 14세기 초 여성 토지 보유자는 부유한 농민보다는 오두막살이 농민에 많았으며, Hilton에 의하면 14세기말 서부 미들랜드Midlands의 노동자의 적지 않은 부분이 여성이었다. J. C. Russel, *British Medieval Population*, Albuquerque(1948), 61~69면 ; R. Hilton, *English Peasantry in the Later Middle Ages*, 27~36면. 이상은 같은 글, 160면에서 재인용.

110) 같은 글, 165면.

111) 슐람미스 샤하르, 위의 책, 298면~300면.

112) 윤민우, 〈중세 여성 명상가와 비천함의 탐닉〉, 《중세르네상스영문학》 제18권 1호(2010), 108면~109면.

※발표 지면: 이 글은 [김정안, 《여성과 사회》 창간호, 창작과비평사, 1990]에 수록된 글을 수정·보완한 것이다.

3장 자본주의와 노동, 그리고 가족 속에서 – 근대의 여성들

1) E. J. 홉스봄, 박현채·차명수 옮김, 《혁명의 시대. 시민혁명과 산업혁명》, 한길사, 1984, 12~15면.

2) Malcolm Waters, "General Commentary, The Meaning of Modernity", Malcolm Waters (ed.), Modernity. Critical Concepts(London: 1999), p.xii~xiii. 그 외에도 스튜어트 홀 외, 전효관·김수진 외 옮김, 《모더니티의 미래》, 현실문화연구, 2000, 11~14면 참조.

3) 근대의 시작을 둘러싼 논쟁은 매우 복잡해서 단순하게 결론을 도출하기는 어렵다. 흔히 역사가나 역사학적 지향성을 지닌 사회과학자들은 근대의 시작을 16세기까지 거슬러 올라간다. 중상주의적 자본주의와 입헌군주가 나타나고, 종교개혁이 이루어지는 16세기에 이미 개인이 도덕적 책임의 일차적 소재가 되고 과학의 등장과 더불어 가치 영역의 자율화가 진행

되었기 때문이다. 그러나 많은 사회과학자들은 산업혁명이 일어난 1750~1820년 사이와, 군주권이 전복되는 1776년 미국 혁명과 1789년의 프랑스 혁명기까지는 아직 근대가 시작되지 않았다고 주장한다. 대다수의 사회과학자들은 개인주의가 근대의 시작에 있어 필수 불가결한 것인데, 19세기까지는 적어도 개인주의를 포함한 합리화, 가치관의 자율화 등이 일어나지 않았으므로 19세기부터 본격적으로 근대가 시작되었다고 보아야 한다는 것이다. Malcolm. Waters, 위의 논문, xiii면.

4) 백영경 · 이남희, 〈역사 속의 여성의 일〉, 한국여성연구소 편, 《새 여성학강의》, 동녘, 1999, 214~215면.

5) 김정자, 〈서양 중세 여성의 역할과 지위〉, 《여성과 사회》 창간호, 창작과비평사, 1990, 261~262면. 그 외에도 중세 귀족 여성에 대해서는 유희수, 〈11~2세기 프랑스 귀족사회에서의 결혼과 성 — 교회 이데올로기와 세속현실의 충돌과 타협을 중심으로〉, 《서양사론》 65집, 2000. 6 참조.

6) 백영경, 〈여성의 눈으로 다시 묻는 '이행'의 의미 -17세기 서유럽 여성의 지위와 사회적 경험〉, 《여성과 사회》 6호, 창작과비평사, 1995, 144면.

7) Alice Clark, *Working Life of Women in the Seventeenth Century*, 1919(백영경, 앞의 논문, 136면에서 재인용). 이에 비해 스코트는 상기한 생산방식의 변화를 가족이 함께 모여 노동하는 가족경제와, 가족이 공동의 경제적 단위를 이루되 각기 벌어오는 임금에 의존하는 가족임금경제family wage economy로 양분하여 설명하고 있다. L. A. Tilly & J. W. Scott, *Women, Work and Family*(New York, 1978), 12~13, 104면.

8) 1851년의 자료에 따르면, 잉글랜드 전체 여성 취업자 중 40퍼센트가 가사 서비스에 종사하는 하녀였다. 20세기 초까지도 유럽의 대도시에서 가장 쉽게 발견할 수 있는 여성 취업 형태는 입주 하녀 외에 계절에 따른 임시직이나 세탁, 간호, 삯바느질, 행상, 하숙 등이었다. 여전히 여성의 노동 경험은 다채로웠고, 전통적인 일자리도 온존하고 있었다. 백영경 · 이남희, 〈역사 속의 여성과 일〉, 231~232면.

9) Laura Levine Frader, "Women in the Industrial Capitalist Economy", Renate Bridenthal/Claudia Koonz/Susan Stuard(ed.), *Becoming Visible. Women in European History*(Boston: 1987), 317~319면.

10) 위의 논문, 324~325면.

11) 백영경, 〈여성의 눈으로 다시 묻는 '이행의 의미'〉, 135~136면; 백영경 · 이남희, 앞의 책, 211~214면, 220면.

12) Laura Levine Frader, 앞의 논문, 313면.

13) 조은 · 이정옥 · 조주현, 《근대 가족의 변모와 여성 문제》, 서울대출판부, 1997, 25면, 58면.

14) J. Donzlot, *The Placing of Families*(New York: 1979) 참조.
15) 여기에서 흥미 있는 점은 '예의 바르고 올바른' 매너, 도덕, 섹슈얼리티에 대한 적합한 태도를 지칭하는 말인 '체통respectability'은 유럽 근대 형성의 또 한 축인 민족주의와 밀접히 결합되었다는 것이다. 즉 민족주의는 '사나이다움'과 '남성적 인내'와 같은 남성적 이상을 도입해 민족적 정형stereotype을 만들었고, 더불어서 남성성과 여성미에 대한 정형도 주조했다. 아울러 의사, 경찰, 교육자를 동원한 성의 정상성의 규범을 만들어 내거나 성적 열정에 대한 통제를 단행했다. 더불어서 민족과 사회의 기초로 남성성이 찬미되고, 결혼과 이혼을 위시한 다양한 분야를 통제할 수 있는 권한을 확보하게 되었다. George L. Mosse, *Nationalism and Sexuality. Middle-Class Morality and Sexual Norms in Modern Europe*(London: 1985), 4~5면, 9~10면, 67~89면. 그 외에도 졸고, 〈민족주의, 국가 그리고 페미니즘〉, 2000년도 역사학회 가을 심포지움《국가권력과 여성》(2000. 11. 18), 1~23면 참조.
16) G. Korff, "Einige Bemerkungen zum Wandel des Bettes", Volkskunde, 77 Jg.(1981), 4~5면.
17) Heide Rosenbaum, *Formen der Familie*(Frankfurt/M.: 1982), 347~348면.
18) Ute Frevert, Frauen-Geschichte. *Zwischen Bürgerlicher Verbesserung und Neuer Weiblichkeit*(Frankfurt/M: 1986), 131면.
19) Heidi Rosenbaum, 앞의 책, 348~349면. 그 외에도 졸고, 〈시민사회와 성〉,《역사와 문화》 3집, 2절 참조.
20) 칼 맑스 · 프리드리히 엥겔스, 김태호 옮김,《공산주의 선언(150주년 기념판)》, 박종철출판사, 1998, 30면.
21) 프리드리히 엥겔스, 박준식 · 조효래 옮김,《영국 노동자 계급의 상태》, 두리, 1988, 167~168면.
22) 정현백, 〈'생존단위' 혹은 '연대의 공동체' : 19세기 독일의 노동자가족〉,《서양사론》 65호, 2000. 6, 118~119면.
23) 바로 이런 현실은 빅토리아 시대 페미니스트인 리디아 베커Lidia Becker의 글을 통해 잘 드러난다. "내가 정말 바라는 것은 중간 계급의 기혼 여성이 노동자 계급 여성만큼 평등해지는 것이다. 공장 여성은 독립적인 데 비해 중간 계급 여성은 아무 것도 아니다. 만일 이들이 자신의 뜻대로 행동한다면, 이들은 스스로의 지위를 잃을 것이다." 조은 · 이정옥 · 조주현, 앞의 책, 61면에서 재인용.
24) Martine Sonnet, "A Daughter to Educate", Natalie Zemon Davis and Arlette Farge(ed.), *A History of Women in the West*, Vol. 3(Londn/Cambridge: 1993), 102~105면, 113~121면; Nicole Arnaud-Duc, "The Law's Contradictions", G. Fraisse & M. Perrot, A History of Women in the West, Bd. IV(London: 1993), 87면.

25) 사라 에번스, 조지형 옮김,《자유를 위한 탄생. 미국 여성의 역사》, 이화여대 출판부, 2000, 174면, 230면.
26) 리처드 에번스, 정현백 외 옮김,《페미니스트. 비교사적 시각에서 본 여성운동 1840~1920》, 창작과비평사, 1997, 277면.
27) Nicole Arnaud-Duc, 앞의 책, 84~86면.
28) Joan Kelly-Gadol, "Did Women have a Renaissance?", Renate Bridenthal/Claudia Koonz/Susan Stuard(ed.), 176면.
29) 백영경, 앞의 논문, 141면.
30) Sara F. Matthews Grieco, "The Body, Appearance, and Sexuality", Natalie Zemon Davis and Arlette Farge(ed.), 앞의 책, 56~66면.
31) 백영경, 앞의 논문, 147~148면; 박준철, 〈변화와 지속: 종교개혁이 가정과 여성에 미친 영향〉,《서양사론》65집, 2000. 6, 58~68면, 72~73면; Willian Monter, "Protestant Wives, Catholic Saints, and the Devil's Handmaid: Women in the Age of Reformations", Renate Bridenthal/Claudia Koonz/Susan Stuard(ed.), 앞의 책, 204~209면. 마녀사냥에 대해서는 제프리 리처스, 유희수·조명동 옮김,《중세의 소외집단 -섹스·일탈·저주》, 느티나무, 1999와 오성근,《마녀사냥의 역사》, 미크로, 2000 참조.
32) 졸고, 앞의 책,〈시민사회와 성〉, 2절 참조. 그 외에도 Ute Planert, Antifeminismus im Kaiserreich. Diskurs, Soziale Formation und politische Mentalitt(Göttingen: 1998), 41~43면 참조.
33) 문수현,〈독일 제국 시기 성의 담론과 여성 노동〉,《서양사연구》24집, 1999. 9, 133~135면.
34) Pope Leo XIII, "Rerum Novarum", Harry J. Carroll. JR/ Ainsilie T. Embree/Knox Mellon. Jr./Arnold Schrier/Alastair M. Taylor(ed.), The Development of Civilization. A Documentry History of Politics, Society, and Thought Vol. II(Illinois: 1962), 237면.
35) 문수현, 앞의 논문, 137면에서 재인용.
36) 문수현, 앞의 논문, 137~145면.
37) 정현백,〈산업사회의 성매매 여성들: 20세기 전환기 독일을 중심으로〉, 곽차섭·임병철 엮음,《역사 속의 소수자들》, 푸른 역사, 2009, 97~98면. 그 외에도 정현백,〈근대국가와 성매매여성: 20세기 전환기 독일을 중심으로〉,《사림》, 34집, 2009. 1. 27면 참조.
38) 성매매가 하층 계급의 타락을 증폭시킬 것이라는 국가와 시민사회의 불안과는 달리, 제한된 사료의 범위에서나마 확인된 고객의 통계에서 노동자를 포함한 하층의 이용 비율은 낮은 편이었음을 확인할 수 있었다. 정현백,〈산업사회의 성매매 여성들: 20세기 전환기 독일을 중심으로〉, 121~123면.

39) 존 스튜어트 밀, 김예숙 옮김, 《여성의 예속》, 이화여대 출판부, 1986 참조.
40) 리처드 에번스, 앞의 책, 56~94면 참조.
41) 프리드리히 엥겔스, 김대웅 옮김, 《가족, 사유재산 그리고 국가의 기원》, 아침, 1987 참조.
42) A. 베벨, 이순예 옮김, 《부인론》, 까치, 1990 참조.
43) 자유주의가 스스로의 이념적 신조를 여성에게 적용하지 못했던 모순을 노출한 데 비해, 사회주의 운동은 이념적인 면에서는 여성해방의 이념을 통합적으로 설명하고 있었다. 물론 최근에 이르러 마르크스주의가 여성의 가사노동이나 여성의 출산·양육의 의미를 통합적으로 포괄하지 못했다는 비판을 받고는 있지만, 19세기 당시에는 젠더와 관련하여 사회주의의 논리적인 모순을 드러내었다고 평가할 수 있다. 그러나 사회민주당이나 노동조합의 실천 활동에서 남성노동자들의 여성에 대한 반反 페미니즘적 태도는 끊임없이 노출되었다. Michelle Perrot, Stepping Out, G. Fraisse & M. Perrot, 앞의 책, 457~462면 참조.
44) 리처드 에번스, 앞의 책, 226면, 240면.
45) 그러나 1930, 1940년대에 파시즘이 득세하고, 소련에서 스탈린 체제가 공고화되면서 여성운동은 급속히 약화되었다. 이는 1968년 학생운동 이후 법적, 제도적 평등을 통해서도 극복될 수 없었던 성차별 문화나 기제들이 다시 문제시될 때까지 침체기를 거치게 된다. 결국 여성의 해방은 우리의 일상생활이나 의식구조 속에 모세혈관처럼 뻗어 있는 가부장적 기제들이 문제시되는 1970년대 이후의 '새 여성운동'에 와서야 또 한 단계 진전을 보이게 된다. 이에 대해서는 졸저, 《서구 여성운동의 어제와 오늘》, 293~300면 참조. 그 외에도 한국여성연구회 엮음, 《사회주의 여성해방의 현재와 미래》, 백두, 1992와 하니 로젠버그, 최광렬 옮김, 《소련 여성과 페레스트로이카》, 한울, 1991 참조.
46) 김영희, 〈평등과 해방의 꿈-페미니즘의 다양한 모색〉, 한국여성연구소 편, 《새 여성학강의》, 동녘, 1999. 45~54면.
47) 이에 대해서는 C. V. 벨로프, 강정숙 외 옮김, 《여성, 최후의 식민지》, 한마당, 1987을 참조할 것.
※발표 지면: 이 글은 정현백, <서양 근대화 여성>, 진재교/박의경 편, 《동아시아와 근대, 여성의 발견》, 청어람미디어, 2004, 37-64쪽을 수정·보완한 것이다.

4장 타자에서 주체로 – 현대사 속 여성들

1) Ann Taylor Allen, *Women in Twentieth-Century Europe*, New York: Palgrave Macmillan,

2008, 1면.

2) 앞의 책, 150면.

3) 앞의 책, 2면.

4) Ann Taylor Allen, 1면.

5) 영국을 제외하고는 유럽의 핵심 국가들에서 모든 계급의 남성이 병역의무를 지고 있었다. Allen, 7면.

6) 위의 책, 8면; 사빈 보지오 발리시/미쉘 장카리나-푸르넬, 유재영 옮김, 《저속과 과속의 부조화, 페미니즘》, 부·키, 2007, 22~23면. 물론 이런 과정은 갈등 없이 진행된 것이 아니었다. 1915년에 미국에서 반전운동을 위해 여성평화당을 창설하기도 했던 캐리 채프먼 캣 조차도 전쟁에 반대하는 것은 너무 많은 희생을 치른다고 판단하고, '전쟁을 지지하는 동시에 참정권을 꾸준히 추구할 것'을 지지 세력에게 권고했다. 사라 에번스, 조지형 옮김, 《자유를 위한 탄생: 미국 여성의 역사》, 이화여자대학교 출판부, 1998, 273면.

7) Ann Taylor Allen, 7면.

8) 프랑스의 경우 1918년 군대 위생반에서 일한 여성은 12만 명이었지만, 이들 중 9만 명이 자원봉사자였다. 이 중에서 1만 명은 종교인이었고, 1만 명은 파견 간호사 혹은 보조 간호사였다고 한다. 사빈 보지오 발리시/미쉘 장카리나-푸르넬, 앞의 책, 25면.

9) 전선에 나간 여성들에 대한 대중매체 속의 이미지는 정형화되었는데, 이들은 감상적으로 그려지거나 이상화되었고, 군인과 간호사의 관계는 낭만적이고 성적인 것으로 묘사되었다. 그러나 영국 신문은 육군보조 군대의 여성들이 군인들과 너무 자유로운 관계를 가져서, 임신을 한 채 귀향하는 경우도 많다는 주장을 하기도 했다. Ann Taylor Allen, 9~10면.

10) 위의 책, 9면; 사빈 보지오 발리시/미쉘 장카리나-푸르넬, 27면.

11) 영국에서는 1914~1918년 사이 여성고용이 건설업에서는 319퍼센트, 금속 산업 249퍼센트, 그리고 화학 산업에서는 158퍼센트나 증가했다. Ann Taylor Allen, 12면.

12) 위의 책, 13면.

13) Ann Taylor Allen, 18면.

14) 위의 책, 16면.

15) 위의 책, 17면.

16) 물론 이런 과정은 나라마다 조금씩 달랐고, 여러 미묘한 상황들이 얽혀 있었다. 평화주의자로서 1915년 평화당을 창당하기도 하였던 캐리 채프먼 캣은 평화주의적 활동이나 반전운동이 설 수 있는 기반이 없다고 판단하고, 전쟁을 지지하는 것을 통해 참정권 달성을 추진하는 방향으로 지지 세력을 설득했다. 장기적으로 볼 때 이런 전략은 성공적인 것이었다. 사라 에번스, 273면.

17) 1차 세계대전 말미에 여성 참정권이 부여되었기 때문에, 전쟁에 대한 여성운동의 지지가 참정권 획득을 낳았다고 대부분 평가한다. 그 결과 미국에서도 1920년 8월 연방 헌법 수정 조항 제19조를 36개 주가 비준하는 것을 통해 여성 참정권이 미국 헌법 속에 자리 잡게 된다. 그러나 리처드 에번스는 위의 요인 외에도 사회주의와 볼셰비즘에 대한 시민계급의 공포감이 여성에게 참정권을 주도록 했다고 주장한다. 사라 에번스, 273~274면; 리처드 에번스, 정현백 외 옮김,《페미니스트. 비교사적 시각에서 본 여성운동 1840-1920》, 창작과 비평사, 1997, 304~305면; Ann Taylor Allen, 19~20면.
18) 그러나 혁명의 와중에 여성들은 임시정부 반대파와 지지파로 갈라졌고, 볼셰비키의 권력 장악과 함께 다수의 자유주의 여권론자들은 망명할 수밖에 없었다. 위의 책, 20면.
19) 위의 책, 20면.
20) 사빈 보지오 발리시/미쉘 장카리나-푸르넬, 같은 책, 24면.
21) Francoise Thebaud, "The Great War and the Triumph of Sexual Division", Francoise Thebaud (ed.), *A History of Women in the West: V. Toward a Cutural Identity in the Twentieth Century*, Cambridge/London, 1994, 24면.
22) 사라 에번스, 228면.
23) Ann Taylor Allen, 22면.
24) 독일 바이마르 헌법은 "결혼은 가족 생활 그리고 민족의 보존과 증대의 기초이고, 그래서 헌법의 보호 아래 놓이게 된다"라고 천명하고 있다. 이와 유사한 헌법들이 유럽 도처에서 등장하게 되었다. 위의 책, 23면.
25) 위의 책, 23면.
26) 사라 에번스, 219면, 258~259면
27) 사라 에번스, 230~231면; Ann Taylor Allen, 39면.
28) Nancy F. Cott, "The Modern Women of 1920s, American Style", Francoise Thebaud (ed.), *A History of Women in the West*, 80~82면
29) Ann Taylor Allen, 24면.
30) 사라 에번스는 이 시기에 이르면, 가정성에 기반을 둔 19세기 중산층 여성 문화의 연대성이 파괴되고, 여성은 점점 더 근대적인 인간으로 변모한다고 말한다. 게다가 심리학이나 가정학과 같은 과학의 개입은 여성들이 전통적으로 전수해오던 자율적인 지식 체계를 파괴하기도 하는 것이었다. 사라 에번스, 276면.
31) 위의 책, 25면; Nancy F. Cott, 86-87면. 기혼 여성의 수적 감소는 외부의 정치, 경제적 조건과 관련이 있다. 뿐만 아니라 그것은 여성의 가정에의 복귀를 주장하는 국가 정책이나 사회 담론과도 연관이 있을 것이다.

32) 사빈 보지오 발리시/미쉘 장카리나-푸르넬, 29면.
33) Ann Taylor Allen, 29면.
34) 위의 책, 30~32면.
35) 이 과정에서 사회학자 군나 미르달Gunnar Myrdal과 그의 부인 라이머 미르달Reimer Myrdal의 역할이 컸다. 이 부부는 《인구 문제에서의 위기》라는 공동 저서를 통해 이중소득자법에 저항하였다. 또한 1930년대에 이르면 여권주의 운동의 영향력은 약화되었음에도 불구하고, 여권론자들은 '여성의 전일 취업은 모성으로 흡수되어야 할 에너지를 낭비하는 것'이라는 엘렌 케이Ellen Key의 주장을 넘어서, 여성이 경력과 모성을 병행하는 것도 선택할 수 있어야 한다는 주장을 제기하기 시작했다. Ann Taylor Allen, 33~34면.
36) 물론 이 수치는 프랑스가 훨씬 앞선 것이라 말할 수 있다. 1920년대 말을 기준으로 보자면, 프랑스의 기혼 여성 35퍼센트 이상이 취업하고 있었는데 반해, 미국과 이탈리아는 약 12퍼센트, 독일과 영국은 약 15퍼센트 정도가 취업하고 있었다. 미국은 전체 노동력의 1/4이 여성이었는데, 영국은 28퍼센트, 이탈리아는 23퍼센트, 독일은 35퍼센트, 프랑스는 36퍼센트가 여성이었다. 사빈 보지오 발리시/미쉘 장카리나-푸르넬, 33면, 42면.
37) Ann Taylor Allen, 41면.
38) 위의 책, 44면; 사빈 보지오 발리시/미쉘 장카리나-푸르넬, 34면. 마찬가지로 혁명기 러시아의 자유주의 여권론자들도 여성 참정권 쟁취를 위한 집회와 시위를 계속했다. 1917년 3월 이들은 투표권 획득 및 제헌의회의 전면적인 참여를 기치로 내걸고 여성 3만 5000명이 참여하는 집회를 주도하기도 했으며, 마침내 7월 임시정부로부터 여성 참정권을 받아내었다. 그 결과 혁명 러시아는 참정권 획득의 측면에서 많은 유럽 국가들을 앞지르는 성과를 보여주었다. 그러나 볼셰비키가 권력을 장악하면서, 자유주의 여권론자들은 망명을 떠나거나 추방당해야 했다. 한정숙, 〈혁명기 러시아 여성운동〉, 《여성》 2, 창작과비평사, 1988, 56면.
39) 이를 위하여 F. 엥겔스, 김대웅 옮김, 《가족 사유재산 국가의 기원》, 아침, 1987, 65~111면; 아우구스트 베벨, 이순예 옮김, 《여성론》, 까치, 1990, 109~328면 참조.
40) 사빈 보지오 발리시/미쉘 장카리나-푸르넬, 같은 책, 34면.
41) 종교의식에 따른 결혼식은 사라졌고, 종교의식에 따르지 않는 경우에도 결혼식 절차는 아주 간소화되었다. 같은 책, 34면.
42) 이러한 조치는 사실혼이나 혼외 관계를 장려하기보다는, 정식 결혼을 하지 않았다는 이유로 버림받거나 아무런 재정적 보조도 받지 못하는 여성과 그 자녀들의 불행을 막기 위한 것이었다. 그러나 이에 못지않게 종교의식에 따른 결혼이 여전히 진행되었던 농촌에서 혁명적 가족 모델에 대한 관심을 높이려는 의도도 있었다고 해석된다. 마찬가지로 이혼 역시 불

행하고 억압적인 결혼 생활로부터 여성을 해방시키기 위한 조치였다. 한정숙, 57면; 사빈 보지오 발리시/미쉘 장카리나-푸르넬, 36면.
43) 같은 책, 34면; 한정숙, 58면.
44) 콜론타이는 러시아 혁명기의 여성주의자를 대표하는 인물로 알려져 있다. 그녀의 '물 한 잔 이론'은 '성관계를 가지는 것은 물 한 잔을 마시는 것과 다를 바 없다'는 주장으로 해석되었으며, 혁명기의 성적 자유주의와 성적 허무주의를 상징하는 것으로 받아들여졌다. 그녀는 사회주의 혁명을 통해서 사적 관계의 진정한 혁명이 가능하리라 믿었던 인물이었다. 여성부의 장을 맡았던 그녀는 1922년 중앙 무대에서 제거되어 노르웨이 대사로 발령 받았으며, 이와 함께 그녀의 여성해방 사상과 실천도 무력화되고 말았다. 한정숙, 60~61면.
45) 한정숙, 58~60면.
46) 같은 책, 61면; Ann Taylor Allen, 45면.
47) 사빈 보지오 발리시/미쉘 장카리나-푸르넬, 36~37면.
48) 같은 책, 38면.
49) 낙태는 단지 산모의 생명이나 건강이 위태로울 경우에만 허용되었다. 엄혹한 시절이었음에도 불구하고 이런 조치에 대해서 강한 저항이 있었다. 또한 정부는 대가족의 경우에는 재정적 지원을 해주었다. Ann Taylor Allen, 47면.
50) 사빈 보지오 발리시/미쉘 장카리나-푸르넬, 38면; Ann Taylor Allen, 47면.
51) 위의 책, 108~110면.
52) 위의 책, 97~103면.
53) 물론 여기에서 강조된 가족관이 부르주아 가족 규범을 벗어나서, 대안적인 가족 모델을 지향했다고 말할 수는 없다. 스탈린의 '사회의 기초는 안정된 가족'이라는 주장이나 모성에 대한 찬양 등은 기존의 가족 모델을 탈피했다고 말하기 어렵다. 한정숙, 62면.
54) 맥신 몰리노, 이남희 역, 〈뻬레스트로이까 시대의 여성문제〉, 《여성과 사회》, 제2호, 1991, 294면.
55) 이에 대한 해석은 다양할 수 있다. 이는 암묵적인 합의일 수 있으면서, 동시에 국가가 여성해방과 관련하여 남녀 관계에 대한 개념 자체를 결여하고 있었다고 평가할 수도 있다. 국가는 한 번도 이 문제를 진지하게 다루지 않았으니 말이다. 같은 글, 302면.
56) 동구 공산권 국가들 중에서 동독과 알바니아는 유일하게 낙태가 합법화되지 않았다. 이는 출생률을 높이려는 목표가 더 우선적으로 작용한 듯하나, 동독은 1972년 합법화했다.
57) 이를 위하여 한정숙, 62면 참조.
58) 물론 민주적인 정부도 여성 행동의 규범을 조장하지만, 개인의 선호도에 따라 선택할 수 있는 공간을 열어둔다. Ann Taylor Allen, 42면.

59) Claudia Koonz, "The Fascist Solution to the Women Question in Italy and Germany", Renate Bridenthal/ Claudia Koonz/ Susan Stuard (ed.), *Becoming Visible-Women in European History*, Boston, 1987, 499면.
60) 유정희, 〈독일: 나치 정권의 여성정책〉, 《역사비평》, 52호, 2000년 가을, 349면에서 재인용.
61) 같은 글, 346~348면 참조.
62) 같은 글, 349~350면; Ann Taylor Allen, 52~53면 참조.
63) 사빈 보지오 발리시/미쉘 장카리나-푸르넬, 53면.
64) 유정희, 350~351면; Ute Frevert, *Frauen-Geschichte Zwischen Bürgerlicher Verbesserung und Neuer Weiblichkeit*, Frankfurt/M; Suhrkamp, 1986, 242면.
65) Ann Taylor Allen, 52면; 사빈 보지오 발리시/미쉘 장카리나-푸르넬, 48면.
66) Ann Taylor Allen, 75면; Ute Frevert, 241면; 그 외에도 나치의 강제 매춘의 실상에 대해서는 정현백, 〈나치하의 강제 매춘 정책과 인종주의〉, 《역사비평》, 통권 66호, 2004 봄, 274~299면; Christa Pohl, Zwangsprostitution: Staatlich errichte Bordelle im Nationalsozialismus, Berlin, 1994 참조. 이런 점에서 우에노 치즈코나 기젤라 복은 전쟁과 여성의 관계에서 피해자로서의 여성뿐 아니라 가해자로서의 여성의 모습도 볼 것을 요청한다. 우에노 치즈코, 이선이 옮김, 《내셔널리즘과 젠더》, 박종철출판사, 1999, 56~63면.
67) Ann Taylor Allen, 54면, 58면; 사빈 보지오 발리시/미쉘 장카리나-푸르넬, 53면; Ute Frevert, 232~233면.
68) Ann Taylor Allen, 54면, 57면.
69) 자국 여성에 대한 적군의 성폭력을 남성들은 민족적 정체성에 대한 훼손으로 이해했고, 따라서 그런 상황에 대한 남성들의 두려움이 컸을 것으로 추정된다.
70) 이런 유형에 해당하는 것이 독일, 일본, 이탈리아의 경우다. 우에노 치즈코, 63~76면.
71) Ann Taylor Allen, 63~64면.
72) 이남희, 〈페미니즘과 여성해방운동. 일상을 바꾼 파도〉, 송충기 외, 《세계화 시대의 서양 현대사》, 아카넷, 2009, 427~428면; 캔디스 고처/린다 월튼, 황보영조 옮김, 《세계사 특강》, 삼천리, 2010, 522면.
73) 2차 세계대전 당시, 1차 세계대전에서보다 더 많은 외국인 노동자가 동원되었다. 총 700만 명의 외국인 노동자가 독일에 체류했는데, 그중 150만 명이 여성이었고, 대다수가 폴란드와 러시아에서 강제로 동원되었다. Ute Frevert, 214면.
74) Ann Taylor Allen, 65~66면.
75) 위의 책, 70~72면.
76) 위의 책, 70~77면.

77) 위의 책, 76~77면.
78) Ann Taylor Allen, 78면.
79) 위의 책, 85면; 사빈 보지오 발리시/미쉘 장카리나-푸르넬, 73~74면.
80) 중산층 여성의 경우, 가전제품이 노동 시간을 감소시켜주지는 않았다. 가전제품이 하녀들을 대체하면서, 실제로 여성들의 노동 시간은 늘어났다는 것이다. 가전제품의 보급 시기에 점점 높아지는 생활 수준은 보다 질 높은 가사 운영을 요구했다. 이에 비해 이중 노동에 시달리던 여성 노동자의 경우 가전제품은 그녀들의 에너지를 상당히 절약할 수 있게 해주었다. Ann Taylor Allen, 85면.
81) 베티 프리단, 김현수 역, 《여성의 신비》, 이매진, 2005 참조
82) Ann Taylor Allen, 85면.
83) 사빈 보지오 발리시/ 미쉘 장카리나-푸르넬, 76~77면.
84) 서소영/윤영주, 〈또 하나의 굴레, '미의 신화'〉, 《여성과 사회》, 제7호, 1996, 97~104면.
85) 사빈 보지오 발리시/미쉘 장카리나-푸르넬, 79~80면; Ann Taylor Allen, 91면.
86) Ann Taylor Allen, 81면. 그러나 페미니즘의 약화는 냉전기의 산물이기도 하지만, 보다 근원적으로는 이미 1차 대전 후 참정권의 획득과 함께 서서히 약화되어가고 있었다. 참정권을 갖게 된 후, 여성들은 가정주부나 전문직 혹은 사무직으로서 자신의 직업적 이익을 지키기 위해 노조나 정당을 찾아갔기 때문이다. 뿐만 아니라 "페미니즘의 쇠퇴는 사실 20세기 초의 30년 간에 걸쳐 자유주의 신념과 가치가 전반적으로 쇠퇴했던 현상 가운데 일부였다"라고 보다 근원적인 원인을 분석한 리처드 에번스의 주장을 경청할 필요가 있다. 리처드 에번스, 323~324면.
87) 영국의 경우, 결혼과 더불어 교사직을 사직하도록 되어 있는 규정은 전시 동안 폐기되었으나, 다시 부활하지 않았다. 마찬가지로 독일에서는 결혼 후 취업 금지 조항이나 아내의 취업을 남편이 통제하는 법안이 폐기되었다. Ann Taylor Allen, 87~88면; 사빈 보지오 발리시/미쉘 장카리나-푸르넬, 84면.
88) 대체로 노동 계급 여성들은 자신의 역할을 '아내와 어머니'로 규정했고, 상승에 대한 야심을 가지지 않았다. 그러나 결혼 전에 취업했던 중산층 여성들은 가정주부로서의 삶이 자신의 재능을 썩히는 것이라 생각하기 시작했다. Ann Taylor Allen, 88면.
89) Ann Taylor Allen, 89~90면.
90) 사빈 보지오 발리시/미쉘 장카리나-푸르넬, 87~92면; Ann Taylor Allen, 37~38면.
91) 1965년에 이르면 서유럽에서 여성 1명 당 아이 수는 2.5~3.2명이었으나, 1975년에는 1.5~2명으로 떨어졌다. 같은 책 87면; 사빈 보지오 발리시/미쉘 장카리나-푸르넬, 110면, Florence Herve (ed.), *Geschichte der deutschen Frauenbewegung*, Köln: Pahl-

Rugenstein, 1982, 241~242면; Ute Frevert, 278면.
92) 이에 자극 받은 독일 여성들도 같은 해 6월 《슈테른Stern》지에 비슷한 선언을 했다. 미국 여성도 1972년에 그 뒤를 이었고, 1973년 2월에는 331명의 프랑스 의사들이 자신들의 낙태 시술 사실을 공개적으로 고백했다. 사빈 보지오 발리시/미쉘 장카리나-푸르넬, 103~109면.
93) 오늘날 서구에서 아일랜드는 낙태를 완전히 억압하는 유일한 국가로 남아 있다. 같은 책, 108면.
94) 사빈 보지오 발리시/미쉘 장카리나-푸르넬, 110~114면.
95) 같은 책, 115~117면.
96) 같은 책, 83~84면.
97) 로제마리 나베-헤르츠, 이광숙 옮김, 《독일 여성운동사》, 지혜로, 2006, 86면; 이금윤, 357~360면; Giesela Kaplan, Contemporary Western European Feminism, London, 1992, 6~8면.
98) 사라 에번스, 423~457면.
99) 김영희, 〈평등과 해방의 꿈: 페미니즘의 다양한 모색〉, 《새 여성학강의》, 동녘, 1999, 46~48면 참조.
100) 로즈마리 통, 이소영 옮김, 《페미니즘 사상. 종합적 접근》, 한신문화사, 1989, 108~171면 참조.
101) 자매애는 남성을 사이에 두고 여성끼리 반목한다는 일반적인 이미지를 떨쳐버리고, 여성을 주체로 부각시키기 위한 출발점이 된다. 또한 여성들 간의 연대가 여성 문제를 해결한다는 발상도 포함하고 있다. 김영희, 48면.
102) Sara Evans, 'Decade of Discovery: 'The Personal is political'", Bonnie G. Smith eds., Global Feminisms since 1945, New York, 2000, 141~163면.
103) 사라 에번스, 453~457면.
104) 나베 헤르츠는 우선 여성운동은 스스로를 바꾸는 것이어야 한다고 생각했다. 서로 자신의 경험을 말하고 토론하는 것을 통해서는, 서로의 경험을 개인이 아닌 집단의 경험으로 이해하게 하면서 여성 간의 결속력을 다지고자 했다. 이 과정에서 자치Autonomie, 자조Selbshilfe, 자결권Selbstbestimmungsrecht 등의 용어가 강조되었다. 그 다음으로 여러 프로젝트를 통해서 여성 보호소, 페미니즘 건강 센터, 여성 밴드, 여성 영화관 등 다양한 활동 영역들을 만들어내었다. 아울러 여성 연구소 설립이나 대학 내 여성학 교수직 신설 등 다양한 제도화를 시도했다. 나베-헤르츠, 91~131면; Frauenmuseum, *Politeia. Szenarien aus der Deutschen Geschichte nach 1945 aus Frauenansicht*, Bonn, 1998,

170~175면.
105) 이금윤, 362~366면.
106) 같은 글, 366~370면.
107) 이런 제도화 과정에 대한 비판은 학자들보다는 현장 여성 활동가들에 의해 제기되고 있다. 그러나 새 여성운동 내에서도 국가나 지자체 정부의 지원을 통한 여성 프로젝트 사업을 찬성하는 입장도 있다. 여성의 자발성과 열정만으로 여성운동을 하던 시대는 지났기에, 이제 여성들은 고도의 전문화를 통해서 다른 조직이나 운동체들과 경쟁해야 한다는 입장이 그것이다. 국가의 재정적 지원에서 생겨나는 종속성은 그래도 밀폐된 한 가정에서 이루어지는 한 남성에 대한 종속보다는 더 많은 자유 공간을 제공해주므로, 이를 거부할 이유가 없다는 것이다. 단 국가의 지원을 공개적으로 받을지라도 체제 내에 통합되어서는 안 되며, 그러기 위해서는 국가에 의한 경제적 지원 조건에 대해 공개적으로 토론과 합의를 거쳐야 한다고 강조되었다. 나베-헤르츠, 116~131면 참조.
108) INFAS 여론 기관은 "여성의 3퍼센트만이 가정주부를 그들의 이상적인 직업으로 여기며 65퍼센트의 여성은 '그들이 수입이 필요 없는 경우에도 일할 것'"이라는 조사 결과를 보여주었다. 도로시 J. 로젠버그, 〈통일 이후 동독 여성의 현실. 충격요법: 사회주의 복지국가에서 사회적 시장경제로의 변화〉,《여성과 사회》, 제3호, 1992, 124면, Ann Taylor Allen, 142면.
109) 주목할 만한 예외는 체코슬로바키아와 헝가리이다. 이 국가들에서는 서비스 분야의 급증으로 노동 가능성이 보장되고 있다. Report of European Forum of Socialist Feminist, 7th Congress (1992), *Das Argument* 196(1992), 918면.
110) 이정희, 〈페레스트로이카 이후 러시아 페미니즘 운동의 성격에 관한 일 고찰〉,《역사학보》, 193집, 2007, 252~253면; Anneliese Braun, 'Welche Perspektiven für die Hälfte der Frauen? Zur sozialen Lage in den 'neuen Ländern'", *Das Argument* 199(1993), 381~382면, Ann Taylor Allen, 138~139면.
111) Anneliese Braun, 382~383면; 그러나 이 과정에서 여성들에게 새로운 가능성도 열리고 있음을 인정해야 한다. 실제로 민영화 과정은 활기가 넘치거나 상업적 역량이 있는 여성들에게 새로운 취업의 기회를 열어주기도 했다. 성과 여성의 상업화는 패션 등의 분야에서 '잘 나가는 취업 기회'를 열어주기도 한다. Ann Taylor Allen, 140~141면.
112) Ann Taylor Allen, 144~146면.
113) 정현백, 〈여성운동과 정치 -통일전후 동독여성운동의 정치세력화를 중심으로〉,《사림》, 24호, 2005. 12, 376~387면 참조.
114) Peggy Watson, 863~864면.

115) 같은 글, 872~873면.
116) 맥신 몰리노, 303면.
117) 이는 1984년 최고 소비에트 대표제에서의 비율이다, 33퍼센트에 비하면 훨씬 대표성이 낮아진 것이다. 이정희, 255~256면.
118) Peggy Watson, "Osteuropa: Die lautlose Revolution der Geschlechterverhältnisse", Das Argument, 202(1993), 862면, 도로시 J. 로젠버그, 132면.
119) Ann Taylor Allen, 134~135면.
120) Ann Taylor Allen, 142~143면. 특히 보스니아 전쟁에서 벌어진 세르비아 군인들에 의한 집단 강간과 희생자를 강제 구금하여 자신들의 아이를 낳게 한 사건은, 곧 적의 민족적 정체성을 파괴하는 것을 목표로 한 것이었다. 이는 극단적인 민족주의를 위해 여성의 몸이 동원되는 현실을 적나라하게 보여준 것이다. 위의 책, 148면.
121) 위의 책, 136~138면; 이에 대한 보다 자세한 정보를 위해서는 정현백, 《민족과 페미니즘》, 당대비평, 2003, 330~338면 참조. 러시아에서의 새 여성운동에 대해서는 이정희, 260~269면 참조.
122) Shalini Randeria, "Globalisierung und Geschlechterfrage: Zur Einführung," Ruth Klingebiel & S. Randeria, Globalisierung aus Frauensicht. Bilanz und Visionen, Bonn 1998, 29면.
123) 한스 피터 마르틴/하랄드 슈만, 강수돌 옮김, 《세계화의 덫》, 영림카디널, 1998, 27~28면.
124) Brigitte Young, "Genderregime und Staat in der globalen Netzwerk Ökonomie," Prokla, vol.. 111/ Nr. 2, 1998. bd., 28, 188면.
125) 이를 위하여 정현백, 《민족과 페미니즘》, 88~93면.
126) Ann Taylor Allen, 159~161면.
127) 정현백, 《민족과 페미니즘》, 93~99면.
128) Ann Taylor Allen, 123~127면, 박단, 《프랑스: '히잡 사건'》, 박단 엮음, 《현대 서양사회와 이주민. 갈등과 통합 사이에서》, 한성대학교 출판부, 2009, 173~182면. 네델란드에서도 2004년 11월에 영화감독 테오 반 고흐가 암살되었고, 그와 함께 이슬람 여성에 대한 억압과 성적 착취의 실상을 고발하는 영화를 제작한 히르시 알리에 대한 암살이 예고되면서, 네델란드 사회에서도 문화적 정체성을 둘러싼 사회적 갈등이 젠더 문제를 통해 매개되었다. 결국 이런 문제는 이주의 문제와 문화적 갈등이 젠더와 직접 연계되어 있음을 명확히 보여준다. 주경철, 〈네델란드: 다문화주의에서 문화전쟁으로〉, 박단 엮음, 같은 책, 463~470면, 473면.
129) Song-Woo Hur, Remapping Women's Movements, Rethinking Feminist Politics in

South Korea(1980s-1990s): Links and Tensions Between the Local, the National, and the Golbal, Dr. Phil., University of Sussex, 2006, 57~61면.
130) Ann Taylor Allen, 158~159면.
131) 여전히 고위직이나 경영자의 자리에서 여성은 소수일 뿐이다. 프랑스는 30퍼센트, 독일은 25퍼센트, 그리고 스웨덴은 32퍼센트로 집계되고 있다. allen, 152~154면.
132) Ann Taylor Allen, 154~155면; 사빈 보지오 발리시/미쉘 장카리나-푸르넬, 131면.
133) Ann Taylor Allen, 155면.
134) 직장 생활을 하는 여성들은 여전히 가사노동의 80퍼센트를 담당하고 있는 것으로 보인다. 사빈 보지오 발리시/미쉘 장카리나-푸르넬, 134면.